# 三十年黄金市场化改革亲历记

刘山恩 ◎ 著

中国财经出版传媒集团
中国财政经济出版社

**图书在版编目（CIP）数据**

三十年黄金市场化改革亲历记 / 刘山恩著. -- 北京：中国财政经济出版社，2021.7

ISBN 978-7-5223-0544-8

Ⅰ.①三… Ⅱ.①刘… Ⅲ.①黄金市场—市场改革—研究—中国 Ⅳ.①F832.54

中国版本图书馆CIP数据核字（2021）第106448号

责任编辑：张怡然　　责任校对：胡永立

装帧设计：陈宇琰　　责任印制：张　健

三十年黄金市场化改革亲历记

SANSHINIAN HUANGJIN SHICHANGHUA GAIGE QINLIJI

中国财政经济出版社 出版

**URL**：http：//www.cfeph.cn

E-mail：cfeph @cfemg.cn



社址：北京市海淀区阜成路甲28号　邮政编码：100142

营销中心电话：010-88191522

天猫网店：中国财政经济出版社旗舰店

网址：https：//zgczjjcbs.tmall.com

北京时捷印刷有限公司印刷　各地新华书店经销

成品尺寸：170mm × 230mm　16开　17.75印张　203 000字

2021年7月第1版　2021年7月北京第1次印刷

定价：68.00元

ISBN 978-7-5223-0544-8

（图书出现印装问题，本社负责调换，电话：010-88190548）

本社质量投诉电话：010-88190744

**打击盗版举报热线：010-88191661　QQ：2242791300**

# 鸣 谢

在本书面世之际，作者由衷地向以下给予了本书出版大力支持的机构和个人表示谢意：

**深圳市金雅福首饰制造有限公司**

中国500强企业深圳金雅福控股集团有限公司全资子公司、上海黄金交易所特别类会员、中国黄金协会常务理事单位

**杨红**

黄金行业市场化的率先行动和探索者，是黄金市场化改革历史的亲历者和见证人，现任中国黄金协会副理事长、成都黄金产业发展促进会会长

**郑良豪**

新加坡人，于20世纪90年代加入世界黄金协会，参与了中国黄金市场化改革的酝酿、启动、推进工作，现任上海黄金交易所国际顾问

**口袋贵金属**

南京金贝网络科技有限公司旗下贵金属交易软件，为交易而生；8年持之以恒深耕贵金属行业从不松懈

**烟台中金黄金投资有限公司**

中国黄金协会会员单位、中国珠宝玉石首饰行业协会单位会员、烟台市黄金珠宝协会副会长（兼秘书长）单位

## 曲静

辽宁中金欧亚珠宝集团董事长、中国黄金协会副会长、国家高级黄金分析师；辽宁中金欧亚珠宝集团是一家集学研、投资、典藏于一体的跨地区、跨领域经营黄金珠宝的民营企业集团公司

## 深圳黄金投资有限公司

中国黄金协会常务理事，有近十年黄金代理交易业务经验，在业内形成良好口碑，下属企业聚宝名斋是中国金币特许经营单位

## 民生黄金银行

中国民生银行打造的一站式贵金属产品专业化服务平台，涵盖机构、居民的零售和“互联网+”，可满足客户的投资、交易及避险需求，立志做我国黄金金融的探路者和创建者

## 黄君佳

洛阳讯罗计算机技术有限公司董事长、国家高级黄金分析师，洛阳讯罗计算机技术有限公司是公安部公民网络身份服务商、国家级高新技术企业，主要提供交易行业认证服务和软件安全测评

## 朱志刚

“金回购”创始人，从事黄金流通业务已20年，为我国首批黄金投资分析师；现任广东省黄金协会副会长兼首席黄金分析师、国际铂金投资协会中国区顾问

## 陈建成

“上金AI智能黄金交易决策系统”创始人，该系统是通过AI智能量化分析，创建的贵金属精准交易超级系统，曾创6个月8倍盈利纪录

## 深圳市金天下珠宝有限公司

专业加工国潮贵金属工艺品，以继承中华传统文化，做具有文化自信的贵金属产品为企业的追求目标

## 深圳市金名珠宝文化传播有限公司

国潮文化研究与珠宝首饰研发、生产相融合的新型珠宝公司，北京卫视《上新了·故宫》战略合作单位，直播电商的开拓与践行者

## 深圳穿金戴银科技股份有限公司

中国黄金腕表工艺技术发明者，是全品类的贵金属腕表及可穿戴产品的研产销一体综合平台，处于贵金属高端精密制造领域的市场领先地位

## 深圳市香巴拉珠宝有限公司

中国传统首饰加工技艺的传承者，使用花丝镶嵌、錾刻、金银错等传统工艺诠释国潮文化的魅力和自信

# 前　言

2020年新年伊始，新型冠状病毒肺炎疫情席卷全球并漫延至今。疫情的来袭，使我真正开始了老年人的“慢生活”，也让我有了回顾30年经历的冲动。这既是对黄金市场化改革发展历程的一次全面回顾，也是我对自己人生的一次梳理，而将这个想法变为现实就是完成了《三十年黄金市场化改革亲历记》这本书的写作。

与黄金市场化改革结缘是从1992年我作为课题组组长和主撰稿人完成了我国首个黄金市场化改革研究报告——《我国黄金市场现状及改革方向》开始，至今与我国黄金市场化改革同行已30年。我有幸成为少数经历了我国黄金市场化从发起到发展全过程的人。作为一个理论工作者，持续关注和参与我国黄金市场化改革的实践，努力将实践上升到理论高度，并将这一过程全方位记录和展示出来，是我的本职工作和应尽的义务，也是我参与我国黄金市场化改革的主要形式。

于我而言，重要的学术成果是从不同的角度分析和总结了我国黄金市场化改革的进程，撰写并出版了我国黄金市场化改革“三部曲”。第一部是2015年中国财政经济出版社出版的《破茧：解密中国黄金市场化历程》，记述了我国黄金市场从无到有的发展历程；第二部是2020年中信出版社出版的《中国黄金：从跟随到超越》，探讨了我国黄金市场从有到多的中国发展道路；第三部就是这部《三十年黄金市场化改革亲历记》，从个人的角度切入，回顾我国黄金市场的发展，不乏更多的改革细节和人文记述。

本书叙述主线遵循我国黄金市场化的发展脉落，将我国黄金市场化改革的不同阶段分为不同的篇，再将各个阶段发生的事情和结识的人分别放在相应的篇目中。这部作品不是黄金市场发展史而是我个人的亲历记，所以不是完整的历史记录，只是在每个阶段我亲身经历的那部分，为此在每篇的开始我都加了一个篇前提要，对所记叙的亲历事件发生的背景作必要的提示和说明。

黄金市场化改革是我国改革开放大业的一部分，但如果与其他改革相比，我国黄金市场化改革是一个积蓄而后启动的改革。我国的经济改革起始于1979年，而经济改革中首先启动的是企业改革，进入20世纪80年代又将物价改革提上日程，黄金市场化改革则是十多年后的1993年才启动的。一直到“八五”规划时，国家的政策仍是要稳定黄金管制体制而不是推进黄金市场化改革，但黄金市场化改革却在“八五”期间启动了，在一定程度上讲是一个计划外项目，是应对改革开放深化的挑战而被动启动的，并不是一次有预期的主动推进的改革，所以说黄金市场化改革是在实践探索中不断深化推进的。黄金市场化改革之初确定的目标只是实现黄金交易方式由中国人民银行统收统配变为市场自由交易，是要建立一个黄金商品市场，而把我国黄金市场明确定位为金融市场的一部分，则是黄金市场化改革启动十年后2002年的事了。所以说，我国黄金市场化改革是一个摸着石头过河的过程，其内涵是在改革实践过程中不断深化和丰富的。这是我国黄金市场化改革的一个基本特征。

摸着石头过河的过程，是我们向国际黄金市场学习的过程，但在这个过程中我们不满足于只是克隆而是有创新，因而走出了一条有顶层设计的中国实践发展之路，使我国黄金市场在不到20年的时间里实现了从跟随到超越的发展。这是我国黄金市场化的又一基本特征。

2002年，黄金市场化改革目标由建立一个黄金商品市场调整为建立一个黄金金融市场，是我们对黄金市场化内涵认识的一次进步，甚至可以说是一次飞跃，但在当时并没有引起广泛的讨论和思考，而今天我们已经看到，我国黄金市场的发展日益成为金融市场稳定和功能完善的强大支撑，并为金融市场的创新提供了新工具。随着中美金融博弈的升温、国际经济宏观环境的变化，我国黄金市场化改革的意义进一步显现，黄金市场的发展已上升成为国家战略的一部分，这是对我国黄金市场化改革认识深化的一个新阶段。

影响我国经济发展的国际与国内环境还在深刻地变化之中，因而对于这个新阶段的认识还处在现在进行时，而不是完成时，如何确立未来黄金市场化改革发展的目标仍有许多未知数。本书虽是对过去30年黄金市场化改革之路的回顾及对未来的展望，但并不是对我国黄金市场化发展的最终结论。我国黄金市场化改革是一个试错的过程，正是在不断试错中前行，既有光鲜亮丽的表现，也有发生在背后的曲折，这才是真实的发展历程。实践在发展，认识在深化，我们还在路上。

刘山恩

2020年12月

# 目 录

## 第一篇　时代篇

# 我是一个“70后”

## 篇前提要

一滴水如果汇入大海，就会被赋予巨大的能量，成为惊涛骇浪的一部分；一个人，如果能跟随时代的节拍与时代共舞，就能创造出精彩的人生价值。

按一般惯例以十年为一代，我们这一代是20世纪40年代出生，至今已过七旬而被戏称为“70后”。这一代人诞生于平凡，又经历了岁月蹉跎，但幸运的是后半生与改革开放大业相遇。改革开放为这一代人提供了体现人生价值的舞台，使之成为改革开放大业的开拓者和担当者，在中华民族振兴的征途上留下了深刻印迹，这是“70后”的高光时刻。

我这个“70后”的高光时刻是在改革开放大潮中幸运地与黄金市场化改革结缘，成为我国黄金市场这棵大树成长年轮中的一个“小我”，这是我的人生之幸。时代赋予我前行的能量，促成我每一次的成长，因而我要感谢这个闪光的时代。

我出生于1945年抗日战争胜利的时刻，如果以十年为一代，20世纪40年代出生的这一代人至今都已是年过七旬的古稀之人，被后人戏称为“70后”。这一代人没有了前辈们在战火中的生死经历与荣耀：他们在御敌入侵的抗日战争时还是幼童，那时有父母护佑，而非战火的直接承受者；在共和国创建的血与火的拼搏中，他们刚刚进入儿童时期，因而也不是共和国主力的缔造者；志愿军跨江抗美援朝时也还只是仅能向“最可爱的人”献花的少年；而当南疆保卫战爆发时，他们却已到中年，失去了上战场拼杀的最佳时机。因而在共和国历史中，这一代人是缺乏战争洗礼在和平环境下成长起来的平凡的一代。

## 一、“70后”的高光时刻

纵观“70后”的人生，前半生是平凡和荒废，后半生却是幸运的。1979年改革开放大业大幕开启，正值“70后”走向成熟、风华正茂的壮年时期，因而他们自然成为改革开放大业推进的探路者和变革实践的主力军，成为最勤劳的一代。正是这勤劳的一代做出的奉献和牺牲奠定了改革开大业成功的基础，也正是改革开放赋予了这平凡的一代人最大的人生价值，出现了任正非、曹德旺等“70后”的代表人物。这种主力军的担当使这一代的人生与改革开放事业紧扣在一起，成为他们的珍贵履历。

改革开放是中华民族百年觉醒而做出的选择，是千年农耕经济向工业经济的一次转型，其变革内涵广泛而深刻。“70后”一代在改革开放大业中的表现并不相同，呈现出了个性化，但是作为一个整体即使不都是立于改革开放潮头的“弄潮儿”，也是改革开放事业的拥护者和实践者，怀着巨大的热情与真诚投身于改革开放事业，与改革开放共命运、同成长是这一代人的明显特征。

我做为“70后”的一员，因与黄金市场化改革结缘也享受了这个高光时刻。在许多偶然因素的作用下，我于1991年调入国家黄金管理局黄金经济发展研究中心从事黄金经济研究工作，从此黄金市场化研究成了我的本职工作。

1992年，那时以我为组长和主撰稿人的我国第一个黄金市场化改革课题完成，在冥冥中成为发出黄金市场化改革呼声的第一人。从那时起我就与黄金市场化改革结缘，至今本人观察、研究我国黄金市场化发展已有30年，而我国黄金市场建立是以2002年上海黄金交易所开业为标志，至今仅仅有20年发展史，所以我与黄金市场化结缘早于黄金市场的诞生，先后经历了多次黄金市场化改革的“第一次”，见证了或参与了我国黄金市场化过程中的台前与幕后发生的许多事件，认识和了解了参与这一过程的众多“70后”“60后”“50后”。他们在改革开放的大潮中的个人表现虽存在着角色差异和结局差异，但都是黄金市场化的积极参与者，是改革开放大业为他们提供了成长的机会。

参与黄金市场化改革的实践是我人生的宝贵财富，记录在这个实践过程中亲历的人和事是《三十年黄金市场化改革亲历记》这部作品的主题。这部作品是对我自己参加黄金市场化改革历程的总结，更是要记录一个不能被遗忘的时代。随着新老自然更替，过去发生的事会渐被淡忘，所以历史只有记录下来才能传承下去，而保持历史的继承性和连续性对于一个民族的生存至关重要，让黄金市场化改革历史传承下去是撰写这本书的主要目的。

## 二、不是唯一，也是另类

在我国，人到60岁大部分即到了退休年龄，所以60岁标志着一个人老年生活的开始，很多人会因离开工作岗位而感到失落，也会因将要面对衰老而感到无奈。对于我来说，面临的情况则有所不同。2005年60岁的我已到退休之年，但实际情况是，到15年之后的2020年，我75岁时才进入退休状态，如果不是疫情来袭由我主动提出，工作状态还可能持续下去。更确切地说，疫情的来袭使我开始思考寻找一种更适合自己年龄段的生活状态。说到工作，其实在临近退休的前三年，即57岁时，我已退居二线，离开了国家黄金管理局黄金经济发展研究中心领导岗位，但到60岁办理退休手续时，领导与我谈话希望我只办手续而不离岗，要求我继续工作；而到了70岁时又一次“出山”，被聘为北京黄金经济发展研究中心副主任。在业内退休后再工作一段时间的情况或许并不少见，但一直工作到75岁还没有停息，我虽不是唯一的一个，但也是少数的另类。

从提前退居工作二线到重返工作一线，并不是我个人有什么特别的长进变化，根本原因是那时黄金市场化改革进入了一个新阶段：经过十年的筹备，上海黄金交易所于2002年开业，我国黄金市场完成了从无到有的发展历程，而2004年出现了市场的第一次分层，即黄金商品市场与黄金金融市场的分层，上海黄金交易所开始向金融市场转型，这标志着我国黄金市场完成了从无到有后开始进入了扩大市场功能的发展阶段。黄金市场功能的扩展丰富不仅使黄金工业得以发展，也使黄金交易方式发生变化，而且日益成为影响黄金行业经营发展全局性的重要因素。因此，对黄金市场化改革的观察和研究不仅开始成为社会的一个热点，也引起了黄金行业领导的关注和重视，他们感到应该加强这方面的工作。但那时由于种种原因造成研究黄金经济的专业人员纷纷转行离去，我成了一个“硕果仅存”，于是就有了要求我退休不离岗的工作安排，所以是黄金市场化改革发展形势的需要使我的工作生命又得以延续。

另外，还有一个重要的原因，当时33岁的张炳南刚刚出任中国黄金报社社长、北京黄金经济发展研究中心主任不久，他找我谈，诚恳表示欢迎我留下来继续工作。张炳南是一个在我国黄金行业留下足迹和口碑的人物，而那时他还在“潜伏”状态而未露锋芒。基于对张炳南的个人欣赏和对黄金经济研究工作的热爱，我没有推辞便允诺了下来，从而60岁再就业，被任命为北京黄金经济发展研究中心专家委员会秘书长，也开启了我与张炳南长达15年的合作共事之旅。而2008年应对黄金增值税风波之役是其中重要的一次合作，此战役也使张炳南脱颖而出。

当时对于我继续工作的这一允诺没有明确的时间上的设定，也没有正式的文件签署，但一般认为有效期是3~5年，但一下子过去了15年这确实是有些意外，不过这并不是我刻意的追求，甚至在数年前我已准备好了颐养天年之所，而持续工作的状态皆是顺其自然的结果。2005年，我国黄金市场化进入了快速发展时期。交易量是衡量市场发展的重要指标，市场双向交易量由百吨级增长到十万吨级；黄金市场由一种形态发展成为多形态市场组成的市场体系；交易方式也由单一的场内竞价交易扩展到多元。黄金市场规模迅速发展，黄金市场化改革不断深化，新的情况不断出现，于是我不断地承担了新的工作任务，所以工作也就不能停息下来。

工作生命的延续给我带来的最大收获是大大地增加了我从事黄金经济研究的工作履历，使我能幸运地与我国黄金市场化改革不仅是在某一时间点上相遇，而是全过程相随，从而成为对我国黄金市场从无到有、从小到大、从跟随者到领军者变化发展全过程为数不多的观察者、研究者。我先后发表了黄金学术专业论文百万余字，出版专著十部。我们中华民族有十全十美之说，对于我这是一种巧合，也是一种幸运，这个幸运的源头可追溯到半个多世纪以前的20世纪60年代，正是那个时候播下的种子成就了今天的收获。

# 三、时代：人生品格的雕刻师

品格是人类个体认识事物的思维逻辑和行为习惯，所以品格决定了一个人为人处事的原则，不同的品格可以对人际关系产生不同的影响，进而影响人一生的命运。个人品格的形成源于个人的修养，但更主要的是时代文化塑造的产物，因而同时代的人往往都有相同的品格特征，所以说时代是人的品格的雕刻师。

“70后”一代是在个人主义受到批判和约束的大环境中成长起来的，其个人品格上有很深的自我约束、认真工作的印迹，但是这种品格是以对个人利益的抑制和牺牲为前提的。而现在的生存环境开放自由，个人主义日益张扬，“70后”的这种自我约束的品格变为一种稀缺，而这种稀缺的品格却往往能成为生存竞争的优势。回顾我的人生，之所以可以成为75岁仍处于兴奋工作状态的少数，当然首先是改革开放大业推进使然，但也与这种个人品格有重要的关联性。

我认为个人品格塑造的关键期是青年时代，而“70后”的青春期是20世纪60年代，那时还是人们为温饱而困扰的物质缺乏的年代，但是那又是一个学习雷锋、以雷峰为榜样的年代，也是党风、民风纯净的历史时期。因为社会风气纯正，在物质条件极为匮乏的情况下，仍保持了安定的社会秩序，甚至达到了路不拾遗、夜不闭户的程度。为祖国作奉献，做共和国大厦永不生锈的螺丝钉是当时的主流工作态度。在这种社会风气的熏染下，每一个人都是兢兢业业地从基层工作做起，以认真工作为荣，一步步成长是一种常态。另外，那时还是一个“批资反修”的年代，强调大公无私，先公后私，对于个人的行为有很强自律性的约束力。这种时代风气对于正在青春发育中的“70后”的影响是深刻的，塑造了“70后”踏实工作的个人品格。这是20世纪80年代改革开放初期“70后”能够成为最勤劳的开拓者的重要原因。在时代的塑造下，认真做好每一件自己承担的工作也逐渐成为我的一种习惯，这可能是虽然我有不少毛病，也并非优秀，但到古稀之年仍能得到认可的一个重要原因吧！

我的一生中有三次工作调整，每一次都是从基层的岗位做起，在工厂是从仓库管理员做起，到机关是从一般科员做起。这种工作状态可能会被一些人视为影响进步、不合时宜的落伍者，但认真的品格却实实在在地一步步增加了我的人生厚度，使我面对每一个新岗位都能很快进入状态，打开局面。

执着是认真的另一种表现，认真地完成每一项工作就包括了长时间持续的投入，而持续的投入就是执着。认真与执着是同一品格表现出的两面。回想在20年前，在黄金经济研究上与我站在同一起跑线上的人众多，甚至站在我前面的人也有很多，但就是因为缺少了执着，在中间过程中他们纷纷转向了当时认为更为光鲜的行业，才使我成为当时工作团队的仅存硕果，20年后使我成了黄金经济研究的“稀缺人才”，因而才有了到退休年龄还需再坚持工作的情况的发生。

由于认真执着，对课题研究项目我可以跟踪研究10年、20年，有的项目就是执着地坚持10多年后确定的目标才终于达成。我的理念是：经济研究是发现问题，更是要解决问题。而发现问题是一个渐进的过程，解决问题又是一个条件逐渐成熟的过程，所以黄金经济研究虽然非常需要有灵光一现的敏感，但也需要认真执着坚持不放弃的品格支撑。在持续跟踪研究的过程中不断地实现认识上的深化，这恰恰是经济研究工作者的应有之道。

风风雨雨，认真和执着支撑我一路走来，75岁回首人生时我得出结论：认真、执着是成功之基。这个结论是我对人生的顿悟，也是一种生活和工作习惯的揭示。这个顿悟对我个人来说是对自己人生的一个交待，而对于他人也会有所启示。

一路走来的我国黄金市场化改革的参与者和推动者们是我国黄金市场年轮中的“小我”，他们将生命熔铸于黄金市场化改革事业之中，成为这个事业的一部分。

## 第二篇　入门篇

# 偶然中的必然

# 篇前提要

我与我国黄金市场化改革结缘起始于黄金市场化课题研究，但根本的原因是我的职业变化。我于1991年调到国家黄金管理局黄金经济发展研究中心工作，担任经济研究室主任，正是这个工作岗位使研究我国黄金市场化改革问题成为我的一项本职工作，因而没有这次工作调动也就没有我和黄金市场化改革结缘。从此我的黄金经济研究的职业生涯开始了，黄金经济研究为我留下了人生历程中最重要的篇章。

国家黄金管理局黄金经济发展研究中心于1991年组建，是我国首个黄金经济研究专业机构，是黄金经济研究的国家队，至今仍然是唯一的一个。但国家黄金管理局经济发展研究中心仅独立地存在了11年的时间，2002年企业机构改革便与《中国黄金报》合署办公，并易名为北京黄金经济发展研究中心。

我是人生中年才进入黄金经济研究之门的，而且在很大程度上并不是一个自觉的行为，而是诸多个不确定的突发因素作用的结果。回首这些偶然突发的事件本是悲剧而不是喜剧，但最终导向了今天的结果，只能说是命运给了我一个幸运的眷顾吧。

我进入黄金经济研究领域，成为我国黄金市场年轮中的一个“小我”时已经是一个45岁的中年人，已不再年轻。我从学校毕业进入社会，已经历社会再教育20余年，在20余年的人生履历中有光耀时刻，也有败笔“走麦城”之时，但正是“败走麦城”才有了我后半生与黄金市场化改革的相遇，这是悲耶，还是喜耶，它说出了世事的无常。

## 一、回望我的“败走麦城”

关云长，三国时的名将，忠义代表，官民共祀的武圣人。过五关斩六将是他的人生光耀时刻，走麦城则是他一生的最大败笔，而我们每一个人的人生中也有自己的“过五关”和“走麦城”，今天回首我的“走麦城”，更是对好与坏、对与错生活哲理的品味，它让我知道了风物长宜放眼量。

### 1．还未走出校门便被拉黑

我是1965年“文化大革命”前最后一批考入大学的高中生。这是一种幸运，虽然大学的不少学业被荒废，但仍获得了正式大学毕业生的头衔，从而保证那时可以获得一个稳定的就业岗位，也就避免了后来学弟学妹们为就业的奔波之苦。那时在学校毕业前都先要到部队接受再教育，于1968年我们到了天津

4735部队接受再教育，在部队除了劳动种水稻外，另一个重要内容是搞所谓知识分子“斗私批修”运动，要“早请示晚汇报，狠斗私心一闪念”。在我们即将返京的1969年，我将我对这种运动的不解与不满作为一种困惑告诉了我当时最好的朋友。但使我意外的是，他将我们私下的谈话作为他追求进步、表示忠诚的体现向上打了小报告，结果我在工作分配时受此影响，被排除在条件好的大型国有企业之外，军工厂更没有门，最后被分配到一个街道小工厂。在去工厂的路上看到每一个像工厂的地方就问接我的人：“到了没？”回答是“没有”。而到了一个最不像工厂的地方，他才说：“到了。”我看到的只是一排破旧的平房、几台破旧的机器。我被分配到这个条件极差的小工厂。

到了工厂也不能分配到办公室做管理工作，而是被分配到工厂仓库做库工。仓库就是工厂外购件的存储地，库工的工作就是搬搬运运，技术含量极低，是工厂最底层的辅助岗位。今天一个大学毕业生如果被分配做库工一定会吐槽并拂袖而去，但我坦然接受，因为平凡的岗位对于我来说并不是泥潭。当时以做不锈螺丝钉为工作原则的我，一头便扎进了这个岗位，一干就是3年，没有任何怨言，并且迈开了我成长的步伐。所谓成长就是我不仅要做好零配件的出入库管理的本职工作，还要实现对现实的超越，具体就是对工作岗位工作规律的研究和把握，这种研究态度使我发现了平凡工作岗位的魅力，在这个岗位上学习和储备了企业管理知识。之后，随着时代的变迁，我不仅结束了冷遇期离开了库工岗位，而且因为小企业高学历人才缺乏，我在缺少竞争的情况下就进入了年轻化、知识化、革命化的后备干部队伍，先后担任了工厂的生产计划员、生产科长、生产厂长，从基层岗位上升到了领导岗位。

不同岗位的调整给我提供了不断扩大的研究视野，以及不断提高的工作能力，使我成为那时系统内的“才子”。当时我已有数篇报道和论文在报刊上公开发表，而这在当时的企业领导层中还是很少见的，因而令人瞩目。

### 2．从企业到机关的一次逃离

如果不是意外事件发生，我还会在这个小工厂津津有味地干下去，这个街道小厂在改革开放之初的20世纪80年代发展得有声有色，在当时《北京日报》和《工人日报》上都时有对该厂的报道（注：这些报道基本上都出自本人之手），因而被全国总工会确定为全国民主管理试点企业。但认真执着的工作品质与不断增长的工作能力并没有能避免我再次“走麦城”。

不善于钻营人际关系，对单位内部滋生的“圈子”文化不认同也不参与的人，极易被孤立，但对这一点我并未查觉。这个工厂是全国总工会的企业民主管理试点企业，所以工厂厂长是通过民主选举产生，我被第一届民主选举出的厂长推举为生产厂长；后来第二届经民主选举产生了新厂长，因为我不是他“圈子”里的人，便成了他心中潜在的危胁，因而他表示不吸收我进入新的厂领导班子，而要降级安排我的工作。事态的发展使我不得不准备从这个工厂逃离。那时恰有《中国物资报》创刊招聘记者，我虽非新闻专业毕业生，但也算有编报的经历，于是硬着头皮参加了中国物资报社的应聘考试。

与中国人民大学、北京大学新闻系毕业生同台竞技的结果可想而知，但是认真执着的品质使我绝处逢生。中国物资报社的社长看了我的履历和公开发表的作品以后，决定不以考试成绩而录取了我，因为报社除了需要记者外，还需要运营人员，从而我得以从工厂调往机关。

### 3．逃离也并不代表问题的结束

到中国物资报社时我已42岁，在企业工作了18年的我已不再年轻，此时已不是进入国家机关的适宜年龄了。在年龄编大、专业不对口的不利条件下，我坚持了下来，并取得了一定成绩。这次闯关成功又是执着认真的个人品质发挥了主要作用。

1989年，我入职中国物资报社，具体负责报纸的发行工作，这是报社里最繁杂的工作之一。由于国家机关与企业人事管理不兼容，我在企业生产厂长的任命不被承认，因而我又从最基层的科员做起。对于我而言，这是一个全新的开始。在这个工作岗位上我交出的答卷是，我在中国物资报社工作的3年，每年报纸的发行量都增加一万份。这个成绩是很突出的，也被报社社长所认可，所以每年都给我一次升职机会，科员、科长、经营部副主任（副处级）一步步提升，并拟让我独当一面再次升职到深圳组建报社的经营性公司。因为报社当时虽有一定人事自主权，但每一次我的职位调整都需经过部人事部门的备案和批准，并不是一个简单的过程，所以当3年后我要求调出中国物资报社时引起了社长的忿忿不平，甚至他当面指责说我辜负了他对我的信任。

那时我提出调出中国物资报社的理由是因我入职物资部手续晚了一个月（并非我的责任），到1989年1月才调入而失去了物资部调配住房的资格，而当时我的儿女均已长大急需扩大住房，这个实际困难使社长不得不最终点头同意调出。离开中国物资报社这是我人生遭遇的又一次“走麦城”，没有料到的是这次“走麦城”使我躲过了一场“浩劫”，因为不久后物资部被撤销，中国物资物报社成为当时社会的“流浪者”，几经换手最终还是关了门。

那时我已在黄金经济研究领域有了点小名气，在电视上偶尔露面，故社长看到后说我是走出中国物资报社的人中最成功的，并为他对我的欣赏而自豪。我也深藏感谢，曾分别10年后与他再相聚。也正是这次在中国物资报社的“走麦城”，我才得以真正进入黄金经济研究领域，研究黄金经济成为我的终身事业。

## 二、命运之船再次起航

我在中国物资报社面临尴尬之时，恰逢国家黄金管理局成立黄金经济发展研究中心，需要经济研究人员，于是我以经济研究的成果作“敲门砖”，于1991年年底离开了报社，进入了国家黄金管理局黄金经济发展研究中心。45岁中年人的命运之船再次起航，我又一次走进了一个陌生领域。黄金、黄金产业、黄金市场这些我从来没有接触过的概念进入了我的视野，与我为伴。我的黄金经济研究生涯从此开始了。

### 1．社会科学领域中的一支新军

黄金经济研究的对象是黄金生产力，而我国黄金生产力长期处于低水平状态。1949年中华人民共和国成立，当年黄金产量仅有4吨多，而这样的低水平维持了长达10多年的时间，到20世纪70年代中期，黄金产量仍未达到1888年清末的历史最高纪录。从一个更大的维度看，近千年来，我国从来不是全球黄金主产区。黄金生产力的低水平限制了黄金上层建筑的发展，制约了黄金文化的发展深度。在当时我国的金属生产管理体系中，黄金仅是冶金工业部有色金属司小矿种管理处管理的一个小矿种，是对国家经济发展起边缘性作用的金属，因而黄金经济研究在当时我国社会科学研究体系中基本上是一片“荒原”。虽然金本位在国际货币体系中的影响很大，但人民币从诞生之时就宣布不与任何金属挂钩，所以在高校金融教科书中关于黄金产业和市场的内容也基本上是空白。因而国家黄金管理局黄金经济发展研究中心的成立是一个具有开创性的历史性事件，即中国第一次有了专业的黄金经济与金融研究机构。

基于当时国家外汇极度短缺的状况，尽快改变我国黄金生产的落后局面便成为一项具有高度政治性的任务，于是就有了1975年王震副总理亲自抓黄金生产，1985年国务院又将黄金生产升格为国务院直管的生产事业。在国家倾力推动下，我国的黄金生产出现了持续增长的局面，1985年黄金产量达到了39.082吨，几乎是1949年的10倍；到1990年5年间黄金产量又增长了七成多，黄金年产量达到了66.772吨。在黄金生产力发展的同时，黄金工业的领导机构也得到逐步升级。

1988年第七届人民代表大会第一次会议批准国家机构改革方案，国务院为了进一步增加对黄金生产的支持力度，该方案将原来的冶金工业部内设的黄金管理局升格为冶金工业部代管的国家局，即国家黄金管理局，黄金管理机构的升格标志着在工业门类中黄金工业已从有色金属工业中分立成了一个独立的工业部门。

这年的年底，国家机构编制委员会批复了国家黄金管理局“三定”方案。1990年8月人事部批复，明确国家黄金管理局所属事业单位为5个，其中就有国家黄金管理局黄金经济发展研究中心。黄金经济发展研究中心在筹建期间定编是15人，1994年国家机构编制委员会批复的编制定额增加到30人。1990年人事部对国家黄金管理局事业单位设置方案批复后，国家黄金管理局于1991年开始组建国家黄金管理局黄金经济发展研究中心，这是我们国家的第一个，也是至今唯一的一个列入国家财政预算的国家级黄金经济软科学研究机构。

后来国家黄金管理局撤销，改为国家经济贸易委员会黄金管理局，国家黄金管理局黄金经济发展研究中心的隶属关系也相应调整，而2003年国家经济贸易委员会撤销，国家经济贸易委员会黄金管理局随之撤销，黄金经济发展研究中心归属于国务院国有资产监督管理委员会，国务院国有资产监督管理委员会委托中国黄金集团有限公司代行国有资产管理权，并易名为北京黄金经济发展研究中心，后中国黄金集团有限公司机构改革，对北京黄金经济发展研究中心与中国黄金报社施行合署办公，北京黄金经济发展研究中心业务也与中国黄金报社合并，失去了独立的机构设置和业务，直到现在。

黄金经济发展研究中心是我国社会科学研究的新军，如果从1991年国家黄金管理局黄金经济发展研究中心正式组建算起，到2002年与中国黄金报社合署办公易名为北京黄金经济发展中心止，作为一个独立的经济研究机构仅存在了11年。当时研究中心内设置有办公室、规划室、经研室、定额室（筹），后来又成立了信息室。与中国黄金报社合署办公后保留了单独的法人地位，从这个角度讲黄金经济发展研究中心的历史至今已有30年。

当时，黄金经济研究中心作为一个新组建的单位，要如何发展还处于摸索之中，因缺少成熟的人才队伍，几个处室的负责人都是从国家黄金管理局机关人员中选调过来的，我是属于少数的从外行业调入的，后来又调入了数个经济院校的毕业生，但多数都没有把黄金经济研究作为终身事业，而选择了离开，没有离开的大多数是非专业的。所以那时研究的起点并不高，作为经研室主任的我对于黄金经济的认识和研究也是一张白纸，只是我已有若干篇其他领域研究论文发表而被视为开展研究工作的骨干。但国家黄金管理局黄金经济发展研究中心的优势在于新建单位人际关系相对简单，“圈子”文化还未形成，所以那时的工作氛围很好，因而在成立不久便面临行业机构改革动荡局面的情况下，大家仍能保持工作的稳定性。

### 2. 传奇人物——孙志民主任

黄金经济发展研究中心先后有3任主任：首任主任黄镇球，3年后即退休；接任者孙志民；最后一任主任王胜斌，现任中国黄金协会副秘书长。这3位主任的工作风格各异，但正直、正派是共性，至今我仍庆幸能在我一生最后的工作岗位上与他们相识共事。我特别要讲一讲孙志民主任，我评价他是一个出奇平淡但见过大世面的风云人物，他将平凡与传奇集于一身。

孙志民主任原来是沈阳军区副司令员的政治秘书，随着副司令员到冶金工业部，受政治风波影响从部队复员，复员后被任命为国家黄金管理局黄金经济研究中心副主任，接班黄镇球主任。这次调任实际是为其提供了一次升职的机会，对于孙志民主任可以说是一个不错的结果。有这样结果，我认为也是对孙志民主任个人品格的肯定。

对孙志民主任的人品我是有切身体会的。多年的秘书工作使他形成了严于律己的工作作风，也历练了他的文笔。他是那时黄金局的重要文件和报告的起草者，公认的“大笔杆子”之一。多年秘书工作也使他形成了稳重缜密的工作作风，为人正派勇于担责，从不搬弄事非。他的这些个人品质无疑可以使人产生信任感。那时我作为副主任，是他的助手，与他合作期间是我最无顾虑大胆工作的一个时期。

1993年行业管理经费收紧，那时财政拨款只够黄金经济发展研究中心人员发工资，无钱干事，而不干事就不能发展，那时的出路就是走市场化创收之路。这条道路对于一个刚刚起步的生存能力很弱的的经济研究单位来说是一个很大的考验。而且那时黄金还在管制体制之中未予解除，因而那时黄金经济研究的市场化需求与现在比较完全不在一个数量级上。黄金经济发展研究中心的业务要走向市场，但市场在哪里还是一个未知数，市场需求更无底数。而最终的实际情况是黄金经研中心每年都做到了收大于支，是当时国家黄金管理局二级单位中资金状态最好的单位之一。孙志民主任退休交接时，单位已有数百万元资产积累，这和他务实、以身作则的工作作风密切相关。为了降低黄金经研中心的管理运营成本、增加收入，他把上级配备给中心唯一一部轿车都出租了出去。那时在黄金经济发展研究中心内部搞经济承包制，从上到下一律拿出20%的工资做风险基金，只有完成创收任务指标后才能领到全额的工资，超额完成指标后按规定比例提取奖金，上不封顶，领导班子只拿中心各部门平均奖。到年终时，有的同志只能拿到80%的工资，而有的同志不仅拿到全额工资，还能有数万元奖金。这么大差距竟无人闹事，原因是孙志民主任能以身作则，不搞特殊，一视同仁，一把尺子量到底，所以大家心服。

孙志民接任中心主任后，面对的情况是自律已经解决不了全部问题，还需要处理大量的人际关系，但做事不讲人情、不看“圈子”的作风在当时日益市场化的大环境中无疑也增加了他作为一把手开展工作的难度，而忍辱负重的性格使他从不表露他的苦恼，全部由自己承担，这自然会增加他的心理负担，极易损害身体。我有时也能感受到他内心的苦闷无奈，但他不说我也不能问，他在不到60岁时便患病而住院。他是局级干部，患病后本有资格住单间病房，但他考虑到黄金经济发展研究中心的实际情况，怕增加单位的负担而一直住集体大病房，秉承了他的自觉和自律。后因病情治疗需要，经我的劝说（那时我是与他搭班子的副主任）他才做了调整，这件事给我留下了极其深刻的印象。与他合作共事6年的感受是，只管放心做事，总有一种安全感在支撑着我，从不担心后面会有人掣肘。他自律从不谋求特权，他的存在是一个稳定力，使国家黄金管理局黄金经济发展研究中心在十分困难的情况下保持了稳定发展，功不可没。但使人痛心的是，他在办理退休手续不久就撒手人寰。而具有讽刺意味的是，在我们送他遗体去火化的路上，他儿子竟还接到医院安排为孙志民主任会诊的电话通知。死因不明，他就这样走了，留下了我的怀念，也留下了我的思考。

### 3．文脉仍存，复兴尚待时日

国家黄金管理局黄金经济发展研究中心是当时国家黄金管理局内的一个新建的二级单位，是一个承担新职能的部门，所以一切都要从零起步，需要有一个成长的过程。这个过程虽然起点不高，但作为一个新组建的单位给不断提高每个人的工作能力提供了一个很好的锻炼环境，人人以完成工作目标为荣，虽因工作压力大而掉泪，但仍不放弃，逐步入门，逐步提高。数年过去了，一批门外汉们都成了独当一面的干才。在这样一个以做事为本的工作环境中、氛围中，认真执着的工作品质得到充分发挥。

国家黄金管理局黄金经济发展研究中心的建立标志着我国黄金经济首次有了专业研究机构，填补了我国社会科学研究的一个空白，因而是一个历史性事件。黄金这种金属在人类文化的塑造下与人类生活形成了不可分离的关系，成为当代具有金融与商品双重属性的特殊金属，并且随着金融在人类生活、生存中的作用的增强，黄金又日益具有了政治属性，成为每个国家的战略储备资产。黄金社会功能的日益丰富也使黄金经济日益复杂和重要，所以黄金经济研究成为一门显学，作为国家战略的一部分受到重视。在我国，对于黄金经济的认识有一个发展过程，对于今天为实现民族振兴而努力的中国来说开展黄金经济研究是必要的，为此建立一个专业的研究机构也是必要的。但实际的情况是，从1990年人事部批复算起，国家黄金管理局黄金经济发展研究中心只存在了12年，而实际组建独立运行的历史只有11年，我们又做何解释呢?

国家黄金管理局黄金经济发展研究中心存在的时间不长，便走向了衰落，对此有各种议论，我认为需要从一个更大的视野去认识这个问题。从我国黄金经济发展与改革的进程看，在一定程度上可以说国家黄金管理局黄金经济发展研究中心生不逢时，是一个早产儿。其诞生时，国家对黄金的管制还未解除，当时黄金的流动性不足，产业链很短，那时有关领导关注的还是产量增长和与增产有关的有形资产的投入问题，所以黄金经济发展研究的广度和深度都受到了局限和限制。在这种情况下，对黄金经济研究工作的发展没有现实的紧迫需要。黄金市场化后又因黄金经济研究成果具有公益性，与企业追求利益最大化相悖，减少非生产性支出、增加盈利是每一个黄金企业的义务和责任，因而2002年中国黄金集团有限公司机构改革决定中国黄金报社与黄金经济发展研究中心合署办公的改革方案有其合理性，因为媒体与研究工作共容和互长是可以做到的。

这个选择从当时的情况看虽具有必然性和合理性，但是缺少了一点远见，因为没过多久情况就发生了变化。2002年黄金管制解除，作为一种绝对财富的黄金迅速地扩大了其社会存在性，进入了千家万户，成为民众家庭和社会机构资产配制的重要组成。黄金的社会存在深度和影响力日新月异，黄金经济的外延扩大，内涵也迅速地丰富起来，为此黄金经济研究日益显示出了紧迫性。也就是说如果再坚持一下，黄金经济发展研究中心就会与这次巨大的发展机遇相逢，从而一定会显现出建立国家级黄金经济研究机构的初衷。或者可以说，黄金经济发展研究中心“荒废”也不逢时，都早了一步。

2005年10月，我退休时被领导要求只办退休手续而不停止工作，对此我既感意外又不意外。彼时，黄金经济热日益升温，我已感受到了，但因多年的遇冷仍在坚持黄金经济研究的人已寥寥无几，物以稀为贵，本人的工作价值因时代大潮的推动而提升，退而不休的工作安排就是在这样的大背景下发生的，但我那时的退而不休只是这个黄金经济热潮的“小荷才露尖尖角”。2013年以后我国黄金市场发展进入了大爆发时期，北京黄金经济发展研究中心在这次大潮中也得到了复兴的机遇。随着黄金市场化的推进，黄金金融在一个更大的社会层面上兴起，黄金经济的蓬勃发展使被“荒废”的北京黄金经济发展研究中心的价值得到提升，它的振兴复苏也便提上了工作日程。2015年我受邀担任了北京黄金经济发展研究中心副主任，从那时起北京黄金经济发展研究中心又开始在社会上广泛发声，频繁组织活动，启动课题研究项目，但5年努力并没有让北京黄金经济发展研究中心扎根成长为一株根深叶茂的大树。问题在于在这5年间只重视了战术性项目的推出，而没有同时进行体制性战略项目的建设，在这方面我作为一个受聘人员没有决策权，是难有作为的，5年忙碌到头来，北京黄金经济发展研究中心还是一棵无根的浮萍。现在相关领导已认识到这个问题并开始考虑解决这个问题，力保黄金经济的文脉永续，这当然是可喜的，因为只要火种在，一旦条件成熟即可燎原。但此时黄金经济已成为社会的一个热点，为社会经济研究机构所关注，所以有更多的社会力量进入了黄金经济研究这个领域，北京黄金经济发展研究中心已无发展的先手。北京黄金经济研究中心业务10年“荒废”之后要再次苏醒并力争占居专业的前列，现在距离这个目标的实现尚待时日，特别是人员专业能力的培育非一日之功。

对于我自己而言，国家黄金管理局黄金经济发展研究中心学术生命的停滞并没有使我的黄金经济研究生涯终止，我反而进入了我个人的黄金经济研究的新阶段。作为北京黄金经济发展研究中心经研业务的老人，我的学术生命的延续也保留了国家黄金管理局黄金经济发展研究中心的文脉，因此当北京黄金经济发展研究中心出现复兴的社会需求时，我还能助一臂之力而有所贡献。回顾我的人生之路，并非平坦得意，而是频频地“走麦城”，但使我能够走出困境获得一定成功的唯一力量就是认真执着的品质之力，我的个人经历也正是对认真执着品质的褒奖。

## 第三篇　发端篇

# 理念突破与现实挑战

## 篇前提要

黄金长期处于管制之中，《中华人民共和国金银管理条例》（以下简称《金银管理条例》）是维护黄金管制的权威性法规，推进黄金市场化改革就是挑战《金银管理条例》，所以黄金市场化改革是一个从违规到合规的发展过程。黄金市场化改革思想发端于我国1992年宏观经济环境层面上的社会主义市场经济理念的提出和确立，在行动上首先发生的是理念的突破和几乎同期出现的对黄金统收统配管理的现实挑战，然后才是黄金市场化改革取向在政策层面上的确立，而黄金市场建设起步则延迟到7年后的1999年。因而我国黄金市场化改革的发端期是1992~1999年的7年时间。在黄金市场化改革发端期间先后发生了以下事件：

一是1992年国家黄金管理局黄金经济发展研究中心关于黄金市场化改革课题的完成，这是首次对黄金管制理念的突破；二是同年辽宁感王民营黄金市场的横空出世，这是对黄金管制的公开挑战；三是1993年国务院63号函下发，这是对黄金市场化改革方向的一锤定音。

一时间黄金市场化改革发展势头很猛，但出人意料的是接下来却是6年的改革沉寂期，直到1999年黄金市场化改革才再启动。

1992年10月，建立社会主义市场经济的发展目标在党的十四大上得以确立，我国经济改革最终选择了市场经济，从而走上了与传统计划经济告别之路，黄金市场化改革就在这样一个大背景中开始酝酿而进入了发端期，这是我国黄金市场得以落地建设前的准备阶段，这一阶段经历了1992~1999年7年的时间。

## 一、黄金经济研究生涯首秀

1991年国家黄金管理局黄金经济发展研究中心完成筹备工作，1992年是其正式工作的启始年，作为对黄金经济发展研究中心本职工作的要求，工作开局首先就是设立研究课题，开始黄金经济研究工作，因此各研究室开始确立各自的研究方向。经济研究室自然是推动黄金经济研究的首当其冲者，而我是经研室主任，因而做经济研究的带头人是自己的责任。

### 1．迈出黄金经济研究的第一步

如何迈出当年经济研究室的，也是我的黄金经济研究工作的第一步？首先就是选择研究课题，那时不是由上级下达而是要自己寻找确定，再由领导审批，最终我们将研究方向确定为是黄金管制政策的改革、推进黄金市场化研究，设立的研究课题的名称为：《黄金市场的现状及改革方向》，由我担任组长及总执笔人，组员有两个：一是高茹琨，是我多年的同事（其著有《聚焦黄金市场二十年》一书）；二是吴来军，我的学长（原沈阳黄金学院教师后来退休）。这篇研究报告的完成之日恰与党的十四大确立社会主义市场经济改革目标同期，但是启动早于党的十四大的召开，比我国黄金市场的建立运行之日早了10年，这也是第一篇有关我国黄金市场化的研究报告，也使我的黄金经济研究生涯从起步之时便与我国黄金市场化改革结缘，开始了我对黄金市场问题研究的30年之恋。

这个研究课题的设立与当时的宏观形势发展有关：黄金管制是中华人民共和国成立之初便实施的一项国策，是当时黄金管理的基本制度，具有权威性。正是在这个法规的基础上建立了黄金管理的工作体制和经济体制，所以对黄金管制政策的改革属于战略层面上的问题，与我们承担的国家黄金智库的社会功能定位相符。所以这个课题的设立，首先源于我们对我国黄金管理战略问题的关注，与我国政治与经济的宏观环境变化有关。

每一项国家政策的形成与推行都有其时代背景，黄金管制半个多世纪没有变化是有其特定原因的。虽然20世纪50年代以后，人民币已在国内成为占有绝对主导地位的支付方式，黄金不再是人民币国内流通的挑战者，但当时我们遭遇西方经济封锁禁运，外汇极度短缺，使黄金做为一种外汇的对外支付功能突出了出来，因此具有了独特的政治与经济上的意义，所以黄金成为国家直接控制管理的战略性金属，其生产与流通均处于国家管制之中。

1992年课题研究启动时，社会主义市场经济的理念还未正式提出，但1992年距离1979年改革开放启动已有13年，虽然那时离加入世界贸易组织（WTO）还有十多年，但我国经济发展的国际环境已发生了根本性的变化，最为突出的事件是1979年中美建交，西方的封锁已基本化解。与西方关系的缓和，产生的一个直接影响是我国的国家外汇储备出现了持续地增长，在1982年突破百亿美元后，1990年又增长了一倍多，达到了285亿美元，当然与今天的3万多亿美元外汇储备规模相比还是“小儿科”，但与之前的六七十年代外汇储备只有2位数的极度短缺的状况已有了很大改善。我们再从当时国内宏观经济形势看，改革已成为当时各行各业发展的一个潮流，在这个潮流中对改革计划经济、建立市场经济的探索开始起步，已先后经历了有计划的商品经济和计划经济与市场经济相结合的发展阶段，市场经济大旗的升起已是地平线上的晨曦。1992年春即有邓小平南方讲话发表，紧接着10月份党的十四大正式确立了社会主义市场经济的改革目标。在这样大的一个政治环境中黄金市场化改革问题开始成为要思考的问题。这是当时设立《黄金市场现状及改革方向》课题的由来，这也是我迈出的黄金经济研究的第一步。

### 2．结论：渐进式开放黄金市场

该研究报告首先疏理概括了在黄金管制环境中的我国黄金市场（管理）体制的四大基本特征：一是计划性，黄金生产力要素是计划配置，黄金市场供求关系变化对生产力要素的配置变化影响滞后；二是垄断性，国家对黄金市场实行垄断性经营，而其最大的弊端是利益分配过多地向经营者倾斜，这是黄金生产力长期低水平的体制性原因，将黄金生产力低下归结为管理体制因素的这个结论在那时是不同凡响的；三是封闭性，不与国际接轨而自成体系，但是黄金走私屡禁不绝，已成为一个严重的社会问题；四是单一性，黄金本身具有金融与商品双重功能，我国黄金市场却是单一的外汇黄金交易管理，黄金商品交易完全被黄金金融交易所取代、掩盖，单一性的管理使黄金的社会功能发挥受到限制。该报告总结指出这一黄金市场的基本特征是一个受控的市场，价值规律只是在一定程度上发挥作用，在这个市场中计划与专营是第一位的，生产与需求是第二位的，这是在黄金管制基础上形成的一种特殊的黄金市场。黄金产品配置的袭断性的影响是多方面的，对于黄金生产力的发展也是弊大于利的，因而需要进行黄金市场化改革。

在当时市场经济已渐成为我国经济改革的目标的大势的情况下，黄金市场化改革方向的提出似乎已是应有之意，虽然在我国这是首次公开提出，发出了黄金市场化改革之先声，但该研究报告具有超前性的贡献更多的在于对我国黄金市场化发展的渐进性分析。该课题认为我国黄金市场化改革不是一步到位，而是要经历价格—产品—市场逐步市场化的过程。在之后我国黄金市场化实际进程也恰与这个设计相吻合：1993年国内金价实现了与国际金价接轨，由固定价变浮动价，黄金价格机制首先实现了市场化；10年后的2002年10月上海黄金交易所开业运行，这标志着我国黄金产品交易市场化的实现；2004年，上海黄金交易所开始由商品市场向金融市场转型，黄金市场实现了向一般民众开放，最终实现了黄金管理的全面市场化，至此我国黄金市场化改革才算基本完成。黄金市场化从方案提出到全面实现，历时12年。分步市场化的方案设计是基于实现从黄金管制向自由交易的平稳过渡，避免出现转轨失败风险，这种设计体现了对改革的稳妥性的追求。实际在黄金市场化改革起步之时“一步到位”论者有很大的话语权，但一步到位遭遇到实践的挑战，最终还是走上了逐步转轨之路。

### 3．一朝相识，便定终身

该报告是我国第一个涉及黄金市场化改革的研究课题，具有一定的前瞻性，这是对长达数十年的黄金管制体制发起的挑战，因而在社会上产生了一定震动，特别是当时的金融理论界。当年10月课题初稿完成后组织了一次研讨会，参加研讨会的人员涵盖了我国金融货币研究领域的权威，其中有我国当时货币领域权威——中国人民大学校长黄达、中国人民大学金融系教授陶湘、国务院发展研究中心教授杨培新、国家经济体制改革委员会研究员李忠凡、中国社会科学院工业经济研究所副所长吕政、冶金工业部政策法规司司长董贻正，等等。当时与会的专家、学者们是怀着好奇之心参会的，他们都表示参加会议只是探讨性地提出意见和建议，这是因为黄金市场对于这些金融大家们来说也都是陌生的，那时在高校的金融教科书中也少有黄金市场的内容，这种情况反映了这个课题在当时的前沿性。

我们在综合大家提出的意见的基础上，于当年11月定稿，此时党的十四大刚刚确立了建立社会主义市场经济体系的改革目标。这个课题成果之后分别在《中国黄金经济》和《中国工业经济研究》两个专业经济期刊上发表，至此较好地完成了我的黄金经济研究的处女作。从此我国黄金市场化进程中的每一个事件发生的时间结点都成了我关注的对象，我都作出了自己的分析评论，发表的关于黄金市场化改革的研究成果超百万字，并完成了黄金市场化改革三部曲系列专著，即《破茧：解密我国黄金市场化历程》《中国黄金：从跟随到超越》《三十年黄金市场化改革亲历记》。黄金市场化改革研究是我学术生涯的核心部分。

30年前，黄金市场化问题虽属于前沿性的经济问题，但由于在黄金管制体制中的信息封闭，黄金资讯还处于保密状态，又加上黄金行业那时本身的规模也很小，所以这个课题只是在一个很小的范围内得到了讨论和传播，远没有现在黄金走进千家万户后的影响力。黄金经济研究在当时黄金行业内部也是不被重视的一项可有可无的工作，或者说黄金经济研究那时只是在特定时刻偶尔才需要使用的一种工具。在那时国家黄金管理局黄金经济发展研究中心曾想举办一个黄金经济研讨会，以研讨一下行业未来的发展问题，这在行业内属首次，为此还发了红头文件，但最后只有一人报名而不得不取消。黄金经济研究在当时是一个冷清的没有吸引力的工作，所以当时黄金经济研究岗位上的年轻人在之后的岁月中大多先后离职。而我则可能是因年龄的因素坚持到了今天，并在这个冷清的工作岗位上发现了工作的乐趣而欲罢不能，这是多年形成的一种内在的习惯性因素在发挥作用吧。俗话说："女怕嫁错郎，男怕入错行。"10年后因黄金市场开放而兴起了黄金经济研究热，黄金经济成了一门社会显学，出现了不少黄金经济专家，这在十多年前是想象不到的。认真执着的品格使我分享了这一时代的红利，对于我是一种幸运。

这个课题的完成是我黄金经济研究生涯的首秀，那时课题组能够掌握的黄金资讯十分匮乏，这是完成这个课题最大的“拦路虎”，而认识的时代局限性影响了课题成果的高度与深度，所以用30年后今天的认识检视30年前我们完成的这个课题，有许多遗憾和缺欠，并不完美，但在大方向的把握上仍可以说是合格，体现了课题组的认真严谨。这个课题成果是我国黄金市场化改革发端期踪迹的一个记录，为此将这篇研究报告做为本书的延伸阅读资料收录如下。

## 延伸阅读一：

### 《黄金市场的现状及改革方向》[①]

党的十四大提出：我国社会主义经济体制改革的目标是建立社会主义市场经济体制，标志着我国的经济改革已发展到一个新的历史阶段，把企业推向市场，则是这个阶段的中心任务。但黄金企业走向市场却困难重重，其中一个重要原因是，现存的高度集中的国家黄金计划市场，排斥黄金企业进入市场，制约了黄金企业转换经营机制的改革进程。因此，黄金市场的改革取向，对我国黄金生产力的发展具有重大的影响。基于这个原因，本课题力图从黄金市场的现状及其运行特征的剖析中，揭示其变化的内部动因，从而论证黄金市场化进一步改革开放的必要性

① 国家黄金管理局黄金经济发展研究中心课题组.黄金市场的现状及改革方向［J］. 中国工业经济研究，1993：6.

和可能性，提出发展黄金生产力对黄金市场发育的若干建议和要求。

一、我国黄金市场的现状及特点

进入20世纪70年代以来，世界黄金市场的规模和范围都有了迅猛发展，就其运行机制上分，一类是受控的市场，一类是自由交易的市场。两者的根本区别是，前者价值规律只能在一定程度上起作用，供需双方交易还要受一些人为特定的规则制约，后者是交易者自由交易，价格随供求关系变化而变化。

1.我国黄金市场的现状

在我国经济生活中实际上并存着两种不同性质的黄金市场。

（1）国家市场。这是我国黄金的主导市场，其基本特征是：一是计划性。黄金的生产量由国家指令性计划决定，销售也按计划平衡量供应，而且只能按计划规定的用途使用，不得挪用。黄金生产力各要素的配置，是通过传统计划机制配置。二是垄断性。国家对黄金实行统收专营政策，矿产金、副产金及杂产金等都必须全部交售给中国人民银行，任何单位和个人均不得自行销售、交换和留用。交易地点只能在中国人民银行内进行；价格以银行为主制定，不随供求变化而浮动，也不随生产成本升降而变化。三是封闭性。我国黄金市场不直接与国外黄金市场接轨而自成体系，参照国际金价但不执行国际金价，从总的趋势看是，收购价低于国际价，而配售价和首饰价又高于国际价，这是黄金走私外流，而金首饰由外入内的原因所在。四是单一性。黄金跨越货币和商品两个领域，但我国的黄金计划市场是按货币管理要求建立的高度统一、由国家垄断的管理体制，黄金的商品市场完全被黄金的货币市场所包容，黄金的商品市场也被用货币市场的原则所管理，生产与经营环节、上游产品与下游产品是脱节的，经营者代表国家行使管理权，生产者只有承担交售产品的义务，两者不是平等的商品交换关系。

（2）隐形市场。现阶段这一市场是不合法的地下交易市场，这个市场的规模虽难以准确地作出描述，但可从以下现象中做出推断和评价。从生产规模看，据有关部门对14个个体采金比较多的省（区）调查，这些省、区采金高峰季节时，采金人高达40万人，常年也有25万人，是正式国营矿山总人数的一倍多，虽国家已明令禁止个人采金，但屡禁不止，而且多数已打起了“集体”的旗号，变成了“合法户”。据黄金管理部门估计全国群采年产量为40万两左右，国家能收购的不足1/3，相当大的数量进入了民间市场，所以有人认为这个市场每年的黄金交易量为10吨左右，也有人估计交易额超过了4亿元人民币。此外，我们还可以从国外对我国黄金产量的估计与我国实际收购量的差异中看出一些端倪。我国黄金产量尚属国家机密，不予公布。但国外一些权威专业刊物每年都发布我国黄金产量，但数字比我国实际收购数高30%~40%。看来，他们估算的产量数内包含了民采黄金和企业“存金”。由此推论每年有10%~20%的黄金进入隐形市场。另据国外统计，我国内地每年仅流向香港黄金冶炼厂的黄金就多达20吨（60余万两）。民间黄金市场是我国隐形经济的重要组成部分，这是个不应忽视的经济现象，它是以黄金商品化为特征，具有非法性、隐蔽性、流动性。其交易价格逼近国际金价。

除此之外，如果从实物形态看，我国还存在着黄金首饰市场，但从运行性质上分，它是从属和融合于以上两个市场的。民间黄金市场上有公开的首饰市场，它在很大程度上又是作为金融市场的补充而发展起来的，从属于国家黄金计划市场。这个市场的加工投放量由国家计划控制，配售价格与首饰价格也是国家定价，加工、销售均由中国人民银行批准后，方可经营。到80年代中期国内公开首饰市场已有5亿美元的规模，随着人民生活水平的提高，金首饰市场仍会保持增长势头。

可见我国黄金市场名义上是高度统一，但是实际上是明的暗的并存，名义上是统收专营，但是实际并非如此，合法与非法并存。在现在黄金市场上，一方面，黄金走私屡禁不止，资源外流严重。另一方面，金价扭曲，在资源外流的同时，各种各样金首饰又从外大量进口，造成利润大量外流。

2.我国黄金市场形成的历史原因

黄金市场的现状，是传统产品经济管理体制与日益强烈的商品化需求矛盾的结果，这有深刻的历史渊源。1949 年华东解放区发布的金银管理暂行办法规定：严禁一切金银带出解放区；在解放区内允许人民储存金银和可以向人民银行按牌价兑换人民币，金银不得用于计价使用、流通与买卖；出售金银必须卖给中国人民银行，使用金银向当地人民银行申请，由当地人民银行按行情酌情售与；可以出售金银饰品，不得买卖金银，不得收兑金银制品；经营金银佈品单位要向当地人民银行呈报有关报表。华东解放区的这一作法，纷纷被其他解放区效仿。80 年代初，我国颁布了《中华人民共和国金银管理条例》两者并无实质性变化。近半个世纪以来，我国的黄金市场一直是国家银行管理下的高度垄断的计划市场。其原因何在?

（1）从历史上看，自由货币短缺是驱动发展黄金生产的动因，在我党创办苏区和抗日根据地时，被敌人四面包围，境内物资缺乏，国统区是当时经济发达地区，要从国统区购买物资，不能使用根据地发行的货币，只能使用自由货币，而当时能被认可并可以获得的只有黄金。所以当时发展黄金生产，就是为了增加自由货币，打破经济封锁，用以购买根据地急需的药品和物资。因此，必然要对黄金施行垄断经营，禁止自由交易。解放战争时期，敌人的包围虽已打破，但当时是多种经济成分并存，我们还未来得及建立统一的金融体系，新老解放区也未形成统一的货币，所以在一些紧急特殊情况下，需黄金充当货币。战争又需消耗大量的财力，经济压力很大，发展黄金生产在这两个方面都是显得尤为重要。为了稳定解放区的金融，防止投机，安定人民生活，防止敌人在经济上的破坏，也需要把黄金置于严格控制之下。中华人民共和国成立初期，黄金自由货币的作用一度减弱。但由于政治与经济因素的变化，1958 年我国动用黄金储备 300 万两，用以换取美元，进口国内急需的生产资料和生活资料。1960 年，需进口粮食，又用黄金换汇买粮。抗美援朝时所借的部分外债，也是靠出售黄金还的。

通过以上简要的回顾可以看到，在半个世纪多的时间里，党和国家发展黄金生产的动因，就是要获得自由货币。因此，对黄金市场的管理，必须是限制在货币领域，处于高度集中、高度垄断的管理之中。

（2）传统的产品经济管理体制，阻挠了黄金商品市场的形成。中华人民共和国成立以来，由于受苏联经济管理模式的影响，我国建立了排斥商品生产的经济管理体制，形成了以大一统管理、集权和指令性计划为特点的产品经济运行模式。在这种体制中，黄金就一直被冷落，很长一段时间黄金生产未列入国民经济发展计划之中，造成生产萎缩，1972 年的产量还不及 1888 年清慈禧时代。到了 80 年代，由于外贸出现逆差，储备减少，还债压力增加，使黄金的货币功能在特定的条件下又突出了。但黄金市场不仅没有开放，而进一步强化了统收专营。

（3）我国经济发展水平是制约黄金市场开放程度的根本原因。我国黄金市场现状的形成，除以上两个原因外，经济发展水平低是根本原因。我国经济发展水平相对低下，还处于解决人民温饱问题阶段，经济生活没有黄金商品化的要求，国家也必须把有限的黄金集中用于最急需的地方。

二、我国黄金市场走向开放势在必行

黄金走向市场，已是世界的潮流。我国黄金最终也必须加入到国内外两个开放的大市场中去。这是发展黄金生产力，推动我国经济改革的现实需要。

1.开放我国黄金市场的现实需要

随着我国社会主义市场经济体制的建立，改革开放的进一步深化，对开放我国黄金市场的压力越来越大。

（1）发展我国黄金生产能力迫切需要开放黄金市场。1975 年以后，我国黄金生产进入了一个大发展阶段，每年都以两位数的发展速度递增，年产量已居世界第 7 位，已形成了一个较完整的工业体系。其主要原因是国家制定的一系列刺激黄金生产政策，发挥了重大的推动力，极大地调动了黄金生产者的积极性。但是这些在特定条件下形成的政策与管理体制，基本上是产品经济的产物，在近十多年来基本上未做根本性的调整，现行管理政策与当前我国经济改革的总趋势，出现了越来越大的矛盾。最为突出的是：黄金矿山生存的环境已日益市场化，生产的条件绝大部分已商品化，各种黄金生产要素的价格都已全部放开，生产资料的上涨，造成了生产成本的大幅度上升。“七五”期间岩金成本平均每年递增 17.88%，砂金为 13.23%，近两年的增幅仍在不断上升。但黄金收购仍是指令性计划，价格不能随行就市自由调整。一头放开，一头卡死，使黄金行业创造的附加值大量地转移到其他行业。旧的管理体制和行业政策，制约了黄金工业的发展。据调查分析，中央直属黄金矿山的综合经济效益 1991 年比 1989 年下降了 51.2%，亏损额增加了近 2.5 倍，亏损面由个别矿山向整个地区发展。广西已是全区性亏损，黑龙江全省亏损局面也将出现，砂金成本已接近价格，生产开始萎缩。岩金生产从全国总的情况看，仍有一定的利润，但也有相当大比重的企业出现经营困难。例如，山东省是我国黄金行业效益较好的重点产金省，“七五”期间新建矿山8座，平均投资偿还年限14.3年，大大超过了还贷期，甚至超过了一些矿山的服务年限，黄金矿山的还贷能力很弱，这还是经济效益较好的地区，其他地区的情况还要严重。

黄金本来是一种可以创造高附加值、具有广泛用途的商品。世界各国都在大力发展黄金生产。我国的黄金资源的前景也很好，具备使我国黄金生产再上新台阶的物质条件。在市场经济的条件下，给黄金生产者以商品生产者的权力，是今后黄金行业发展的基本条件，这个基本条件的核心，是黄金企业走向市场。在整个国家实行市场经济的大环境下，黄金仍要保持产品生产的孤岛是不可能的。

（2）我国经济改革的发展，迫切需要开放黄金市场。邓小平同志南方讲话后，我国经济改革的步伐明显加快，党的十四大又确立了经济体制改革的新目标，全国各行业的改革都必须向建立社会主义市场经济的方向前进。没有开放的黄金市场，黄金行业的社会主义市场经济的体制框架就无法构筑，其行业改革任务就无法完成。同样，金融管理体制的改革，也要变单一国家集资方式为开放的多渠道金融市场，金融市场的设置、管理内容及程序、运行规则等都将向国际惯例靠拢。作为金融市场的一部分——黄金市场的建立和开放已属必然。没有这一步，金融体制的改革将是不完整的。

（3）稳定金融，防止通货膨胀，保证改革的顺利进行，迫切需要开放黄金市场。开放我国黄金市场，对于稳定物价，防止通货膨胀，稳定改革中的金融形势也是十分必要的，有利于吸引大量个人资金，分流一部分购买力。实现藏金于民，平时可以稳定金融，又可为战时灾时增加自由货币，以增强国家实力。

（4）扩大开放，实现和国际市场的对接，迫切需要开放黄金市场。

为了进一步发展我国的社会生产力，今后将会进一步扩大对外开放，走向国际大市场，这就需要国内市场和国际市场实现对接，在世界范围内，利用市场机制，实现生产要素的最优化配置。我国一旦恢复关贸总协定缔约国地位，就要全面地走向世界市场，同时也必须承担开放国内市场的义务。世界黄金市场已开放，我们要"复关"，实现和国际黄金市场的对接，我国黄金市场的开放是进一步扩大开放的需要。更为现实的因素是 1997 年香港回归，那里有世界五大黄金市场之一的香港黄金市场，1999 年澳门回归，那里有亚洲著名的澳门黄金市场，届时要充分利用这些市场，更好地发挥其功能。为此，必须尽早地推进内地黄金市场的发育，与之接轨配套，形成优势互补。

（5）治理现实混乱的黄金市场，也迫切需要开放黄金市场。近几年来，黄金走私贩私现象严重，屡禁不止，一个重要原因是管理办法不适应黄金商品化的要求。对于地下的隐形市场，仅以行政办法管理生产的路子是行不通的。随着我国国民经济的发展和人民生活水平的提高，黄金的商品市场需求日旺，只要这种需求存在，垄断产生的价差存在，隐形市场就会存在。与其堵，不如疏，按照价值规律进行疏导才是正确的治理之路。堵可以堵住部门暂得的既得利益，但国家整体损失是几十万两黄金和大量利润的外流，失大于得。几十年来印度的黄金走私贩私屡禁不绝，走私集团形成了强大的辛迪加组织，但近年印度政府颁布开放黄金市场的法令以后，走私现象便得到制止。可以设想，随着我国黄金市场的开放，地下市场即可走向公开，走私贩私现象也将迎刃而解。

2.开放我国黄金市场的现实可能性

开放我国黄金市场，许多同志也认为实有必要，但对立即开放黄金市场的改革又心存疑虑：一是开放黄金市场，对我国黄金储备的影响程度；二是开放我国黄金市场，新旧管理体制交接过渡的平稳性。如果这两者因开放黄金市场而产生强烈震动，就不能立即开始推进我国黄金市场开放的改革。那么，目前推进这一改革的可行性如何呢？

（1）黄金市场开放与保证国家储备并不相悖。为了应付国际收支上的需要，每个国家都需要有足够的国家储备金，黄金是国家储备金的组成部分，占有重要地位。但是，不是越多越好，有一个适度问题，而且现在世界黄金储备不是在增加，反而在减少。因此世界新增加的黄金不是进入储备，而是走向商品市场。因为过去国际交换的主要流通手段和支付手段是黄金，国家储备金也主要以黄金为主。国际币制改革后，黄金不再是唯一的储备币种，其比重也随世界经济形势的变化而变化。一般情况下，在利率较高、通货膨胀率较低、国际政治形势相对稳定的时候，黄金所占比重降低，外币储备增长；反之，则黄金增加，外币减少。当前显然是前者占据主导地位。黄金储备还与一个国家的外贸状况密切相关。如果外贸顺差、盈余较多时，外汇的结存也会增加，对黄金的依赖性就会降低。这时，即使国家储备增加，黄金储备也不会增加，甚至还会下降。

当前国际形势相对稳定，外贸顺差增加，国内建设加快，对资金的需求超过了对黄金储备的需求。即使需增加储备，也完全可以通过增加外汇储备来实现，因此只需一定数量的黄金储备即可。我国的实际情况是：1971~1987 年 10 年间我国储备增加了 4 倍多，但黄金储备却有所下降，这和国际储备的变化趋势是一致的。可见，我国储备金中的黄金储备是长期稳定、稳中有降，新产的黄金已经部分走向了市场而非进入储备。再者，市场开放以后，还可以通过订货方式，使上市黄金优先补充储备，满足国家的需要，只要国家具有调控市场的能力，国家黄金储备的需要就能得到保证。更为重要的是，我国黄金生产力已跃上了一个新的台阶，进入世界主要产金国行列，使国家增储和美化人民生活有了坚实的物质基础，保证国家合理黄金增储是有能力的，只要政策得当，黄金产量还可以进一步提高。

通过以上分析，我们认为开放黄金市场，并不影响国家储备的需要，与之并不相悖。以国家储备需要为由，固化封闭的黄金计划市场是站不住脚的。

（2）向新机制平稳过渡的初步构想。开放我国黄金市场要在现有的基础上，对现行政策进行改革，赋予其商品生产的内容，逐步转化，是可以实现平稳过渡的。具体步骤可大致分为：第一步，管住产品，放开价格。对旧的产品统收专营体制不做大的调整，开放黄金市场的改革，要先从开放黄金价格入手，使我国黄金价格与国际价格接轨。变价格形成机制由计划调节为市场调节，使价格成为生产的指示器，根据价值规律的作用，实现生产要素的优化配置，促进黄金生产力的发展。这在国际上也有成功的实例。例如，南非就是规定黄金由国家储备银行收购，但价格完全是开放的，不但没有影响南非黄金的商品化，而且在一定程度上还保护了黄金工业的发展，虽然黄金矿山有10%的自销权，但矿山真正自销的并不多。

第二步，产品分成，职能分流。开放我国黄金市场，只放开价格还不够。在放开价格后，还要推进职能分流改革，建立黄金商品市场。作为改革的第二步，可以将国家给工业部门的产品分成，由外汇分成变为实物分成，全部走向市场，其余产品仍由银行管理，进入国家储备。使黄金价格上与国际价统一，但在职能上以双轨制运行。

第三步，开放市场，职能分立。经过第二步的改革，黄金市场逐步发育，为开放黄金市场做好软硬件的准备。第三步黄金全部走向市场，实现商品化。中央银行只对国家黄金储备负责，而退出对黄金市场的干预和操纵，国家储备的增减通过黄金市场定货采购，实现国内、国际两个市场的接轨。

我国社会主义市场经济体系的建立，为黄金市场的改革展示了前所未有的机遇，应抓紧在“八五”期间初步建立起黄金市场经济体系，并力争最迟在1997年香港回归祖国前具备黄金市场开放的基本条件，这应成为我们为之努力的时间进程表。

三、尽快创立开放黄金市场的基本条件

黄金市场的开放，需要多方面社会条件的配合，配套改革不仅必要，而且需立即着手进行。

1.修改《中华人民共和国金银管理条例》

我国在1983年颁布的《中华人民共和国金银管理条例》，基本上反映了集权管理，垄断经营、发挥黄金的货币职能的要求，不仅不适应我国推进市场经济的要求，而且直接与《全民所有制工业企业转换经营机制条例》相悖，因此推进黄金市场开放，首先应修改《金银管理条例》。

一是区分黄金的两种职能，施行一种产品、两种管理。目前黄金的货币职能在萎缩，而商品职能在回归。因此，必须改变单一的货币管理体制，施行一种产品、两种管理。进入国家储备的黄金，由中央银行代表国家施行管理权，而其他黄金则进入商品市场，由国家黄金管理局代表国家进行归口管理；进入国家储备的黄金，按国家金融货币管理的原则，进行集中垄断控制，而进入商品市场的黄金则应依据价值规律进行调控。

二是变统购统配为市场调节供销。除进入国家储备的黄金外，黄金都是一般商品，其交换都应在开放的市场中进行，为了保证增加国家储备的需要，可以通过订购合同，优先保证国家从市场以定量不定价的方式得到供应，中央银行也可按市价向市场抛售黄金。中央银行由统购统配计划管理职能，转变为黄金市场上的平等交易的伙伴关系。供需双方（可经特殊认定）平等地进入市场，按照各自需要实现供销交换。

三是变垄断经营为多元化经营。黄金进入市场，就应允许竞争。竞争就必须打破垄断，允许非银行交易机构的发展，形成多元化经营的格局；并适度放开金制品市场的管理，将计划调控的金制品市场，转变到依法经营的商品市场轨道上来。消除黄金上游产品市场与下游产品市场人为分割的现象，形成一个完整统一的、按照价值规律运行的市场机制。

四是放开私人对黄金投资。随着我国黄金市场的开放，这一禁区的突破也在情理之中。我国经济改革，已经开放了证券市场和股票市场，目的都是要把居民个人存款，从消费领域引导到再生产领域中来，进入社会扩大再生产过程。吸引更多的私人投资生产经营黄金这种特殊商品将是完全可能的。

2.建立新型的黄金价格管理体制

目前，我国的黄金收购价格不能完全反映黄金真实价值，也不能完全反映供求关系。因此，黄金价格管理体制的改革，是实现黄金市场转型的关键问题。变国家计划价为与国际市场接轨的浮动价，国家物价局作为黄金市场价格监督管理部门，为了保护我国黄金工业，可以制定最低保护价。买卖双方根据市场挂牌价格，自由成交。市场按国际惯例收取双方佣金，市场本身以服务为主，不以盈利为目的。改变黄金价格的扭曲，才能真正把风险和机遇落实到企业。使黄金矿山参与平等竞争，优胜劣汰，实现生产要素的优化配制，做到自主经营，自负盈亏。

黄金价格与国际市场接轨，黄金矿山应与其他行业实行统一的税制。国家在国民收入二次分配时，从国家收入中划出专项资金，用于扶植黄金地质勘探及开发，使国家保持从宏观上对黄金行业进行必要调控的能力。

3.推进国家黄金管理体制的改革和政府职能的转换

我国黄金管理体制，是依据黄金的货币职能管理需要而建立的，开放黄金市场应对这种管理体制进行必要的调整和完善。中央银行是国家的货币管理机构，在新形势下仍由其作为黄金产品的主管机关，是国家机关管理职能上的错位，应该调整为中央银行只管进入储备的部分。对黄金工业的管理应像其他产业部门一样形成上游产品与下游产品的统一管理，对黄金管理部门要赋予相应的职能，加强综合协调能力，形成一定的权威性，实现从黄金地质到建设、生产、销售等实行统一管理。同时，国家黄金管理局要转变职能，对黄金行业进行宏观总体调控，在发育黄金商品市场中发挥更大作用。国家黄金管理局今后应从发展战略的角度，积极在培育、组织、参与黄金市场等方面行使政府职能，改变管理企业的方式，协调配套地进行计划、投资、税收、价格、物资、人事和劳动工资等方面的改革，配合有关部门加强法制建设，加强黄金地质资源的保护，配合金融改革建立黄金专业银行，成立黄金交易所，发行黄金证券建立股份市场。

4.实现黄金企业经营机制转换

企业是商品经济中进行独立生产、自负盈亏的经济法人。黄金生产企业也应如此。由于黄金行业长期在统收专营的封闭市场中运行，市场改革相对滞后，与其他行业存在不小差距。《全民所有制工业企业转换经营机制条例》(以下简称《条例》)的颁布，为黄金企业转换经营机制带来了契机，要通过《条例》的贯彻落实，取得转换经营机制的突破性进展。各级政府和黄金管理部门要按照《条例》的规定简政放权，改变工作方法，加强指导和监督，千方百计为黄金企业走向市场创造条件。

(课题组负责人刘山恩，课题组成员高茹琨、吴来君，课题指导：黄镇诚、孙志民)

## 二、感王民营黄金市场的挑战

1992年在北京，国家黄金管理局黄金经济发展研究中心的办公室内，我们几个书生正绞尽脑汁、冥思苦想为完成我国黄金市场化课题而努力之时，在一个远离北京的边远小镇正在制造一颗可能会摧毁黄金统收统配体制的“炸弹”。这颗“炸弹”与课题的完成几乎同时引爆，这就是辽宁海城感王镇黄金特区的挂牌——我国地下民营黄金市场公开亮相。

### 1. 被喝彩的“造反者”

辽宁省海城市感王镇是辽宁的一个边远小镇，这里没有金矿故不产黄金，也无加工厂故也无用金之需，更不是黄金集散地，也无市场之利，但它在1992年高举起了黄金市场化改革的大旗，建立了一个为吸引黄金首饰企业入驻的经济特区。这些入驻的黄金首饰企业虽已在工商部门登记，但未获得黄金经营许可，这就直接违反了黄金管制的规定；名为开展黄金首饰经营业务，但实际也进行黄金私下交易，并不符合《金银管理条例》之规；更为要命的是，它宣称该市场交易直接使用伦敦金价，又违反了黄金价格由国务院统一定价的规定。辽宁感王黄金经济特区的出现与中国人民银行统收统配的黄金市场唱起了对台戏。

这个黄金经济特区出现时机很耐人寻味，那时市场经济改革方向已指明，但社会主义市场经济这个概念还未公开正式提出，而以黄金市场化为帜的辽宁感王黄金特区已完成工商登记，首家黄金首饰企业于当年8月份入驻特区，3个月后的1993年1月入驻特区企业已有106家。那时民众基于对市场经济的期盼，纷纷来到感王镇考察并给予肯定，还有部队来此实地进行国情教育，而感王镇政府的领导也被称赞为不怕摘“乌纱帽”的改革家。

感王黄金特区的出现，表明黄金管制造成的资源错配的矛盾积累已到一触即发的程度。早在20世纪80年代地下黄金走私已有了相当规模，现在感王镇只是将隐蔽变为公开。星星之火可以燎原，出现在边远小镇的这个特区可能被很快复制和推广而造成黄金管制体制的全面崩塌。而当时黄金市场主管部门中国人民银行对此持慎审态度。国务院确定的工作目标是“八五”期间黄金管制体制要维持不变，那时国家外汇储备虽然有了大幅增长，但还有许多不可控因素，当时全面放开黄金管制的条件还不是很成熟，如免强为之即有可能引起更大的混乱，此时还不能顺势立即开放黄金市场，这是中国人民银行那时的基本态度。

### 2. 国务院应对感王市场之策

感王黄金特区这样一个高举黄金市场化改革大旗的“违规”市场，给决策部门提出一个难题：感王市场是一个冲击现行黄金管制体制的市场，本应关闭，但它又反映的是黄金市场化改革的诉求，在党的十四大刚刚落幕，做实了市场化的改革目标的情况下，不能简单地给予否定，因为这在某种意义上讲也是一个态度问题。所以黄金管理的决策者只能是两面应对：一方面，坚持黄金管制还不能放开，重申维持原有管理体制不变；另一方面，对黄金市场化的宿求也给予了回应，这就是管住黄金产品，放开黄金价格。管住黄金产品即维持黄金管制不变，放开黄金价格即实现国内金价与国际金价接轨，从而满足了黄金生产者的利益诉求。国务院《关于调整黄金经济政策问题的复函》（国办函〔1993〕63号）的下发是对感王黄金特区事件的反应，而其基本内容也就是体现和落实了这两面应对的工作思路。

对感王黄金特区的处理结果是整顿而不是关闭，所以感王这个市场一直存在到2002年上海黄金交易所开业以后。因为当时严禁国有黄金矿山进入这个市场，对它的生存空间造成了挤压，使它不能对黄金统收统配管理形成大的冲击而被边缘化。2002年上海黄金交易所开业，黄金价格形成机制实现了市场化，感王市场又失去了对冲官方金价的功能，其市场价值逐步丧失而被淘汰，成为我国黄金市场历史上的过客。

国务院63号函在总体上维护黄金管制体制不变，并且态度很坚定，但也确定了未来黄金市场化改革的方向，推出了推进黄金市场化改革的具体措施：一是决定推进金价形成机制的市场化改革，实现国内金价与国际金价的市场接轨；二是要求人民银行开始黄金市场的预研工作，为国家黄金市场的组建做前期的准备；三是要求国务院法制局根据《全民所有制工业企业转换经营机制条例》的要求对《金银管理条例》提出修改意见，并要在当年内给出意见反馈。

这些工作的安排给了人们一种感觉，即国务院不能立即推进黄金市场化改革，但黄金市场化改革也即将破门而出，因而当时广泛的认知是我国黄金市场已指日可待。让人没有料到的是63号函下达后黄金市场化改革的势头顿时消失，变得无声无息而完全停顿了下来，而且一停便是6年，这是一个完全出人意料的发展结果。

## 三、改革发展势头出人意料

1993年黄金市场化改革方向的确立使人们对黄金市场的建立充满了期待，但之后的发展现实却出乎人们意料，不仅一度高涨的黄金市场化推进停止，而且黄金市场化的社会舆论很快也归于平静。

### 1．为推进黄金市场建设而发声

1993年以后黄金市场化改革进入了一个平静期，但黄金市场化改革的暂时平静并没有使我放弃对黄金市场化的关注和研究，而出于推动我国黄金市场化改革的责任感，我在1995年初党校学习结业时写了《对建立中国黄金市场的思考》一文，为黄金市场化改革发声。该文并不是一篇理论性的宏篇巨著，但由于当时有关部门和理论界都寂静无声，那时问世就显得与众不同。文章被推荐收录到《面向改革的生动实践》一书中，是那时唯一的公开发表的有关推动我国黄金市场化改革的论文。

在该文中我主要是从三个方面论述了建立和发展黄金市场的必要性：一是黄金非货币化，黄金从货币领域走向了商品领域，需要建立和发展黄金市场；二是社会主义市场经济的建立，要求黄金矿山实现经营机制的转换，黄金矿山要走向市场，也需要建立黄金市场；三是黄金仍有货币职能，如要继续发挥黄金的货币职能，也必须建立和发展黄金市场。写这篇文章意在通过对黄金市场理论认识的深化，推动黄金市场建设的再启动，但很快我便认识到黄金市场建设的推动不仅是一个理论认识问题，还是市场建设的相关方利益格局调整问题，只要形成的利益格局没有打破，改革就不会发生，这就是黄金市场化利益格局平衡论。

## 2. 提出改革利益格局平衡论

从利益分配角度认识黄金市场化改革，是我对我国黄金市场化改革认识由表及里的一次理论深化。1993年启动的黄金市场化改革并没有如人所愿继续向前推进，而停顿了下来，原因何在？是因利益分配调整在左右着人们的行为。因而黄金市场化改革利益格局平衡论成为我认识黄金市场改革问题的新工具。利益格局平衡论是说改革的过程是一个打破旧的利益格局平衡实现新的利益格局再平衡的过程。

1993年推动和左右黄金市场化改革的力量是黄金生产者和中国人民银行，前者是黄金的供给方，后者是黄金的需求方，因而黄金市场化改革的表现是打破黄金统收统配供求关系，但本质是要实现两者的利益关系失衡后再平衡。1993年黄金市场化改革启动的本质原因是在黄金管制、中国人民银行定价的黄金管理体制中，国内金价长期低于国际金价，国内外价差实际就是生产者利益的损失。生产者损失的利益一是流向了黄金生产发展基金，用于新区开发；二是流向了总理基金，这是国家用于临时发生事件的应对资金。黄金国内外价差的存在实际是一种资金在计划经济体制中的对黄金生产企业的资金平调征集行为。在传统的计划经济时期黄金企业没有独立的利益诉求，这种资金的平调行为是可以进行并可以维持的，但经济体制改革使黄金企业从计划经济管理体制进入市场经济管理体制中，每一个企业都承担了自负盈亏的责任，因而就有了企业自己的独立的利益追求，所以黄金企业为了争回自身失去的利益而要求改革，这种诉求表现就是以各种方式冲击统收统配管理体制，这就是黄金市场化改革和市场经济体制确立几乎同时发生的原因。

那时黄金生产者是经济利益的诉求方，因而也是市场化改革的主动推动方，而中国人民银行是黄金管制体制的维护者，是改革的被动方。中国人民银行作为黄金统收统配体制管理的执行者，对这一体制的平稳维护是他们最大的利益诉求。显然1993年推动黄金市场化改革使生产者的经济利益得到满足和中国人民银行对黄金统收统配体制得以维护，是改革的利益平衡点。

黄金生产者是1993年黄金市场化改革的主力军，也是最大的利益诉求者。国务院63号函最大的改革行为就是实现了国内外金价接轨，将生产者的利益损失最大限度地还给了生产者。最突出的标志是金价的并轨使国内金价提高了近1倍，1993年黄金价格是并轨前1992年的2.45倍，之后金价虽有所下降但1994年金价仍是1992年的2.32倍，1995年则为2.25倍，因而黄金行业实现了利润成倍增长。改革使黄金生产者获得了显而易见的利益，同时也因此失去贷款优惠等多项优惠政策，但在经济上依旧是得大于失，所以黄金生产者对国务院63号函确定仍保持黄金管制也就持肯定态度。而中国人民银行在这次利益博弈中维持了黄金管制工作体系的稳定，故中国人民银行对这次改革目标最终得到实现也是满意的。

这次改革过程是一次利益格局的调整过程，有得便有失，而最大的利益损失者是黄金行业管理部门，因金价的并轨使行业管理资金萎缩或断供，而使行业管理功能萎缩，机构也压缩调整。而各级黄金管理部门不是这次改革主要的支撑力，只是配角，并没有能力改变这个结果，而成为失意者，但也因此加快了黄金行业管理市场化进程，今天看来并非是一个消极的结果。利益格局实现了暂时的新平衡是黄金市场化6年改革沉寂的根本原因。

### 3. 利益格局平衡再次被打破

1993年以后的3年间金价出现了罕见的稳定期，所以1993年国务院63号函下发后形成的利益格局也相当稳定，但1997年金价由升转跌并持续了5年，到2001年金价下跌了近1/4，从而导致1993年黄金市场化改革形成的黄金市场供求双方利益格局再失衡，而这次失衡与上次情况有所不同：国际金价持续的下跌，与国际金价挂钩联动的国内金价也持续的下跌，生产者1993年金价并轨改革所获得的利益逐渐被挤出，所以生产者为了维护自己的利益而以黄金仍是统收统配为由要求中国人民银行给予价格补贴，而中国人民银行为维护黄金管制，同意给予必要补贴，即每克黄金收购价格如低于80元人民币时由中国人民银行给予上浮3%的价格补贴。这个政策的出台，又一次实现了利益格局的平衡，巩固了黄金管制的工作体制。但这是暂时的平静，因为价格保护政策不能持久地维持下去。

对此在1998年2月份我特别在《中国黄金报》上发表了一篇题为《黄金统收专营能持否？》的分析文章，在这篇文章中我指出："这种价格保护只能是暂时的，原因是我国资源配置存在国内和国外两个市场。国内黄金价格的高势，必然刺激国外黄金和金饰品的流入。中国黄金的消费者转而成为国外黄金的消费者，中国成为国外黄金的销售市场，这实际也是一种突破统收专营体制的方式，即国外黄金在体制外流动。更为严重的是，这种保护体制为了暂时既得利益而牺牲了黄金产业的长远利益，因为它最终会使中国黄金产业失去市场生存空间，而这是我国黄金工业发展的生命线。”在宏观经济环境日益开放的情况下，黄金价格保护最终损害的是黄金产业自己，而且这次利益格局平衡是以中国人民银行让利而实现的，但此时中国人民银行维护统收统配的黄金管理体制已到了左右为难、力不从心的境地。那时对于中国人民银行而言，黄金统收统配管理即使不能说已走到尽头，也临近瓦解。果不其然，第二年的1999年初中国人民银行便主动推动了黄金市场化改革再启动。

### 4．中国人民银行的角色转换

经历了6年黄金市场化改革沉寂，到1999年我国黄金市场化再启动，在这一段时间里发生了什么？这标志着在金价持续下跌的作用下，利益格局平衡终于被打破。1999年国际金价还在持续下跌的状态之中，而中国人民银行自身的黄金业务受到了日益增加的挑战压力。中国人民银行作为当时唯一的黄金买家，承担着国家黄金储备的管理责任，国家外汇储备持续增长，但黄金储备占总储备的比重持续下降，首饰商品用金的配售量增加，中国人民银行黄金业务中的商业配售业务开始占据相当大的比重。中国人民银行在市场中的角色发生了变化，从国家黄金储备的管理者变为了商品黄金的经营配售者，因而就有了经济盈亏责任，就要承担金价下跌的风险。中国人民银行从黄金矿山收购黄金，到精炼厂精炼后才能入库，然后再配售给用金客户，这个过程会有数十天之久，而金价持续下跌，则随时可能发生高买低卖的情况，形成经济上的经营亏损，而要规避这个风险，中国人民银行只能放开黄金管制，实现黄金自由交易，将交易风险转移给市场。

形势的发展使中国人民银行只有放开管制走市场化这样一条路可走。由此中国人民银行由黄金管制的维护者变为了黄金市场化改革的推动者。中国人民银行是我国黄金主管部门，其态度的转变立即使我国黄金市场建设得以起步，从此黄金市场化改革开始进入了一个以中国人民银行为主导的黄金市场建设期。

## 第四篇　建设篇

# 在不断试错中砥砺前行

## 篇前提要

金价持续下跌打破了1993年黄金市场化改革形成的利益格局。1999年黄金市场化改革再启动。此时与1993年黄金市场化启动时的客观环境有了很大的不同，黄金市场化改革再启动是在市场经济体制已成为我国经济改革明确的总体目标，黄金统收统配运行已难以维持的情况下发生的。此时利益格局的再调整是以体制转型为主导，所以黄金市场建设提上了改革日程，进入了由中国人民银行主导的黄金市场建设期。这是一个我国黄金市场从无到有的发展过程，从1999年开始启动到2002年上海黄金交易所建成开业，大约经历了4年时间。

我国黄金市场从无到有的发展过程，是一个不断试错探索砥砺前行的过程：主持建设主体经历了上海市政府、华通市场、中国人民银行的变化调整；黄金市场的建设模式发生了由一般商品市场向金融商品市场转变的调整，还有国家黄金管理局黄金经济发展研究中心提出的商品、金融双属性黄金市场模式；黄金市场交易模式也有场内竞价交易模式和场外做市商模式之争。

在困惑中探索推进，是我国真实的黄金市场建设之路，本篇内容就是对这条并不平坦的建设之路做一个回顾。

金价由升转跌，打破了1993年改革形成的黄金供求双方的利益格局平衡。为了实现新的利益格局平衡，1999年黄金市场化改革再启动，2000年我国黄金市场建设开始由方案的论证进入了实施阶段。

## 一、黄金市场化改革再启动

急于摆脱被动的中国人民银行再次启动了黄金市场化改革，但起步十分慎慎，是试探性的，所以开始并没有立即就宣布废止黄金管制体制，推进黄金市场建设，而是从改善和改进黄金管制体制着手起步。

一是在一些地区试行允许对回收金、小型个体黄金生产者生产的黄金施行定点收购。

二是率先放开了白银管制，建立白银市场，实现了白银的自由交易，但并未宣布废止《金银管理条例》。

三是做为黄金统收统配管理的一种补充和完善措施，允许深圳市开展黄金寄售业务。

中国人民银行的黄金市场化再启动并未直接废止黄金统收统配，但很快便形成了一次突破，这是因为党的十四大确立了社会主义市场经济体制的改革目标，社会各阶层对于发展市场经济不再犹豫而视为一个机遇，所以推进黄金市场化改革不再是中国人民银行的“独角戏”，黄金市场化改革再启动的信息传出后立即引起了广泛的社会关注，先后有5个地方政府，即北京、上海、天津、深圳、沈阳以不同的形式表达了他们对申办黄金市场的意愿，因而黄金市场建设从讨论到了落地阶段。这5个城市各有优势与特点，国务院最终拍板黄金市场花落上海，这可能是国务院出于对上海金融城市建设的支持。

因为黄金市场花落上海，所以从2000年开始我国黄金市场化改革的聚焦点转向了上海。

## 二、商品论成为主导理论

黄金是具有商品与金融双重属性的特殊金属，对这个认定当时基本没有异议，但对当代黄金市场是哪种属性主导的市场还是有分歧的。所以，对黄金市场建设的模式和路径有不同的认识和主张，即将要建设的黄金市场是一个商品市场，还是一个金融市场呢？即使黄金市场建设已经付诸实践，对这个黄金市场属性的困惑仍然未解，所以上海黄金交易所建设是在市场属性困惑中起步的。

1949年中华人民共和国成立之时，黄金属性定位于外汇，因那时黄金的主要功能是用于对外支付，基于国家外汇短缺而实行黄金管制，由国家集中调拨使用，因而黄金外汇论是黄金管制政策的理论依据，黄金市场的金融属性功能定位是十分明确的。现在要打破黄金管制实行市场化管理，也就是要打破黄金外汇论。那么黄金市场化虽然是事出有因，但改革的理论依据是什么？这是需要明确的。任何改革行动都需要有理论做指引，以确立改革行动的方向，所以在当时作为黄金外汇货币论的对立面，黄金商品论便浮出了水面。

黄金商品论的理论基础是美元于1972年与黄金脱钩，国际货币基金组织推进了黄金非货币化，因而黄金不再与货币有任何关系，已成为一般性商品。既然黄金由外汇货币变为了一般商品，所以推进黄金市场化改革，破除黄金管制，实现自由交易，所需建立的黄金市场就是一个商品市场。黄金商品论可诠释破除黄金管制和推进黄金市场化改革的必要性和合理性，因而成为我国黄金市场化改革初期的主流理论，所以黄金市场化改革的目标就是要建立一个黄金商品交易市场。

1999年，在一次公开研讨会上有学者甚至提出“黄金白菜论”，认为黄金已成为与北京居民冬储大白菜和大萝卜一样的一般商品，可见当时黄金商品论的流行之盛，影响之深。在黄金商品论主导的语境中，最早世界黄金协会为中国黄金市场做的前期预研方案，提出就是要组建一个黄金商品市场。之后申办黄金市场的5个地方政府无一不是要组建一个黄金商品市场，上海也同样如此。上海市在申办中途退出转由上海华通有色公司承办，改为在上海华通白银市场内建立一个黄金场，更是黄金商品论的产物。2000年中国人民银行否定了华通黄金场方案，接手黄金市场的组建工作后，也是继续延着黄金商品论的方向前行的。总之，那时黄金市场建设的推进的指导理论都与黄金商品论存在着关联性。

## 三、二元结构黄金市场方案

上海黄金交易所建设始于2000年，主办单位几经变化，三年间先后经历了上海市政府、上海华通有色公司、中国人民银行，但建设一个黄金商品市场的工作主线始终没有变化，黄金商品论作为黄金市场化改革的主导性指导理论深入而广泛。但这并不是那时唯一的思想成果，与众不同的一个异类是国家黄金管理局黄金经济发展研究中心，其主张黄金市场化改革要以黄金功能二元论作指导，所以应建立一个黄金商品与金融双重属性的黄金市场。

国家黄金管理局黄金经济发展中心的黄金二元论的思想源自于1992年完成的《黄金市场的现状及改革方向》这个课题报告。这个课题报告结论是黄金非货币化不等于黄金商品化，黄金仍然是一种具有金融属性的特殊商品（到2000年对黄金的商品与金融双重属性的并重关系修正为金融属性主导的特殊商品），基于对黄金的二元属性的认识，而主张建立双重属性的黄金市场。建立双重属性黄金市场化的路径是三个“分开”：一是将商品黄金与金融黄金实行分流；二是在黄金产品分流的基础上实现管理分开；三是黄金产品管理分开的表现形式是央行职能与商业银行职能分开，由中国人民银行专司国家储备黄金管理，而商业银行专司国家黄金储备外的黄金的流动性管理。实现“三个分开”建设一个黄金商品市场与黄金金融市场的组合体，是国家黄金管理局黄金经济发展研究中心的学术主张。

黄金双重属性这个学术观点集中表现在1999年8月由我起草的《关于黄金产品管理市场化改革的若干问题及建议》中。这是国家黄金管理局黄金经济发展研究中心、山东黄金管理局、中国人民银行山东分行联合举办的一次研讨会的结论性文件。这个方案是一个分权的方案，而当时实际主张的是集权方案，所以分权方案并没有被采纳，甚至也没有被广泛讨论，而只是在历史上留下了一点点痕迹，成为今天的回忆。该方案作为我国黄金市场改革中一种不同于黄金商品市场的设计，可以给我们提供一种多元思维，也是我国黄金市场化进程中的一朵思想之花。它是之后黄金金融论诞生的思想基础，而黄金市场金融论是最终黄金市场化改革达成的统一认识，现在已是社会共识。可以说黄金市场二元论是这个统一认识过程中的一步。我不是预言家，也不是未卜先知的超人，但因为尽了一个黄金经济研究工作者的本份责任而感到欣慰。作为从黄金商品论到双功能论，再到金融论认识过程的一部分，特将《关于黄金产品管理市场化改革的若干问题及建议》作为阅读延伸，附录于后。

**阅读延伸二：**

## 关于黄金产品管理市场化改革的若干问题及建议①

我国对黄金实行严格的统收专营计划管理体制已半个世纪之久。1993年国家对黄金产品管理市场化改革已提出了目标要求，但之后并没有继续推进，而陷入了长达数年的沉寂状态。近来这一改革又出现了重新启动的势头。然而，这次改革的启动与1993年的客观环境有很大的不同。一是现在因金价持续下跌，国内金价与国际金价趋同，维系原利益格局的经济纽带已不复存在；二是央行黄金经营风险越来越大，仅1997年就有17亿元人民币流入了境内外走私者囊中，已到了晚改不如早改的地步；三是原管理体制与宏观日益市场化环境不兼容，矛盾日深，黑市交易猖獗，已到了难以运转的地步。再从央行的职能看，央行退出统收专营体制，回归国家储备管理具有必要性。所以，黄金产品市场化改革已是大势所趋。

一、改革的时机

当前黄金产品管理市场化改革的大趋势已不可逆转，但是这一改革启动之时恰逢黄金工业发展面临严重困难关头：金价3年持续下跌，国际黄金业发展严重受阻。受国际金价影响，国内金价由1997年元月的每克90.4元，下降到现在的每克69.4元，降幅高达22.7%。仅今年就下调了3次，使我国黄金业减少收入12亿多元，相当于今年全行业原计划实现的利润总额。河北省41个骨干金矿山今年只有1个有盈利；经

① 中国人民银行济南分行，山东黄金集团有限公司，北京黄金经济发展研究中心.关于黄金产品管理市场化改革的若干问题及建议［J].中国黄金经济，1999：5.

济效益最好、生产成本最低的山东省，预计59个骨干金矿山，将有一半出现亏损，亏损额达2亿元之多。当前黄金企业的生存能力空前脆弱，在经济上无力承担更大的改革成本，我们对此应有一个冷静的认识。在当前黄金企业受金价低迷打压的情况下，支出的成本过大，造成的后果也将是灾难性的。一是会出现大批金矿倒闭、工人下岗，形成社会动荡的隐患；二是大量银行贷款因金矿的倒闭而成为死账，由此而造成银行损失可高达数十亿元；三是黄金仍是一种重要的战略资产，一旦黄金生产力遭受重创，如再恢复则需要更多的资金投入和相当长的时间，不仅会造成相当大的经济损失，而且也不利于全局的稳定。因此如何开放国内黄金市场应慎重。为此与会者认为，目前推进黄金产品市场化改革应把握两个原则：一是分步实施、平稳过渡原则。黄金企业与市场接轨应以较平和的方式实现，使之有一个逐步适应的过程，从而使改革成本可以分期支付，使黄金企业改革能力不足的矛盾得到缓解。二是应建立改革的政策支持体系。现在有一种认识上的误区，认为既然要黄金产品管理市场化就不应该存在政策性的扶持。这一看法是不对的。政策调整不是特殊优惠，而是改革的必要组成部分。即使在西方市场经济高度发达的国家，对于矿业发展的政策支持也是普遍存在的。

二、政策支撑体系

在黄金业面临空前困难的时刻，如何帮助、促进黄金企业完成这一转变的政策性扶持，大家提出以下思路：

（一）建立地质资源的补偿机制

地质资源是黄金业发展的基础，过去是国家投入，企业无偿使用。黄金产品市场化改革使黄金地质资源的管理也相应实现了市场化，无偿使用变为有偿使用。资源要素进入成本，对金矿的影响巨大。因为地勘风险较大，一般项目成功率只有8%左右，资金投空率高达50%以上，所以地勘项目需要大量的资金支撑。为此应建立相应的补偿机制，可参考国外的一些成熟做法：

1. 美国的资源折耗减免制度，即每年从矿山收入中收取一定比例的资金作为资源补偿耗减、扩大资源勘探资金，提取比例为总收入的15%。

2. 法国的矿床枯竭储备金制度，即提取收入的15%或利润的50%作为资源储备金，当该矿资源开采完50%时才能使用。

3. 爱尔兰的应税抵消制，即规定矿山地勘费用可用其他应税抵消，损失可以结转。

（二）黄金资源税费的调减

按照现行的法规，资源税是收取级差矿（地）租，资源补偿费是收取绝对矿（地）租，但性质都是超额利润。现在由于金价下跌，对达不到平均利润、根本没有超额利润的微利和亏损金矿山本来就不具备交纳这两项税费的基础。在当前的情况下免交这两项税费是应该的，最起码应按照金价下降幅度下调。

（三）采取措施，搞活现面临困境具有资源前景的金矿山

黄金矿山的经营在很大程度上受资源条件的制约，而资源赋存状况在很大程度上是不可控的，将黄金矿山置于市场之中，面对瞬息万变的众多非主观因素的影响，其经营风险巨大，往往因此而陷入困境。对于这样的矿山，应有救助措施。在我国国有金矿山主导的情况下，将拨改贷资金及部分银行贷款转变为国家资本金，从减少金矿债务负担入手，使一些前景好、但出现暂时困难的金矿得以缓解压力走出困境，不仅必要，而且可行。

三、交易主体的形成

现在大家对黄金市场的建立十分关注，这种关注又大多集中在选址

和市场运作方式的选择上，而忽视了一个十分重要的问题，即新交易主体的发育和形成。

我国黄金产品市场化改革最终要实现央行从交易主体和风险主体退出。央行退出后由谁担当交易主体？与这一变化相应出现的问题是黄金税收运作体制如何重新设计？不解决这两个问题黄金市场就无法运作。

现在已在册的金矿就有1 000余家，还不算为数众多的个体采金者，大量小企业并没有在市场中运作的能力，也不可能人人进入市场。否则不仅交易总成本过于昂贵，而且根本无法运作，更不能让如此众多的企业都成为国家计税的基础法人单位。因此进入国家黄金市场的只能是为数不多、具备一定资质的供应商、采购商以及经营公司。各大商业银行可以组建自己的经营公司进入黄金市场，而黄金行业中的小而散的企业结构显然是难以满足这个要求，所以黄金行业必须进行企业改组。要求黄金行业内组建形成几个大的黄金营销中心，由这些营销中心进入国家黄金市场，并以营销中心为核心，形成与各小型生产商和需求者相联系的二级市场。这些营销中心可以以大型黄金企业集团为基础，在黄金主产区和主消费地建立。经国家认可后，这些为数不多的营销中心出具的发票可以作为计税的基础。

四、改革的目标

基于黄金当今仍存在于金融货币领域，同时又表现为商品属性回归，且存在于一般商品领域的客观现实，我国黄金产品管理市场化改革目标首先是要使承担不同经济职能的黄金实现分流，过去单一的货币性管理显然不适应黄金商品属性回归的要求。今后首先要做到货币金融领域的和商品市场的两种形态的黄金明确分开；第二个分开是在职能分流的前提下实现管理分开，即对货币性黄金要实行金融性管理，一般商品性黄金实行市场性管理；第三个分开是央行主要对国家黄金储备进行管理，而其他金融性黄金则应由商业性银行运作。

不论是用于国家储备的黄金、金融市场的黄金还是一般商品市场的黄金，其管理和运作都需发育市场机制。今后它们相互之间的转化调整都是要通过市场机制实现。因此，我国当前黄金产品管理市场化改革不仅需要建立商品黄金市场，同时也要发育金融性黄金市场。

五、交易方式的过渡

基于黄金市场发育和新的销售渠道建立需有一个发展过程的现实，为了保护黄金生产力，矿产金交易方式由计划变为市场，也应有一个过渡期，不可能说变就变，一步到位。在讨论中大家提出了两种过渡方式：

比例过渡：中国人民银行在一定时期内（如3年左右）按合同收购黄金，合同外的矿产金，企业可以自由销售。国家每年可按一定比例减少收购量，直到为零，届时矿产金也就实现了交易方式的转变。

双轨过渡：规定一个过渡期，在过渡期中，矿产金由生产者自主决定产品走向，或交给央行，或进入市场。过渡期后央行不再经营黄金，统配统收管理终结。

会议认为双轨过渡的改革成本会小一些，操作起来也较方便。

六、商品性黄金市场的发育

建立商品黄金市场是黄金产品市场化改革的一项重要内容。中国黄金市场发育应是一个渐进的过程，主要表现在：

从现货交易到期货交易。市场建立之初应以现货市场起步，目前受多种因素的影响尚不能进行期货交易。但是黄金交易不能没有期货交易，否则很难产生预期价格，将使黄金矿山发展决策失去依据，也约束了企业经营运作的灵活性，市场也会因此而大大失去活力。

从有形市场到无形市场。有的同志主张，我们一起步就搞电子化交易的无形市场。无形交易市场是建立在市场机制已高度发育、信息网络已高度发达的基础上的。我们是在市场机制发育很低的情况下起步，还应在建立市场的初期选择在某中心城市建立有形市场为宜。

从对内开放到对外开放。中国黄金市场的对外开放程度也要有一个渐进的发育过程。建立市场、打破国家统收专营体制，第一步是对社会法人企业开放，允许企业法人入场自由交易；第二步是在此基础上，对境内居民开放，允许居民自由买卖金砖，成为一个由国家控制的对内开放的市场；第三步才能实现与国际黄金市场全面接轨，黄金进出口基本放开。开放程度取决于我国经济的总体形势和人民币可自由兑换的发展进程。

七、金融性黄金市场的发育

在黄金统收专营的管理体制中，我国金融性黄金表现为单一的国家黄金外汇储备这一种形态，而国际上在黄金非货币化以后，金融性黄金品种越来越多，因为从长期看黄金仍不失为重要的储备和投资工具。国际黄金市场不仅是要实现其使用价值的交换，而且十分注意其价值的保值与增值，使黄金与货币一样能赚取利息，和股票一样可以炒作获利。国际金融性黄金品种已不断地被创造发展出来，推动了金融黄金市场的发展，为商业银行提供了新的发展空同。从这个意义上讲，我国黄金产品管理市场化改革也为我国金融业的改革带来了新的机遇。我国金融市场的发育可从以下方面着手：

第一，建立有黄金特色的贷款新品种，如借金还金、黄金融资。

第二，建立有黄金特色的储蓄新品种，如黄金储蓄、黄金指标账户、黄金累计储蓄账户等。

第三，发行有黄金特色的证券品种，如黄金股票、黄金债券等。

八、国家黄金储备

我国由于改革开放事业的发展，外汇极度短缺的状态有了根本性变化，外汇储备总量已达 1 460 亿美元，跃居世界前列。随着外汇储备规模的增加，外汇储备的安全性也就日益重要。为此应努力实现储备资产的多元化，其中保持一定规模的黄金储备是储备资产多元化的必不可少的途径。在黄金统收专营的管理体制中，央行直接控制着绝大部分黄金社会资源，随时都可以调整。黄金产品管理市场化改革将使央行失去这种特权和便利。在新的情况下，为保证国家黄金储备调整的及时性和可靠性：

——应对我国黄金储备管理立法，使我国黄金储备总量确定、保管以及必要的调整都建立在法制的基础上，并明确国家储备有市场交易优先权。

——我国在国际金市动荡的情况下，多次表示不跟风抛售自己的储备，这是正确的。但是我国黄金储备仅 1 267 万盎司，占总外汇储备的 2% 多一点，远远低于国际平均 20% 的水平。所以在会议的讨论中，一些同志认为应增加我国的黄金储备，由现在的不足 400 吨上调到 1 000 吨以上。

报告执笔人：刘山恩

1999 年 8 月 16 日

（备注：本报告是由中国人民银行济南分行、山东省黄金集团有限公司和北京黄金经济发展研究中心联合主办的“我国黄金市场机制的发育与黄金企业的发展研讨会”形成的结论性文件。研讨会于 1999 年 8 月 4 日至 5 日在山东省黄金集团有限公司三山岛金矿举行。会议邀请了中国人民银行总行、中国人民银行济南分行、中国人民银行沈阳分行、中国人民银行深圳市中心支行、中国人民银行郑州市中心支行、中国人民银行石家庄市中心支行以及山东、河北、辽宁省黄金企业代表参加，还邀请了清华大学、中国社会科学院工业经济研究所、首都经济贸易大学、北京科技大学等经济理论专家及黄金饰品生产企业、地勘单位的代表参加。各届人士从不同角度，对黄金产品管理市场化改革在理论与实践两个层面上进行了广泛的研讨，对一些问题基本形成了共识。）

## 四、一个黄金理论研究中心的过去时

国家黄金管理局黄金经济发展研究中心是那时唯一的专业黄金经济研究机构，其诞生运行之日恰是我国黄金市场化改革启动之时，故具有参与黄金市场化理论研究的先机和优势。国家黄金管理局黄金经济发展研究中心在参与黄金市场化改革的实践中，锻炼了队伍，拿出了成果，强壮了自身，成为我国黄金市场化改革的发端期和建设期的理论研究中心，为理论引领改革实践发挥了积极的作用。黄金市场理论研究是我国黄金市场化改革的一部分，是应记录的历史的一部分，但国家黄金管理局黄金经济发展研究中心的这种理论研究的发展势头并没有保持下去，之后逐步成为黄金理论研究的边缘性的存在。

1993年是我国黄金市场化改革启动元年，1999年进入了黄金市场建设期。随着黄金市场化改革实践的推进，对黄金市场的理论认识得以不断深化，进入了黄金市场理论的发展期。黄金市场理论的创新发展为我们对黄金市场发展实践的分析和把握提供了新的认识工具。这一时期也是我个人黄金市场理论研究最兴奋、最活跃的时期，在黄金市场理论研究和成果创新方面先后提出改革利益格局平衡论、黄金市场金融属性论、黄金市场层次论、黄金市场功能异化论等理论。其中，黄金市场金融论、黄金市场层次论、黄金市场功能异化论为后来黄金市场发展实践验证的三个重要的理论成果。

### 1．黄金市场金融论

黄金市场金融论是黄金市场二元论的进一步总结提升。黄金市场二元论认为黄金是具有商品与金融两种社会属性的金属，所以黄金市场也呈现了黄金商品市场与黄金金融市场平行发展的格局，但黄金市场二元平行发展格局并不是商品市场与金融市场平分秋色。在金融创新的推动下，黄金即期市场之外又诞生了黄金远期市场，这是黄金金融市场主要的存在形态。当代远期黄金交易市场交易规模远远超过了商品黄金即期交易市场，商品黄金即期市场交易量占总交易量已不足1%，而远期金融黄金市场交易量占总交易量的99%以上，即黄金市场已主要是货币的流动，所以当代黄金市场是金融交易主导，并且是绝对主导，从这个意义上讲，当代黄金市场虽然是商品与金融交易平行存在，但就市场功能属性认定而言应是一个金融市场，这就是黄金市场金融属性论，也是对国家黄金管理局黄金经济发展研究中心提出的黄金市场双重属性论的自我修正与发展。

黄金市场金融论是我在2000年间逐渐认识到的，这一学术思想在2000年10月黄金管理局黄金经济发展研究中心与世界黄金协会在昆明联合举办的“中国国际黄金矿业经济论坛”上进行了讨论，获得了热烈的反响，之后又在《中国黄金经济》杂志上发表。如果以黄金市场金融论做指导实际上是要将中国人民银行黄金市场建设两步走方案，先建黄金商品市场再转型为黄金金融市场变为一步走方案。虽然黄金市场金融论在上海黄金交易所筹建的后期已为中国人民银行所认识，已认识到黄金商品市场的功能定位不能涵盖黄金市场化的全部内涵，但并未对上海黄金交易所筹建作出调整，所以黄金市场金融论没有立即被接受成为我国黄金市场建设的指导理论。因当时建立的是一个黄金商品交易市场，才有了2004年上海黄金交易所的转型之举。

黄金市场是一个金融市场的认定虽已取得共识，但对黄金市场金融论的认识尚处于局部战术层面上的认知，而缺乏战略全局性的视野。具体表现是，以黄金非货币化为前提的金融学仍是主导的学术体系，所以黄金市场只是作为一个另类的金融市场尚未融合于整体金融市场体系之内。传统金融市场对黄金市场的排斥尚存，金融家们的黄金无用论时而浮现。

## 2．黄金市场层次论

对于黄金市场发展建设的另一个重要的理论是黄金市场层次论。在我国黄金市场建设的过程中黄金市场金融论与黄金市场商品论形成思想碰撞，最后以黄金市场金融论统一共识，而黄金市场层次论在黄金市场发展的过程中是与黄金市场一元论发生了思想碰撞，而最终是以多元市场体系的形成证明了黄金市场层次论的正确。我们的黄金市场化改革进程在实现了黄金市场的从无到有之后，进一步的发展是建设一个全能的市场，还是一个由多个专业化市场组成的市场体系呢？当时建设一个全能市场是普遍的认识，因而2004年上海黄金交易所从商品市场向金融市场转型迈开了建设全能型市场的关键一步，这意味着要让上海黄金交易所成为黄金商品与黄金金融双功能的市场。2006年，上海黄金交易所又提出黄金期货合约交易上线计划，意味着上海黄金交易所不仅是即期黄金交易平台，还要向远期交易平台发展，那么最终上海黄金交易所要成为一个商品与金融、即期与远期、实金与衍生品全覆盖的市场，要建立一个全能市场。但全能市场目标能实现吗？对此我提出了质疑，我的依据就是黄金市场层次论。黄金市场层次论比黄金市场金融论略晚一点提出，是在对国际黄金市场发展研究过程中发现的。现在起主导作用的国际黄金市场的交易规模可以发展得很大，大到可以占有压倒性的市场份额，但它们都坚持发展专业化的市场，即集中精力只做市场的一部分业务，而非全能型市场。伦敦、纽约、瑞士是三大国际黄金市场。其中，伦敦是黄金即期交易市场，纽约是远期合约市场，瑞士是实金流转市场，都不是全能型市场。

进一步分析发现，市场细分不仅是黄金市场，而是所有市场发展的一个重要规律。每一个市场发展都会遇到资源边界限制，而突破资源边界限制的应对之道是走专业化道路，即根据资源条件集中把自己的专业做好、做大、做精，实现发展。市场分层规律是当代市场发展的普遍性规律，所以当代市场是一个多元专业化市场主导的格局。黄金市场同样不是一个全能型市场格局，而是多个专业化市场格局，即黄金市场不是一个市场而是由多个专业化市场组成的市场体系。这个黄金市场体系为社会提供多元化的服务，这是黄金市场发展的一个客观规律，但这个规律的显现和发生是有条件的。

市场分层是在市场发展的高级阶段发生的现象。在黄金市场启动的初期，市场分层没有发生，是到2006年我国黄金市场发展进入了一个新纪元以后才出现的。这个新纪元的标志是上海黄金交易所交易规模超千吨，成为全球最大的即期实金交易市场，并向金融市场转型。我国黄金市场化改革一元市场目标最终被多元市场目标所取代。2010年中国人民银行等六部委发布《关于促进黄金市场发展的若干意见》，正式确立我国黄金市场是一个多元市场组成的市场体系。这表明市场分层理论在我国黄金市场发展的实践中得到印证。

### 3．黄金市场功能异化论

黄金市场功能异化论的提出晚于黄金市场金融论和黄金市场层次论，大约是2005年前后逐步形成的，这一理论成为我后来认识国际黄金市场的一个重要视角和分析工具。黄金市场功能异化论是对国际黄金市场20世纪70年代黄金非货币化以后交易结构变化分析的结果。国际黄金市场99%以上是货币的流动，而非黄金的流动，也就是交易的是货币而非黄金，这是黄金市场功能异化的表现形式，而其反映的内涵是国际黄金市场已是实现美元有用性的工具，因而黄金市场功能异化的本质是满足了美元霸权从价值稳定性追求转向有用性追求的需求。

黄金市场功能异化论为对黄金市场金融属性的认识从战术层面上升到战略层面提供了一个阶梯，揭示了在国家间的金融博弈中黄金市场的一个重要奥秘——或是作为信用纸币的价值支撑，或是作为信用纸币的有用性的支撑。不同的国家发展战略对黄金市场功能定位和要求存在差异性，这也就是发展黄金市场的国家战略价值。

黄金市场功能异化论的价值使我们对当代黄金市场的功能本质实现了一个从物的交易到货币的博弈的突破，因而也使黄金市场从金融市场体系中的边缘市场成为核心市场，从而打开了黄金市场发展的新领域和新功能。黄金市场发展的国家战略价值定位，在中美金融博弈日益激烈的今天有着重大的政治与经济意义。

黄金市场功能异化论使我认识到了黄金市场发展的本质，即服务于国家发展战略的需要。黄金市场功能异化论是我认识黄金市场发展中国道路的一把钥匙。经过多年的沉淀积累，以黄金市场中国道路为主题，我于2020年出版了《中国黄金：从跟随到超越》，这是一部具有突破性的黄金市场专著。中国黄金协会理事长宋鑫、世界黄金协会首席执行官泰达维作序，并给予了高度评价。该专著论述和分析了我国黄金市场作为一个后来者走的是一条不同于国际黄金市场发展的有顶层设计的中国之路，揭示了我国黄金市场实现超常发展的密码。

1999年我国黄金市场化改革再启动以后，改革实践的发展带动了黄金市场理论的深化，而黄金市场理论的深化可以减少黄金市场化实践的盲目性，成为实践的引领力量。但实践是一个不断试错的过程，理论的正确性也有一个被证实、被接受的过程，所以理论的指引性发挥也不是一蹴而就，理论引领具有滞后性。对于我个人而言，黄金理论研究过程是一个不断深化的过程，我在这个过程中对于黄金市场的认识和描述日益丰富和逼进真实。即使看似做了许多无用之功，但在我的学术生命中都是可贵的积累。

## 五、从“另类”到“同类”

在一段时间里，我似乎是一个与黄金主流理论唱对台戏的“另类”，但我确实不是刻意追求不同，只是认真执着于自己的研究，尽这个“小我”应尽的责任而矣。即使被视为另类，我仍得到了宽容的对待，所以仍有一定的发挥空间，自己的坚持和独立研究并没有受影响。对黄金市场社会属性定位这个问题的认识上，我走过了一个从“另类”到“同类”的磨合过程，只不过谜底的揭开经历了十年的时间。

### 1．参加一次会议引起的波澜

2001年7月，我接到了中国人民银行的电传通知，通知我参加在上海西郊宾馆召开的座谈会。这很突然，到会后才知是一个关于上海黄金市场方案的座谈会。会议由当时中国人民银行金银管理司于喻娟副司长主持，与会大多是各有关单位领导，我座在后面静听大家的发言。在中国人民银行组建上海黄金交易所方案介绍后，与会者自由发言对方案进行讨论。出人意料的是，于司长点名让我发言，并给了我45分钟时间。当时我确实没有准备，但为了不冷场我还是发了言。我的发言是中性的，但即使是一个中性表态也是很另类了，因为我并没有为上海黄金交易所的黄金商品交易所的市场定位背书。我发言的中心是讲，根据我们看到的资料和进行的研究，国际黄金市场商品黄金交易只占总交易量1%左右，也就是说如将上海黄金交易所定位于黄金商品交易所，以完成黄金交易方式的转变为目的，只是解决了1%的黄金交易的市场化，还有99%的黄金交易的市场化问题并没有解决，作为一个国家级的黄金市场的定位太低了。有意思的是，于司长在做会议总结时还特别提到了我，说我的研究与人民银行的方案很吻合。她的这个评论在当时我看来似乎有些牵强，但其暗藏的玄机那时我还不得而知。

### 2．谜底在行长致词中揭开

于司长说我研究的结论与她们的方案相符的谜底在上海黄金交易所开业仪式上得以揭晓，时任中国人民银行行长戴相龙在致词中指出：“上海黄金交易所正式运营后，初期要为黄金现货交易提供交易平台和服务。在完善现货交易服务的基础之上，要积极开发黄金投资产品，逐步建成以金融投资业服务为主的金融市场。条件成熟时，经国务院的批准，还将开展黄金期货交易。”①戴相龙行长的致词十分明确地将上海黄金交易所定位于金融市场，而我国黄金市场建设要分两步走，先建立一个黄金商品市场，在这个基础上再向黄金金融市场转型。而且戴相龙行长将上海黄金交易所金融市场发展的路径也说清楚了，那就是先在即期市场的基础上研发和推出黄金金融产品，实现黄金即期市场的金融化，然后再上线黄金期货向远期黄金交易市场发展。那时上海黄金交易所的发言人也承认上海黄金交易所的目标就是要建成一个黄金金融市场。这时我才晃然大悟，原来中国人民银行也认定黄金市场是一个金融市场。听到戴相龙行长的讲话，我才明白了为什么于司长说她们的方案和我的研究成果相吻合了。

戴相龙行长把上海黄金交易所的金融属性定位和向金融市场转型的路径都清楚地阐述了，这显然决不是临时的心血来潮。中国人民银行从上海市接手主持上海黄金交易所的组建工作，并否决了华通市场黄金方案，排除干扰坚持建设一个非营利性的交易平台是非常必要和正确的选择。这正是在于喻娟司长任内完成的，所以我对她怀有敬意。

① 李鹏，戴相龙：中国主要金融产品的交易市场全部建成［OL/EB］.［2002-10-31］(2021-06-11). http://www.chinanews.com/2002-10-31/26/238316.html.

## 第五篇　发展篇

# 新纪元与新思维

## 篇前提要

上海黄金交易所开业运行，我国黄金市场化改革又掀开了新的一页，进入了黄金市场化改革的新纪元。什么是黄金市场化改革新纪元呢？我的定义是：我国黄金市场完成了从无到有的发展阶段后开始进入由有到多的发展阶段，这就是黄金市场化改革的新纪元。它的时间节点是2006~2008年以黄金期货合约上线为标志，还可以延伸到2010年《关于发展黄金市场的若干意见》的出台。这个发展阶段的中心目标发生了调整，实现中心目标的路径选择也需要运用新思维。在这个发展新阶段发生的最大的事件是我国黄金市场实现了即期市场与远期市场的分立。而2005年我完成的《新纪元我国黄金市场发展的路径选择》研究报告，提前对这个即将到来的“新纪元”做了一些思考，为认识黄金市场发展新纪元提供了理论工具，从而有了发言的主动权。

2002年10月30日，上海黄金交易所的开业，标志着我国黄金市场完成了从无到有的发展历程，实现了商品黄金交易的市场化；而2004年，周小川行长“三个转变”的提出标志着我国黄金金融市场建设的开启；到2006年，上海黄金交易所交易量破千吨，达到了1 249.6吨，成为全球最大的即期现货黄金市场，这又是我国黄金市场发展的一个标志性事件。我国黄金市场发展5年间不仅实现了从无到有，而且即期实金市场规模达到了全球之冠，开始了由有到多的发展新阶段，即黄金市场发展进入了一个新纪元。

新纪元黄金市场发展追求的“多”的内涵既包括了上海黄金交易市场规模的扩张，也包括了多形态市场的多元化扩张。当时社会上都对上海黄金交易所规模的扩张有所期待，而对市场形态多元化趋势缺乏敏感性。此时我已退休但仍在北京黄金经济发展研究中心发挥余热，设立了一个研究新纪元黄金市场的发展问题的课题组，开始了《我国黄金市场化改革新纪元路径选择》的研究。该课题研究由我主持并担任报告主撰写人。这是我坚持对我国黄金市场发展跟踪研究的一部分。

## 一、黄金市场发展的新纪元

何为发展新纪元？是指我国黄金市场化改革在完成黄金市场从无到有发展

阶段以后，发展的目标开始进入从有到多的发展阶段，因而就有了新目标、新选择，这就是我们说的黄金市场发展的新纪元。

### 1. 从有到多的两种选择

我国黄金市场新纪元的发展目标是我国黄金市场要实现由有到多的发展，然而“多”从何来？有两种选择：一是通过扩大上海黄金交易所市场功能，从而扩大市场的交易群体，扩大市场交易规模，实现我国黄金市场的从有到多，这是单一市场的发展路径；二是通过实现我国黄金市场的分层，在多市场的基础上实现交易规模的扩张，从而实现我国黄金市场的从有到多，这是多元市场路径选择。虽然有两种路径可以选择，但当时大数人想到的是第一种“多”，而最终我们看到的现实却是第二种“多”，所以对新世纪黄金市场的路径选择存在着认知的误差。

通过交易品种增加和市场功能的丰富将上海黄金交易所的交易规模放大，这是实现我国黄金市场发展由有到多的一个选择，这是一个市场的路径概念，也是当时的主流意识。此时上海黄金交易所开始由商品市场向金融市场转型，这意味着我国黄金市场的开放从机构向社会更广泛的普通民众扩展，从而为上海黄金交易所交易量的增长带来了机会和可能。我国黄金市场的发展一直就表现为单一市场的拓展与市场交易规模的扩张相随为伴。以上海黄金交易所市场功能延伸为基础：从商品市场向金融市场延伸；从即期市场向远期递延市场延伸；从实金市场向黄金衍生品市场延伸。三个延伸带来上海黄金交易所参与者的增加和交易规模扩张的同时也带来一个变化：参与者的增加也使交易者目的日益多样化，而参与者交易目的日益多样化带来的是交易标的日益多样化，从而使上海黄金交易所市场结构和层次日益复杂。因而市场细分的条件也在逐步积累，从量变到质变，我国黄金市场不再是一个市场而将出现多个黄金市场，这是我国黄金市场发展新纪元的一个特征，但对这种变化当时并没有得到普遍性的察觉和认知。

对新纪元认识的差异性是由于在黄金市场由无到有的发展阶段，上海黄金交易所具有唯一性，使得当时我国黄金市场的规模的扩大、功能的丰富、品种的增加都是围绕着上海黄金交易所展开，于是形成了黄金市场发展从有到多的一个市场的“多”概念，形成了一元路径选择。从而上海黄金交易所被赋予了建设全能型交易市场的责任。

### 2．全能型市场的呼之欲出

一元市场路径选择使上海黄金交易所被赋予了建立一个全能型黄金市场的责任。对此2002年戴相龙行长在上海黄金交易所开业致词中和2004年周小川行长的“三个转变”的讲话中都有明确的指示。两任行长都明确谈及我国黄金市场未来的发展路径选择，那就是要求上海黄金交易所不仅要完成从商品黄金市场向金融市场的延伸，还要完成从即期市场向远期市场的延伸发展，从实金市场向衍生品市场的延伸，也就是建成了一个全能型市场。2002年戴项龙行长致词中对全能型市场只是做了一个前景描述，而2004年周小川行长的“三个转变”的讲话发表，则是对全能型市场建设发出了动员令。因此上海黄金交易所以此为目标开始了行动。第一步是从黄金商品市场向黄金金融市场延伸，这方面主要是推进实金交易标的小型化，可以说是成功的。第二步是从黄金即期市场向黄金递延市场延伸，在一定程度上也已经成功，通过现货递延合约的推出使上海黄金交易所具有了远期交割功能，但在推出黄金期货合约时受挫。对此产生了多种议论，主要是从部门利益的角度着眼，虽有其道理，但对全能市场目标可行性的理性思考，我在《我国黄金市场化改革新世纪路径选择》课题中给出了自己的回答。

### 3．为什么市场不能是全能的

我们的研究结论认为，把上海黄金交易所建成一个全能型的黄金市场，这是上海黄金交易所的难承之重，主要的原因如下：

一是因为每一个市场能够获得的发展资源不是无限的，所以发展有边界，每一个市场都不能是全能的，只能是做好自己能做的事，因而一定是专业化的。国际黄金市场就是一个由多个专业化黄金市场组成的市场体系：瑞士是全球黄金物流中心，这是一个以三大国际性瑞士银行为中心的即期实金市场；英国伦敦是一个黄金场外市场，是全球黄金即期合约交易中心；美国纽约是场内黄金期货、期权市场，这是全球的远期合约交易中心。这三个专业化的市场支撑起全球黄金市场体系。当然也有多元功能混搭的市场，但发展实践最终被证明都并不成功。日本1981年成立的东京黄金交易所是一个既有即期现货交易，又有6个月的期货交易的一个期现合一的黄金市场，但很快被1982年成立的东京黄金期货交易所超越。这是一个专业化的期货黄金市场，在上海黄金期货合约上市前很快发展成了全球第三大黄金期货市场。东京黄金交易所很快成了落伍者。土耳其伊斯坦布尔黄金交易所也是一个期现合一的黄金市场，但交易量大多年份仅在百吨级水平，交易规模一直不大。专业化黄金市场是当今主导性市场，这是市场竞争的结果。发展蓝图虽然可以不受拘束地人为描绘，但现实是让上海黄金交易所建成为我国的一个全能的唯一的市场是不现实的。

二是我们的金融管理体制是分业管理，金融业各部门间都有进入门槛。这种门槛的设置更多是出于对金融风险的防范，但因此也有了发展的设定边界，跨过体制设定的门槛是困难的，成本很高，而让上海黄金交易所成为一个全能市场就需要实现跨界经营。果然2007年上海黄金交易所上线黄金期货合约就遭遇到上海期货交易所的阻击。分业管理体制是全能市场建设的体制性制约因素，也就给上海黄金交易所画定了发展边界，决定了上海黄金交易所成为一个全能的黄金市场，难承其重。

三是对运行效率的追求。每一个市场的发展都还有信息管理成本问题，随着市场规模的扩大，管理层次的增加，信息收集传递成本也在增加，而影响运行效率，当这个成本达到难以忍受的程度时市场本身的发展就要受损，或因此死亡，这就是患上了所谓的“大企业病”。市场细分，建立多个专业化市场组成的市场体系就成了必要选择，这也是对建设全能黄金市场的一个内在的制约条件。

以上是《我国黄金市场化改革新纪元路径选择》课题不支持建设全能型黄金市场的理由，该课题的结论是：黄金市场化改革新纪元的发展需将一元路径建设一个全能型黄金市场的选择调整为多元路径建设一个由多个黄金专业市场组成的市场体系。

### 4．结局：理论指示的方向

《我国黄金市场化改革新纪元路径选择》课题2006年启动，于2007年3月15日问世，之所以把这个完成日期纪录在此，是因为在这个时间节点上，上海黄金交易所和上海期货交易所分别向中国人民银行和证监会上报了上线黄金期货合约的申请，此时出现两个市场平台同争一个品种上市的情况，因而需要进行二选一的抉择。

（1）建设全能型市场受挫。上海黄金交易所申请黄金期货合约上线是早已有的计划。2002年戴相龙行长致词中已明确表示在条件成熟后要推出黄金期货合约；2004年周小川行长“三个转变”的讲话中的第二个转变也是讲的同一个问题。上海期货交易所也提出上线期货合约。对局外人来说上海期货交易所是突然杀出的一匹黑马，是一个搅局者，而且竟然搅局成功，黄金期货合约最终是在上海期货交易所而不是上海黄金交易所上市，这是一个迷局。上海期货交易所自己也认为黄金期货是他们上线最快的一个品种，是超常规的。黄金期货合约上线或许有许多偶然性，而在我看来这里也有必然性。黄金期货合约最后未在上海黄金交易所上市实则是建设全能型黄金市场路径选择的一次受挫，也开启了我国黄金多元市场体系建设之路。这是一个现实的结果，而现在还需要回答其合理性在哪里。

（2）为什么现货和期货市场要分设？黄金期货合约没有能在上海黄金交易所——黄金现货市场上市，而在上海期货交易所上市，从而我国黄金现货市场与期货市场出现了分设的格局，由不同部门监管，在不同交易平台、不同场地交易，这就是在这个课题中我们主张建立的一种黄金市场结构。对此分析如下：

黄金期货作为在商品期货市场上交易的品种已是国际上的惯例，但也有与现货混合在一个市场交易的情况，但事实证明混合不是最佳方案。而纽约、伦敦、东京这三个当时占全球黄金期货总交易量90%以上份额的市场，都是专业化的黄金期货市场，而不是期现混合的市场，这是因为黄金现货交易与期货交易具有不同的性质，两者的交易标的、运作规则以及对市场机构设置的要求都有不同，如果硬放在一个市场中交易就可能出现相互干扰、顾此失彼的情况而影响交易效率，远不如专业的期货交易市场。现在还可以再补充一句，正是因为如此，国际黄金市场体系的形态与功能是多元化的，但这个多元化的市场体系是一个二元平行运行的结构，即黄金即期市场与黄金远期市场平行发展的结构。英国伦敦黄金市场，已有百年历史始终是一个即期黄金市场。美国纽约黄金市场，有近半个世纪的历史，已发展成全球交易量第一的黄金市场，但仍是一个专业化的黄金期货及期权远期市场。

课题的结论还指出，在我国金融分业管理体制中，黄金期现混业交易会遭遇到体制性障碍。报告中指出：金融业在我国目前是分业管理的体制，黄金市场是由中国人民银行监管，期货市场是由证监会监管，如果黄金现货、期货交易混搭如何监管，由谁监管，就成了一个需要讨论的问题。这个问题不解决，黄金期货市场建设就难以推进。所以，对黄金期货合约上市的最终前景，报告分析指出：一是作为一个特例，允许上海黄金交易所推出黄金期货合约，由中国人民银行监管。但是，这个方案需要对我国金融监管体系进行调整，故而执行比较困难，将会受到全局性改革进程的制约。二是按照目前的监管体系规定由证监会对黄金期货进行监管。考虑到黄金期货与其他期货一样，主要是资金的流转，而实物交割量很小，故由证监会监管符合《期货管理条例》要求。但这又涉及黄金管理体制调整，对此中国人民银行能否接受也是一个问题，也有很的大难度。所以，黄金期货合约上市在我国不只是一个新品种的上市问题，而是一个涉及金融监管体制改革的问题。果然上海期货交易所在证监会的支持下作为对上海黄金交易所越界的反制，在2007年4月份提出了上线黄金期货合约的申请。上海黄金交易所向黄金期货市场延伸发生的是一次体制性碰撞，我们的态度是："以国际黄金市场为参照物，我们认为应选择期现分开交易的市场组建模式。"也就是说，支持上海期货交易所上线黄金期货合约。这种旗帜鲜明的选择，并非出于个人的好恶，也非自己有洞察未来的能力，只是对自己研究结论成果的坚持而已。

黄金期货合约在上海期货期交易所上市从而确立了我国黄金市场多元化基本格局，这是黄金期货市场单设对我国黄金市场化推进的最大意义。从一个黄金市场到多个黄金市场组成的市场体系，使我国黄金市场化改革新纪元路径得以确立，而从市场结构上保证了竞争机制的发挥。竞争推动创新，创新推动进步，我国黄金市场之所以能够很快实现从跟随到超越的发展，多元市场结构是一个重要原因，也是黄金市场中国道路的标志之一。

（3）一个没有输者皆为赢家的结局。在这次黄金期货合约上线事件中，上海黄金交易所是我国金融分业管理体制的挑战者，如果成功，在金融体制不变的情况下，之后将会出许多说不清理还乱的情况（实际在即期市场与远期市场分立的情况下也出现了地下炒金乱局）。而从我国黄金市场化新纪元发展的角度来看，多元市场格局也会使上海黄金交易所获益良多，在一定程度上讲是甩掉了前进中难以承担的包袱。所以，上海黄金交易所没有走完挑战我国金融分业管理体制的最后一公里，也不是一个遗撼。

上海期货交易所黄金期货上线成功，成为我国黄金市场多元格局的谛造者，他们在朦胧中创造了历史。这一结局奠定了我国黄金市场化改革新纪元发展的基石，从此我国黄金市场进入了多市场组成的市场体系发展阶段，上海期货交易所入市局面的出现是偶然中的必然。

黄金期现市场的分立格局的出现，从发展全局的意义上讲，都为我国黄金市场新纪元发展路径的调整做出了贡献，都是胜者，都应获得一个大大的赞。

## 二、与沈刚副总的不期而遇

由于对我国黄金市场化改革的推进认知的与众不同、在征求上海黄金交易所组建方案时我的另类发言，以及黄金期货上市时我的明确选边，使我感到和上海黄金交易所有了一些隔阂。所以，除在上海黄金交易所开业前筹备期间应于司长之邀拜访问过上海外汇交易所（当时上海黄金交易所筹建地），上海黄金交易所开业时我作为央视新闻联播的特邀嘉宾出镜表示了祝贺以外，上海黄金交易所运行后初期的近10年我从未主动单独拜访过，也未在我牵头组织的活动上与上海黄金交易所有任何交集，这种情况直到2011年因我与上海黄金交易所沈刚副总经理的一次偶遇才发生了改变。

### 1．沈刚副总经理伸出了友谊之手

2011年4月我们相遇时，我正在筹备中国黄金协会与浙江大学在杭州举办的黄金经济论坛，拟邀请诺贝尔经济学奖获得者、欧元之父蒙代尔与会并发表演说，那时我正为本次会议的费用筹集而犯愁。而恰与她在华夏第一村——浙江华西村的一次活动中相遇。她主动寻问我现在在做什么呢？我就如实地告诉了她我现正做的工作和遇到的难处，但我并没有请她给予经济上帮忙。她却主动问我需要多少钱，于是我将我筹集资金的设想做了介绍，她主动表示回去后和领导报告。更使我感动的是，这只是一次不经意的聊天而已，我并没有认真，而她很快即告之我报告已获通过，而且是无任何反对意见一致通过的。她的认真让我感到有些吃惊和意外，因为那时的筹备工作刚刚启动，蒙代尔的行程还未最后确定。如蒙代尔之行有变我如何对得起沈刚的热心肠？我的内心十分焦急，急赴杭州与浙江大学相关人士见面，彻夜未眠。最终这次论坛顺利召开并圆满闭幕，成为黄金行业唯一一次有诺贝尔经济学奖获得者与会的论坛，这也使我见证了沈刚的人品——与人为善，乐于助人。我为了表示感谢，会后我专程去上海拜访了沈刚副总经理。

沈刚在中国人民银行工作多年，作为于司长的下级和助手参与了上海黄金交易所筹建的全过程。应该说任命她为上海黄金交易所的副总反映了中国人民银行对她工作表现的认可——这是我作为一个局外人远距离观察的印象。以此为开端我每次到上海出差都要力争和她见见面，聊聊各自的工作感受。

2014年中国黄金协会准备召开中国国际黄金大会，任命我为筹备组副组长、总策划，所以我首先拜访了上海黄金交易所希望他们能成为这次大会的协办单位，此时上海黄金交易所“一把手”已有变化，她怕信息表达有误，特别安排我与新领导见面汇报。之后沈刚按照领导的意见做了具体的工作安排，上海黄金交易所不仅成为协办单位，还成为主赞助商之一。现在中国国际黄金大会已举办三届，2020年要举办第四届，但因疫情影响而推迟。这是全球唯一的黄金全产业链大会，在国际黄金业具有日益广泛的影响力，已成为中国领军的一张亮丽名片。

沈刚表示上海黄金交易所是在社会各方的支持下才能得到发展，才有了今天，上海黄金交易所也应回馈社会。上海黄金交易所在这之后还与北京黄金经济发展研究中心联合举办了数次研讨活动。

### 2．退休前夕留下珍贵记录

2019年沈刚从上海黄金交易所退休，退休前她应媒体的邀请写了一篇文章，讲述的是当时中国人民银行在上海黄金交易所建设过程中的顶层设计，记录了黄金市场的奠基者们的诸多思考，因而也揭示了不少其中的秘密而引起了广泛的关注。在上海黄金交易所建设起步前，中国人民银行就市场在哪里建、优惠税制如何平移、市场是公司制还是会员制、是建场内市场还是场外市场等多个重要问题上进行了顶层设计，为上海黄金交易所植入了健康的DNA，保证了其诞生后的健康成长。沈刚的这篇文章为认识我国黄金市场发展的中国道路提供了亲历者的第一手资讯，因而成为启发我写作《中国黄金：从跟随到超越》一书的思考素材。通过这篇文章也使我对沈刚有了更清晰的认识，使我心存感激，至今还会与一些业内人士谈起沈刚。我本人正是因为沈刚的理解和支持与上海黄金交易所建立了密切的工作关系，并得到了多次资助。现在回首自己走过的路，之所以在我的晚年还能有所作为，这种工作关系的建立是要素之一，所以我说欠了上海黄金交易所一个人情。饮水要不忘掘井人，我要祝福沈刚晚年幸福，开拓者不应被忘记。

### 3．最可贵的友谊是理解

我与沈刚并无私人深交，在观念协同上也非挚友，在工作上也无直接的交集，但上海黄金交易所成立10年后的一次偶然相遇立即便成为合作的伙伴，并在合作中发展出友谊。在我的一生中这种情况并非仅有，那么维系这一关系的是什么？是理解，也就是做事首先要理解合作方的意愿，以满足合作者的意愿为基础做事。尤其是我退休后没有了行政资源可以调动，更没有资金的支配权，已是两手空空，所以对这一点我有更深刻的认识。

沈刚之所以向我伸出支持之手，是她理解我是一个做事的人，而我对沈刚的理解是她支持我做事。之间有了这样的理解，就少了一些利益纠葛，多了些人际友谊。任何人的行为都有各自的目的，即意愿。合作就是实现双方意愿的过程，用经济学的语言就是要实现双赢。各自的意愿并不相同，但在不同之间也可以有契合点，而有契合点就可以产生合作，所以理解双方的意愿是合作的基础。我有了这个思想认识，也便形成了以满足合作者的意愿为合作原则的行为，于是我才有了10年、20年持续的合作者。这也是我的工作生命可以延续的一个秘密。

## 三、上海华通白银市场二三事

原来并没有要写上海华通白银市场二三事的计划，是在我回忆了与沈刚的交往后有感而发。在现实的生活中我们会与不同品格的人相遇，而又会有不同的感受产生。回顾黄金市场化改革的推进者们，我认为可以分为两类不同品格的人：一类我定义为改革事业的工作者，他们的品格就是认真做事尽职尽责，并不张扬而是一步步将预定的目标落实；另一类我定义为改革事业的呐喊者，他们的品格就是做立于潮头的弄潮儿，敏感而激进，但难以沉下心来认真做事。工作者和呐喊者是黄金市场化改革中的一个差异化的存在，但严格地讲这并不是区分对错好坏的标准，或者说这种差异只是个人状态的不同而已。如果各自都能找到工作与生活的乐趣，那么都可以成为成功者。

### 1．与上海华通白银市场相遇

白银与黄金是同时被管制的货币金属，但白银货币属性弱于黄金，所以率先开放，因而白银市场成为黄金市场的探路者，从这个意义上讲白银市场组建也是黄金市场化的一部分，所以推进白银市场化和推进黄金市场化的人是一个战壕中的战友。但与他们接触却有一些不同的感受。黄金市场化是拙于说而长于做的过程，动静虽小，但留下了长久的事业；白银市场化过程中虽及时发现和制造了市场机遇，但由于踏实不足，推进并不容易。因为我与我国黄金市场与白银市场这两个市场的建设者们都有过接触，引发了我对两者差异的感慨，于是就有了“上海华通白银市场的二三事”这段文字。这里谈的都是自己个人的一些感受，绝非定论，而且对复杂的事务我也可能看到的是一点皮毛，难免会有以偏盖全之嫌，或者是谬误之说，所以在这里特做说明并请谅解。

基于金、银的货币功能，中华人民共和国成立之初，金、银都被视为国家外汇储备的一部分，因国家外汇短缺和外汇对国家的战略价值，对金、银这两种外汇金属施行了管制，将金、银的占有和使用权控制在了国家手里。体现金银管制国家意志的是《金银管理条例》的颁布。1999年黄金市场化改革起步始于白银的率先放开，走出第一步的是组建白银市场。

但我国白银市场和黄金市场建设之路并不相同，中国人民银行从一开始就没有介入白银市场的具体筹建，而全部是由上海华通有色金属市场负责，所以白银市场筹建是民间机构主导，而黄金市场筹建是中国人民银行主导。白银市场化是一步放开，而黄金市场化是逐步放开，所以两个市场从改革起步便有定位上的差异。

其实中国人民银行早在1996年就有了开放白银管制之意，已委托国家黄金管理局和中国有色金属工业总公司做前期调研和提出可行性报告，该报提出要在天津建立白银市场。1999年我国黄金市场化改革再启动，确定白银率先脱离管制，一步到位启动了白银商品市场建设，而黄金市场是经过3年筹备后才成为一个现实的存在。所以率先走第一步的白银市场建设就有了为黄金市场建设先行探路、积累经验之意。按照国务院批准的改革文件要求，白银市场不是新建而是要利用现有的有色交易市场组织白银的上市交易。国务院的原则很清楚，但实际情况比较复杂，原因是负责有色金属流通市场的行政管理部门已经发生多次变动。

黄金市场化改革再启动后，中国人民银行立即把白银市场组建的具体操作权交给了当时负责国内商品流通的内贸部，后内贸部撤销，商品流转管理职能又并入了国家经济贸易委员会。曾负责有色金属流通的物资部早已撤销，其大部分业务管理职能合并到了国内贸易部之后又转到经济贸易委员会。由于历史的延革，白银作为一种有色金属其市场组建又与中国有色金属工业总公司扯上了关系。而这时物资部中国有色金属工业总公司已改组为了诚通集团公司的一部分，所以白银上市的落地执行任务就落到了有物资部背景的诚通集团的肩上。

白银上市并没有在诚通总部所在地北京落地，而是交给诚通集团在上海注册成立的上海华通有色金属现货中心批发市场，由这个有色中心批发市场具体执行白银上市和市场的组建。这是一个1998年9月28日才开业的年轻的企业，开业不到一年的时间就承担了白银上市任务而诞生了上海华通白银市场。从这个意义上讲，白银上市不是在现有的有色交易市场中上市，而是为了白银上市又新建了一个公司，具体负责白银市场的筹建。

当时国家黄金管理局黄金经济发展研究中心因对黄金市场化进程的跟踪研究，与上海华通白银市场的筹备组建立了工作上的联系。我曾在物资部所属中国物资报社工作，而华通有色公司又有物资部的基因，在冥冥中我与华通白银市场有了几分历史渊源，所以我也算是上海华通白银市场的一个知情人。作为一个国家级市场的建立，我认为上海华通白银市场最终不能算是成功的，或者说上海华通白银市场从宣布开业之日就已失败，这个教训足够深刻，实应记取。

白银市场的筹建十分迅速，快到有些超常，也可以说异常：1999 年 11 月 14 日，国务院批复同意开放白银管制，建立白银市场；11 月 23 日国家经贸委便批复，同意华通有色金属现货批发中心组织白银上市，中间的有关文件的流转只用了 10 天时间，这是罕见的情况；同样罕见的是，获批一个星期之后的 12 月即开始市场招商；2000 年 1 月 4 日即正式开业，也就是完成招商任务只用了 1 个月的时间。华通白银市场从获得国家批复到正式开业只有 40 多天，这种超常速度的规划反映了当时白银市场筹备者的品质：一个急于抓机遇，但踏实工作之心欠缺的冲锋者。果然欲速则不达，市场开业时间从 2000 年元旦延期到春节后，再延到 6 月 28 日才强人所难地正式运营，但入市交易者仍寥寥无几，原定入驻会员60家，但是届时的入驻会员仅有20家且交易清淡。也可以说是交易失败，试运行期间组织了10次交易，总交易量不足10吨，所以这已预示上海华通白银市场在市场建设的规划设计方案上出了问题，因而市场从一开始就遭遇到发展困境。为此我曾写过一篇名为《白银市场遭遇平淡》的专稿（发表于2000年《中国黄金经济》第2期），在该文中我这样写道："在我国改革的编年史上，一定会记下2000年1年1日这个日子，因为长达半个世纪之久的白银统收专营在这一天正式开禁，同时也一定会记下上海华通有色金属中心批发市场这个名字，因为中国第一家白银市场就诞生在这里。人们为之怦然心动，评说如潮，从中看到了一种更深层的改革预示：它是中国黄金开禁的前奏，它标志着我国黄金产品市场开放的新发展。然而出人意料的是，开业伊始传来的信息表明，白银市场的亮相并未赢得人们预期的那种热烈的掌声和回应，近期遭遇平淡。"那时我虽有担忧但仍对白银市场怀着极大的期盼。然而它之后的运行困境并没有改善，给人们留下的是反思。后来上海华通白银市场几经转手，现在已没落成了一个二三流企业，早已失去了国家级白银市场的风彩。这是我们不愿看到的，然而却是现实。

作为一个改革的先行者，上海华通白银市场失败了，但作为黄金市场的试水者留下的教训，为黄金市场的成功提供了难得的警示。从这个意义上讲，白银市场的失败成就了黄金市场的成功。然而，对其的失败并没予以持续的关注，作为我国黄金市场化改革的先行者，上海华通白银市场就这样逐渐淹没在历史的尘埃之中了，我认为这是一件很遗撼的事，应为此留下一点思考。

### 2．上海华通白银市场命运初探

上海华通白银市场作为我国黄金市场化的先行者其实是拥有发展政策优势的，可在相同的背景下、在相同条件下的黄金市场取得了成功，而白银市场走向了失败。黄金市场建设并非没有遇到问题，而两者面对大体相同问题的结果却截然不同，对比是很强烈的。为何两个市场有了两种不同的命运？对此可以给出若干答案，但我认为核心还是发生在做事的人的侧重点上。在市场化改革开始之初一切都处于变化之中，能够在变化中发现机会是十分重要的，这一点上海华通白银市场的决策者们是十分敏感而且超前的，因此他们可用40多天的时间就完成了从审批到注册白银上市的全过程，抢占了市场先机。但占有先机只是成功的前提而不是成功，发现机遇者并非一定是成功者，因为发现不等于获得。上海华通白银市场的最终结局就是这种情况，所以要成为成功者不能只有发现机遇的敏感，还要有扫除障碍将机遇转化为现实的能力。上海华通白银市场的失败反映了市场的谛造者在把机遇转化为现实的能力上有所欠缺。能力的欠缺使“机遇”变成一种炒作和忽悠，这就成了一个问题。

### 3．华通白银市场发展的三大障碍

在今天看来，上海华通白银市场建设的决策者们并没有事前做好必要的功课，所以没有真正地认识白银市场，其突出的表现是对1999年11月国务院批准的白银市场开放文件没有认真理解。从管制到开放是机遇，但也使白银市场发展环境发生变化而产生了新的问题，这些新问题是白银市场成功的阻力，如不能解决就会导致白银市场的失败。其实在白银开放的文件中已预设了三大市场发展障碍，如果对此缺少应对预案，必然会导致实际工作的被动，市场发展遭遇困难。上海华通白银市场的发展障碍是：

一是税制。国务院开放白银市场文件的第二条规定，“取消对白银生产管理企业免征增值税和拨付白银地勘基金的特殊政策”，并在文件的第三条明确“对白银生产经营活动按照一般商品的有关规定管理”。这是白银市场发展环境的重大变化，按照这个规定在白银交易环节征收规定的增值税，就失去了市场税收洼地的政策优势，这是造成白银入场交易长期不旺的主要原因。而华通白银市场在开业后才逐步认识到这个问题，为时已晚，并且解决问题乏力。而黄金市场组建方案设计时已认识到这一问题的关键性，坚持增值税政策平移市场，为了免征增值税政策向市场平移而将上海黄金交易所开业时间推迟了近一年；同时在黄金增值税理论上进行了拨乱反正；最后终于心想事成，在市场开业两年内就有90%以上的矿产金进入上海黄金交易所交易，场内交易很快就成为我国黄金的主导性交易方式。

二是出口。开放白银市场文件的第四条要求市场要积极开展白银的出口，这是因为那时我国白银需求每年有1 000吨左右，而白银产量已达到了1 500吨，供过于求，因而建立白银市场的一个目的就是要推动白银出口。所以在这种白银供大于求的国内市场结构中，上海华通白银市场应在方便白银出口、建立和形成必要的促进白银出口机制和设施上做文章，形成白银市场的一个特有功能，成为白银出口保税区（库）从而吸引出口白银入市出关，这样就可以作为对国内白银交易不足的一个必要补充。此外，华通白银市场应通过市场品牌建设，提高中国白银市场的国际品牌影响力，从而提高中国白银国际市场占有率。但显然上海华通白银市场在功能设计上和制度建设上并没有对此做任何考虑。

三是市场。即使那时的1 500吨白银全部入市交易，但如果仅是作为一个白银商品市场的话，这个市场的交易额也只有5亿元人民币左右，这样的交易规模是不能支撑起一个国家级白银市场的，所以必须增加市场的服务功能，从而增加市场的流动性，也就是应考虑白银市场的投资功能，这是白银市场发展的一个根本性问题。但在开始没有研究，事中没有及时应对，最终也未找到出路，只是停留在希望和建议上级主管机关观注和解决问题的状态，上海华通白银市场遭遇发展窘境而迟迟不能改变。

当上海华通白银市场问题暴露时木已成舟，这时要解决问题，不仅需要拿出解决的办法，还需要建立理论支撑，即将白银的社会定位由一般商品调整为投资品。而理论的创建是一个长期过程，是一个很大的工程，对于当时的华通白银市场来说，这是一个难以完成的任务。但当华通白银市场遭遇发展困境而无力回天时，却有惊人之举——推出华通白银市场黄金场方案，引起黄金市场组建的一场大变局。

### 4．惊人逆转，黄金市场组建变局

虽然白银市场组建遭遇困难重重而不能自拔，但黄金市场的组建又成为新的涉足目标。2000年黄金市场花落上海，因此上海市获得了黄金市场的组建权和运营权，为此上海市立即着手上海黄金交易所的筹建工作。我受邀参加了他们组织的第一次碰头会，但之后却了无音信。再之后便传出上海市决定退出黄金市场的筹办，提出只求所在、不求所有的工作原则，并撤回了人员和资金，改为由上海华通白银市场承建黄金市场。1999年上海华通白银市场紧锣密鼓推进之时，上海市与华通市场联合创办黄金市场的方案又被提出。黄金商品论是该方案的指导理论。黄金和白银已同是一般商品，既然白银市场已落户华通，作为同是贵金属商品的黄金没有必要再搞一个独立的黄金市场，而替代方案是在华通白银市场内建立一个“黄金交易场”。这一替代方案不仅被讨论，而且一度被采用，华通公司进入黄金市场的筹建。但很快这一方案被中国人民银行紧急叫停，这也是最终中国人民银行走到台前主持黄金市场组建之缘。

华通白银市场筹建黄金市场之要害，我认为是将国家黄金市场的组建由政府行为变为了企业行为，在性质上这是一个颠覆性的变化，会改变我国黄金市场的属性定位。让上海市政府认可这个颠覆性方案是有困难的，一定有很大的力量在推动。此后的发展透露出了一些端倪。1999年7月5日6家央企——中国诚通、中国华通、中国黄金总公司、中国工艺美术总公司、中国珠宝首饰进出口总公司和上海工业投资集团公司签定了联合出资组建贵金属集团公司的协议，然后由这个公司投资建立华通黄金交易场。这就使我们看到这一变化中的奥妙：一是由央企而非上海市主导未来的黄金市场运营，这就是上海市政府提出只求所在，不求所有，退出黄金市场筹办的原因吧。二是华通白银市场不出任何资本而由他人投资就能获得黄金市场的具体经营权，华通白银市场成为一个纯赢家。

作为黄金市场化改革的主管部门，中国人民银行对这个变化一定感到震惊。一是国家黄金市场建设由政府行为变为企业行为，不符合中国人民银行推动黄金市场化，建设一个非营利性服务平台的初衷；二是对黄金市场商品属性的定位，那时中国人民银行内部可能已有了调整，所以不会再认同黄金商品论，这意味着中国人民银行认为这个方案有方向性的错误，不仅会误事，还可能会误国；三是华通白银市场的现实表现可能也令中国人民银行不满意，把黄金市场再交给华通是不放心的，如果因此使黄金市场化改革受挫这是中国人民银行难以承受的。此后便有了2000年12月底，中国人民银行发言人紧急宣布停止一切黄金市场筹备工作，中国人民银行收回承办授权，由幕后走向台前，在上海外汇交易所平台上建立起上海黄金交易所。

华通白银市场逆转上海市筹建方案表现出了其决策者对机遇的敏感和善于借势的能力，但由于急于抓机遇出成果，而缺少了理论的高度和工作的沉淀，使事业项目都虎头蛇尾，没有形成气候。

在改革的初期，“破”字当头性格的人往往能抓住成功的机会，而在大局已定、方向已明的今天更需要的是踏实谨慎的工作者。改革为风云人物准备了舞台，剧目纷呈、主角轮换，但能保留下来的是少数，太多叱咤风云的人物成了历史的过客。我深深感到民族复兴大业的完成需要当今这一代人走出浮躁，静下来认认真真做事。从一个更大的意义上讲，这是百年民族文化从“破”字当头向“立”字为本的转折期的开始。

## 第六篇　超越篇

# 认识我们自己要走的路

# 篇前提要

2010年中国人民银行等6部委下发《关于促进黄金市场发展的若干意见》，标志着我国多个专业化市场组成的市场体系建设的完成，我国黄金市场发展进入一个新阶段。这个发展新阶段以2013年以后我国黄金市场交易量出现井喷式的增长为标志，这个进步意味着什么样？对此我一直处于朦胧的探索之中。

2017年世界黄金协会首席执行官施安霖在厦门举行的国际黄金市场发展研讨会上的致辞中对中国黄金市场做了这样的评价，它将“接过世界黄金市场领军的旗帜，并把握由此带来的所有机遇与责任，基于这一领导地位，中国将帮助全球黄金市场来确定未来的结构与组成”。我国是未来国际黄金市场发展的引领者，这是施安霖对我国黄金市场的定位。无独有偶，新任世界黄金协会首席执行官泰达维更为明确地表示：“我们坚信并期盼中国会准备好在全球黄金市场上发挥更大的领导作用，这一进程中中国面临的机会和责任并行。”

世界黄金协会前后两任首席执行官对我国黄金市场发展的评价出奇一致，表明我国黄金市场已从国际黄金市场的追随者成长为领军者。但国内多数人对这个认定评价并不认同，而认为言过其实，或是出于客气的奉承之言。但他们的观点却使我发现了“新大陆”。

施安霖2017年的观点论述使我突然有了一种感悟，即以国际黄金市场为参照物进行比较研究，找到了认识我国黄金市场发展的中国道路的一把钥匙，三年的研究成果是在2020年出版了《中国黄金：从跟随到超越》，揭示了我国黄金市场发展的特质和发展加速度的源头，但我对黄金市场发展的中国道路的内涵认识，还仅仅是破题而非完成。

我国黄金市场新纪元追求的发展目标是由有变为多，而这个多的内涵是由多种形态黄金市场组成的市场体系的发展，这一发展时期从2007年到2010年。2010年6部委下发的《关于促进黄金市场发展的若干意见》做了这样的描述："统购统配政策取消后，我国黄金市场发展迅速，初步形成了上海黄金交易所黄金业务、商业银行黄金业务和上海期货交易所黄金期货业务共同发展的市场格局，形成了与黄金产业协同发展的良好局面。"[①]该文件的出台标志着我国黄金市场体系基本形成，黄金市场发展由有到多的进程基本完成。从此我国黄金市场开始了多市场协同发展的历史阶段。多市场组成的市场体系的出现意味着什么？找到答案需要重新认识我们所走过的路，这在与国际传统黄金市场发展的比较中可见端倪。

## 一、国际传统黄金市场体系

在古时，黄金因珍贵而成为帝王们的专属，那时黄金的流动方式是抢掠和馈赠而无须黄金市场交易，因而也就没有黄金市场，黄金市场的产生与人类近500年来商品交换及国际贸易的货币需求发展密切相关。

① 人民银行、发展改革委、工业和信息化部、财政部、税务总局、证监会关于促进黄金市场发展的若干意见［EB/OL］.（2021-6-11）.http://www.gov.cn/gongbao/content/2010/content_1754132.htm.

## 1．黄金市场发展探源寻根

黄金市场的诞生是其货币属性发展的结果，近500年是人类国际商品贸易发展的推进期，黄金货币属性也不断发展积累。人类用黄金做货币首先是对其稀有、抗腐蚀、耐磨损、有光泽的自然属性的应用。国际贸易的发展作为交换的中介物，黄金随国际贸易的发展其流动的广度也必然持续扩张。于是黄金不再是帝王专属的消费品而开始走出宫庭进入更广泛的社会层面。而黄金进入民间流通就需要黄金市场这种平等交易平台，这就是传统黄金市场的发端，是黄金货币属性发展的结果。

黄金货币流通发展开始于国内的边缘货币的使用，再进一步发展为国内流通主流货币，这就是传统金本位时期；随着金本位制的发源地英国成为全球经济的中心，金币也成为一种国际货币；而基于黄金的短缺，黄金货币在国际上的流通被局限于国际货易结算，这就是金币和纸币并存的金汇兑本位时期，这一时期先后经历了英镑金汇兑本位和美元金汇兑本位时期；20世纪70年代黄金货币国际结算功能也受到限制，而进入了黄金非货币化时期。在不同的历史时期黄金货币的流动形态存在差异，黄金市场也存在着形态差异。今天我们说的国际传统黄金市场是指黄金汇兑本位到黄金非货币化时期的黄金市场，而这时期黄金市场的存在形态与全球国际贸易的发展密切相关，反映了国际贸易发展格局的变化。

在这个历史阶段的传统黄金市场发端于300多年前的欧洲。欧洲是当时国际贸易的推动者和美洲金银的掠夺者，所以在欧洲既产生了黄金货币的需求，又具有了满足这种需求的黄金供给能力。于是在欧洲首先诞生了从事黄金交易的市场。欧洲黄金市场的雏形首先在荷兰阿姆斯特丹出现，这是因为那时荷兰做为海上强国，阿姆斯特丹是美洲金银在欧洲的主要集散地。随着工业革命的完成，英国成为全球贸易中心，黄金交易的中心在19世纪转移到了英国伦敦，而20世纪初伦敦黄金市场定价机制形成，使其成为全球黄金交易的报价中心，因而也就成为全球黄金交易的中心市场。伦敦黄金市场已是一个百年老店，但在全球百年老店不是仅此一家。瑞士劳伊银行，是瑞士第五大银行，从事黄金业务已有百多年历史；我国香港金银贸易场也已有了百年以上的历史。伦敦黄金市场之所以能够鹤立鸡群是因英国那时在国际经济中的特殊地位决定的。黄金市场的发展总是和本国经济的发展联系在一起的。除少数的百年老店外，多数黄金市场都是20世纪70年代后的新兴市场，历史并不长。在众多黄金市场中有三个市场是当代黄金市场体系的支撑性市场。它们是英国伦敦、美国纽约和瑞士苏黎世黄金市场。

## 2．伦敦黄金市场的转型发展

英国伦敦黄金市场是当代历史最为悠久的市场之一，其中心地位的形成与保持是依靠市场不断转型调整实现的，从20世纪40年代至今不到70年的时间先后发生了3次转型。

——战后第一次转型。这次转型是由于两次世界大战使英国经济实力受挫，美国崛起而使伦敦黄金市场权威地位受到挑战。1954年因第二次世界大战而关闭的英国伦敦黄金市场重新开业，但此时英镑已失势，伦教黄金市场的功能由维护英镑价值稳定变为维护美元价值稳定，计量单位由盎司变为公斤，市场定价使用的货币由英镑也变为了美元，并且形成了如下运行机制：

当时是以35美元兑一盎司黄金为黄金官价。如果金价上升超过35美元官价，美国联邦储备委员会便向市场抛售黄金把金价压下来；如果金价下跌到35美元以下，美国联邦储备委员会就从市场上收购黄金把金价拉起来，从而保证金价在不超过官价的1%上下波动。所以伦敦黄金市场成为观察美元价值变化的窗口和保持美元价格稳定的调节器。从为稳定英镑价值服务到为稳定美元价值服务，是战后伦敦黄金市场的第一次服务功能调整。

——第二次转型调整。国际黄金市场300年来的变化，有市场地址的变迁、中心市场的转移、服务对象的调整，但没变的是交易标的，始终是实物黄金，但到了20世纪70年代因黄金非货币化的推进而发生了变化。先是伦敦黄金市场在1968年因黄金挤兑潮而被迫关闭了半个月，再开业时已别有天地，全球黄金物流中心已经转移到了瑞士，而且市场金价由固定变为浮动。这些变化使伦敦黄金市场发生了第二次转型。第二次转型的标志是推出了一种新型市场交易标的——“伦敦金”。“伦敦金”是一个黄金账号并不是真正的黄金，但可以通过“伦敦金”账号进行黄金买卖，这种虚拟的黄金交易产品适应了以盈利为目的黄金投资者的需要，因为不需要进行实金交割就可以进行黄金投资，通过低买高卖获得盈利，并避免了黄金交割、保管之烦，所以很快就风弥全球，也使伦敦黄金市场转型成功，使全球第一大黄金市场的地位又保持了近半个世纪，最近才被美国纽约黄金市场超越。随着伦敦黄金市场的转型，服务对象也由中央银行变为了投资者。从此国际出现了一个即期虚拟交易主导的黄金市场，伦敦黄金市场从黄金物流中心转型为黄金交易中心。这是第二次转型。

——第三次转型调整。伦敦黄金市场不断调整以适应发展环境的变化，所以能引领风骚百年，至今仍是全球黄金市场体系的支撑性中心市场，但也逐渐被一种新型的黄金市场所超越，这种超越并不是被替代，而是平行发展，从而丰富了国际黄金市场的结构和功能。这是伦敦黄金市场第二次转型给国际黄金市场带来的变化。

2013年伦敦黄金市场爆发了黄金交易造假案，而不得不启动了黄金定价机制由密室五大金商定价变为电子盘公开竞价，并且对交易行为由自放任变为加强监管，这是第三次转型调整。这是伦敦黄金市场的一次自我革命，还在摸着石头过河，具有更大的挑战性，至今尚未完成。

### 3．瑞士黄金市场的“截胡”

1968年瑞士乘英国伦敦黄金市场出现挤兑风波暂时停业，“截胡”成功替代伦敦黄金市场成为全球黄金物流中心，这是一次既意外又在情理之中的事。

——瑞士的黄金文化。瑞士是欧洲一个资源贫乏的小国，瑞士人长期只能做欧洲列强的雇佣军讨生活，结果列强之间的战争成了瑞士同胞间的拼杀。痛定思痛瑞士决定永不参战做一个公认的中立国。缺乏资源的瑞士人便转向发展加工业，做手艺人，为此重视发展精细加工工艺和加工机械制造，当今瑞士手表生产仍执全球牛耳。踏踏实实做实业成为瑞士人的求生之路，也形成了一种文化长期影响着瑞士人的行为。瑞士因是中立国而避开了两次世界大战的炮火，也因此成为交战双方金融博弈之地，不能公开的交易都在这里进行，在平静的表面下的非正常交易在激烈地进行着，处于火山口上的瑞士深知其中的奥秘，从而也认识了黄金在非正常状态下无可替代的特殊作用。这种由现实而产生的对黄金的崇拜和信任，融入了瑞士人的骨头里，所以瑞士国金储备一直居全球各国的前列。在20世纪80年代黄金虚拟杠杆交易风靡全球时，瑞士人却没有多大兴趣而对黄金实物交易乐此不疲。2000年我曾有机会参访瑞士银行，看到其职员正做着最简单的工作——认真地包装“托拉”小金条发往印度，在我国商业银行的职员已很少做这样的工作了。所以在其黄金文化的影响下，瑞士对争取成为全球黄金物流中心有着高度的兴趣，终于等到了伦敦黄金市场1968年暂时停业，这无疑是给瑞士实现梦想提供了难得的机会。

——瑞士是如何实现“截胡”的？成功的原因主要是南非和苏联这两大黄金生产国放弃英国伦敦黄金市场转投瑞士黄金市场，但原因并不一样：当时南非是黄金生产的百年冠军之国，1970年黄金产量高达千吨，占全球一半多的份额，所以在伦敦黄金市场停业期间，瑞士首先是做南非的工作。三大瑞士银行承诺为南非黄金业从业者提供低息贷款，南非黄金生产者有了瑞士资金支持，就可在金价低时（当时金价已变为浮动制）避免被迫抛售。这是经济因素。另外还有政治因素。当时英国政府对南非施行了武器禁运，作为对英国政府的报复，南非政府将在英国黄金市场交易的黄金转移到瑞士交易。当时苏联的黄金产量略低于南非。在苏美两大阵营对立的情况下，苏联的黄金交易都是秘密进行的，瑞士银行的保密性是世界最好的，而英国是美国的忠实伙伴，所以苏联认为使用瑞士黄金市场是更佳选择，而将黄金交易转移到瑞士。南非、苏联与瑞士的联手，使全球黄金交易有80%以上转向了瑞士，瑞士“截胡”成功，取代伦敦成为全球最大的实金交易市场。今天我国黄金市场成为全球最大的实金交易市场，但瑞士仍是全球最大的黄金流转中心。

——瑞士实至名归。在伦敦黄金市场停业期间，瑞士动作频频达到了自己的目标。目标的达成并非只凭借“小动作”，瑞士作为全球黄金物流中心是实至名归。瑞士虽是一个小国，但在四个城市中都有黄金市场，其中苏黎世是瑞士黄金交易中心，有百年历史，在全球占据重要地位。黄金市场的运行主体是瑞士三大银行，即瑞士联合银行、瑞士信贷银行、瑞士银行，并且这三大银行都有大型黄金精炼厂，所以瑞士又是全球黄金加工中心。瑞士不仅汇聚了全球黄金资源在瑞士精炼，又将黄金加工产品销往远东和近东地区及德、法等国。欧洲现在黄金产量只有全球黄金总产量的1%左右，但因为瑞士是全球黄金的精炼中心，故欧洲对全球黄金的流动性仍有很大的话语权。在瑞士黄金文化的浸润中，瑞士的银行业对黄金业务都有很大的积极性。除黄金业务外，瑞士还是重要的金币市场，如瑞士劳伊银行是瑞士的第五大银行，也是世界最大的金币交易商之一。瑞士有发达的钟表制造工业，因而还有较大的工业用金需求。所以那时伦敦黄金市场虽然是全球黄金市场之首，但瑞士黄金市场也是一个重要存在。伦敦黄金市场是服务于央行货币政策的黄金批发市场，而瑞士更着重于为实金投资者服务，所以在黄金非货币化、央行退出黄金市场转型的前夕，全球黄金交易中心由伦敦转向瑞士也是一种发展的必然。

### 4. 一种新型黄金市场诞生

瑞士黄金市场“截胡”成功和伦敦黄金市场转型成功使国际黄金市场出现

了即期黄金交易与即期黄金虚拟交易市场平行发展的市场格局，而之后黄金远期交易市场的出现又一次发展了国际黄金市场体系，出现了即期黄金交易市场与远期黄金交易市场平行发展的格局。

——黄金期货合约的本质。1972年美元与黄金脱钩；1976年国际货币基金组织完成了黄金非货币化法律层面上的改革，战后建立的布雷顿森林货币体系瓦解，全球进入了黄金非货币化的美元霸权时代。黄金货币权威弱化，美元纸币权威强化，为此在金融创新的旗帜下黄金价值被虚化为一种风险资产，于是出现了黄金风险资产交易市场，这就是黄金期货、期权交易市场。

黄金期货市场是场内远期黄金合约交易市场，就是以今天的某一价格交易未来的黄金，而未来是不确定的，因而黄金期货交易是一种不确定性交易，并且杠杆交易又将可能的风险扩大了数十倍，所以这个市场中充满了赌性，其与黄金实际供求和产业的基本面变化基本没有关系，甚至一个谣言也能引起市场金价大幅波动。如果说“伦敦金”即期交易因没有交割保管之烦而成为投资者的选择，那么黄金期货交易则正是因存在交易风险而成为有风险偏好的投资者的选择。期权合约只是期货风险的保险，从这个意义上讲，黄金期权交易只是减少了期货交易风险，但并没有消灭黄金远期交易风险，所以黄金期货与期权是同一类产品。

——黄金期货市场的发展。黄金期货市场首先出现在加拿大，而成功者是美国。美国黄金期货交易非常发达活跃，在美国多个商品交易所中都有黄金期货交易，而交易规模最大的是纽约商品交易所，年交易量超过了20万吨，占到了全球黄金期货交易量的六成以上，纽约商品交易所不仅是全球最大的黄金期货市场，也是全球最大的黄金交易市场。

20世纪70年代各国陆续放开了黄金管制，因而各国开始建立黄金市场，而多数是黄金期货市场。现在黄金期货合约已是全球第一大黄金交易品种，总交易量达到30万吨以上。从2008年开始全球黄金市场的黄金期货、期权交易量就超过了黄金即期交易量。

在亚洲，印度、日本、迪拜、伊斯坦布尔、中国都有黄金期货市场，但除我国之外规模都不是很大。我国黄金期货合约2008年在上海期货交易所上线，现在已取代日本成为亚洲最大的黄金期货市场、居纽约之后全球第二大的黄金期货市场，交易量达5万多吨（单向）。

——黄金市场的一次“颜色革命”。期货市场是新兴的黄金市场，至今只有50多年的历史，却后来者居上超越了有数百年历史的黄金即期交易市场。我们说黄金期货市场的发展是黄金市场的一次革命，不仅是它的交易规模对即期交易的超越，更是它对黄金市场功能异化产生的决定性的影响。这场发生在黄金市场历史上的“颜色革命”，是美元霸权影响和塑造的结果，黄金期货市场引起的这场革命的发端之日与美元霸权的形成同步。在半个多世纪前，金本位废止的同期黄金期货市场诞生，美元霸权也正是在金本位废止的条件下才逐步得以形成和强化的，看似不搭界的两件事其实同源。

美国在近百年来一直是全球主要的产金国，曾一度是产金冠军国，新世纪的前10年稳居世界前五位，黄金产量始终保持在200吨以上，其纽蒙特黄金公司是全球前三的黄金矿业公司。就是这样一个黄金矿业发达的国家，却没有实金即期交易市场，美国的黄金主要通过瑞士和伦敦等境外黄金市场交易。美国也没有能覆盖全国的黄金零售物流系统，所以美国人极少有金条消费，金币是美国人主要的实金消费品种，鹰扬金币是全球五大金币之一，但需求量在不断减少，已被多个新兴国家超越，而居全球第七位。1972年宣布美元与黄金脱钩之后，美元纸币失去了价值支撑力，而没有价值支撑力的美元开始通过强权推进和维护美元的使用，这就是美元霸权。作为有实体价值的货币，黄金成了没有实体价值的美元的真实价值的衡量器。封杀黄金货币属性的发挥，压缩黄金货币的使用空间，便成了树立和维护美元霸权的基本手段，以掩饰美元持续贬值的真相。美国抑制黄金市场实金交易和黄金消费，而大力发展黄金期货虚拟交易市场的行为蕴含着的是维护美元霸权的需要。

### 5．国际黄金市场体系发展特征

当今黄金市场已有多种形态，各国黄金市场形态也并不相同，各有特点，但归根结底就是三种基本形态，即实金交易市场、即期黄金交易市场和远期黄金交易市场。这三种黄金市场中心的代表，或者说是全球交易的中心市场，分别是瑞士实物黄金市场、英国伦敦黄金即期交易市场、美国纽约黄金远期交易市场。这三个市场构成了国际黄金市场体系，这个国际黄金市场体系是在战后逐步发展起来的，这个发展过程的基本特征如下：

（1）各有市场定位，平行发展。黄金市场是通过市场细分而形成的多市场组成的市场体系，不是一个单一市场。这个黄金市场体系中的各个黄金市场各有自己的功能定位，服务于不同属性的交易群体。瑞士黄金市场主要服务于有实物黄金需求的交易者；伦敦黄金市场主要服务于以盈利为目的的投资交易者；纽约黄金市场主要服务有风险偏好的投机交易者。三个市场因服务于不同交易群体，交易标的和规则为满足不同要求的投资者而存在差异，因而国际黄金市场体系的竞争不是同质化竞争的零合游戏，而是三个黄金市场平行发展的比拼格局。

（2）效率优先，专业化发展。国际黄金市场是在自由竞争的发展环境中发展演变形成的。资本的流动是趋利的，为满足资本的这个基本要求，市场就必须效率优先，而交易的高效率是高效益的必备条件，所以市场规模是位于效率之后的目标，为了保证效率而坚持专业化的发展，即精益求精地做好对市场主体交易者的服务，而专业化的服务就是市场自身的竞争优势。伦敦黄金市场百年始终是一个即期交易市场，并没有向远期交易延伸；瑞士黄金市场坚持做实金交易也有百年历史，虚拟交易始终得不到大的发展；美国黄金市场从诞生起就是一个远期交易市场。坚守自己的专业并不是固守陈规而是不断改革，提高专业水平以适应变化的要求。做纵向的深化，不做横向的跨越，因而国际黄金市场是由不同的专业化市场组成的市场体系，而不是一个单一全能市场结构。

（3）市场分层，多元形态发展。市场细分，即市场由单一形态向多元形态发展，这是市场发展的一个规律，而黄金市场细分与追求专业化发展有很大关系，坚持专业化的国际黄金市场深耕于纵向发展，并在规模发展到一定边界时就会发生分层，独立出一个新的专业化市场，以保持市场运行效率。国际上的各国黄金市场是通过纵向发展实现市场规模的扩大，满足市场主体交易者的需求，而对于横向跨界延伸保持慬慎，则更多是通过国际专业化分工实现市场的跨界需求。当代国际黄金市场体系就是在20世纪中叶黄金市场细分形成的：传统的实物黄金市场在20世纪60年代细分出虚拟即期交易市场，20世纪70年代中期又从即期交易市场细分出远期交易市场。从而使国际黄金市场体系形态日益多样，市场功能日益丰富，市场品种日益增加，市场规模日益扩大。

以上国际黄金市场体系的基本特征，反映了当今黄金市场的发展规律，也就为我们这个黄金市场发展的后来者提供了借鉴的标杆和要遵循的原则。目标相同但达成目标的道路不同，我们走的是一条自己的中国道路，这是我对我国黄金市场化改革认识的一次深化。

## 二、我国黄金市场体系的形成之路

我国黄金市场有半个世纪的空窗期，从1993~2002年大约用了10年的时间完成了从无到有的过程，这是一元市场发展路径选择期，从1993年国务院63号函起到2002年上海黄金交易所开业止；2006年出现市场细分的要求，从2006~2010年用了大约5年的时间完成了黄金市场从有到多，形成了多个专业化市场组成的黄金市场体系，从2006年上海黄金交易所成为全球最大实金场内交易所始到2010年《关于发展黄金市场若干意见》下发止，这是多元市场发展路径选择时期。进入黄金市场体系的多元路径选择期的黄金市场出现超速增长，2013年以后交易量从万吨级进入10万吨级（双向），这一时期我们称之为从跟随到超越的发展时期。对我国黄金市场的发展进行中外比较，可得出如下结论：

### 1．不同的发展道路选择

对于黄金市场体系的建设我们并非从一开始就有明确认识、确定出改革前行的目标，但这并未防碍我们在实践探索中逐步与国际黄金市场体系的结构趋同，这是黄金市场发展的内在规律使然。但是我们与西方国际传统黄金市场体系走的是两条不同的发展道路。

第二次世界大战后自由市场经济理论成为各国经济发展主流指导理论，被视为市场经济的正统。自由市场经济理论认为市场自由竞争、优胜劣汰是经济发展的唯一正确之路，实证就是战后诺贝尔经济学奖获得者皆为该学派的学者。而今天的西方国际黄金市场体系主要是战后形成的，所以国际黄金市场是自由市场经济的产物。我们这个后来者走的是有顶层设计之路并不是自由竞争之路，两者的差别是政府在经济发展中的角色差别，即政府治理能力的差别。当今以美国为代表的多数西方国家自诩为自由市场经济的实践者和捍卫者，认为以中国为代表的有顶层设计的国家的市场经济是市场经济的异类，甚至不是市场经济。两种市场经济的优劣比拼就成了两种发展道路在国家层面的博弈。

我国黄金市场体系建设起步于21世纪初，那时我们已经确定了与国际市场经济惯例并轨，建设社会主义市场经济的改革目标，但并不是一步并轨而是渐进式的，政府这只“有形之手”对经济发展仍保持了指导介入权。我国黄金市场体系建立形成时的大环境是金融市场分业管理体系，这实际就是“有形之手”为黄金市场的横向发展划定了边界，而只能深耕于市场的纵向发展。另外，我国黄金市场化改革由中国人民银行领导并直接操盘，黄金市场选址、市场类型选择、税制设计等都是顶层设计而不是自由竞争的结果，这是我国黄金市场体系建设与西方传统黄金市场体系建设路径选择最根本的区别。

认识到我国黄金市场体系建设走了一条不同于国际黄金市场体系建设之路这个问题之后就可以知道，我们作为一个后来者，对国际黄金市场发展经验的学习是必须的，对其发展的规律的遵循也是必要的，但我们对传统计划经济扬弃的同时，对自由市场经济也不是“全单照收”，而是走有中国特色之路。因为发展道路选择上的不同，最终的发展结果的差异就成了各个国家制度优劣的比拼。而我们之所以选择了有顶层设计的市场经济发展之路，是对自由市场经济所暴露的弊端思考后的一个主动选择，是我们发展经济道路选择的一部分。

### 2．为什么选择有顶层设计之路？

自由市场经济理论的奠基人是18世纪大经济学家亚当·斯密。该理论提出距今已有300多年，被逐渐接受，进而成为人类经济发展对与错的评判标准也已有百年，但从20世纪上半叶开始自由市场经济的弊端已显现。当社会经济危机发生，仅用市场机制的优胜劣汰自我调整，付出的资源浪费是巨大的，而且需要一个很长的调整时间，因而需要有一种外部力量予以市场机制失效的纠正。这就是20世纪初凯恩斯提出的市场并非是万能，经济发展需要“有形之手”，政府要有所作为的理论，即新古典经济学的诞生。20世纪30年代发生的全球经济大萧条为验证新古典经济学理论提供了机会。在美国，奉行自由市场经济理论的胡佛政府面对危机不能提出有效应对之策而下台，而采纳凯恩斯新古典经济学的罗斯福政府上台并获得了成功，从而新古典经济学成为战后各国发展经济的指导性理论，现在各国政府介入经济已经是一种常态。

今天，西方自由市场经济道路面对的是日益严重的挑战，经济危机此起彼伏，发生的周期日益缩短，经济发展举步为艰，因而人们对于“有形之手”施以行动、有所做为寄予了更大期盼，然而这恰恰成为西方欧美政府的软肋：或难有作为，或力不从心，或不如愿为。所以在市场经济危机面前，西方国家政体的经济治理能力严重不足，这一尴尬局面引起了对西方政府架构合理性的质疑。这是当代西方各国政府面对的一个根本性挑战，表现的是经济问题，实质是政治问题，是要命的。自由市场经济已不是他们的信仰，而是成为掩饰政府不做为、难做为的说辞。实际哪有自由市场，以自由市场经济悍卫者自居的美国早已被特朗普政府打脸。了解了这一点也就不难理解为什么我国有顶层设计的任何经济成就都会被以对自由市场经济法则的违背之名，进行打压和否定了。

我们的政府选择了有顶层设计的经济发展之路并可有效实施，是因为我们社会存在着一个稳定核心，这就是中国共产党，其宗旨是“人民对美好生活的向往，就是我们的努力目标”。中国共产党有发展经济富裕人民的愿望和责任感；有完善的组织系统，因而拥有强大社会动员能力，可以集中力量办大事；有稳定执政的基础，其顶层设计可以一以贯之，而不是朝令夕改，半途而废。中国共产党在新中国成立后作为国家经济和政治的领导者清楚地认识到党存在的力量之源就是实现民族振兴，所以始终将国家经济的发展与党的存在联系在一起。

知而不能为是一种尴尬，知而能作为是一种机遇。各国正是因治理能力上的差异，而选择了不同的发展道路。我们选择的是一条有顶层设计的市场经济发展之路，因而我国黄金市场走上了有顶层设计的发展之路是我国经济发展之路的一部分。

### 3．为黄金市场植入健康的“DNA”

脱氧核糖核酸（DNA）是人体细胞的基础构成物质，而细胞构成了生命体，因而生命体的健康与否的内因就是DNA是否正常无缺陷。我们将黄金市场视为一个生命体，黄金市场的顶层设计主要功能就是广泛学习和借鉴前人和国际黄金市场的发展经验，根据我们的实际情况选择正确的市场模式和达成路径。所以，顶层设计是一个经过比较，剔除不健康的DNA，植入健康的DNA的过程，从而保证黄金市场这个生命体拥有一个健康机体，这是黄金市场顺利成长发展的必要条件。

（1）中国人民银行在行动。顶层设计是一个在国家层面上的决策过程，可以节约大量社会成本，而且顶层设计是利弊的权衡和得失的比较，所以顶层设计可减少我们行动的盲目性。黄金市场发展的过程中的每一个阶段都有多种意见和主张，有些是符合市场发展规律和实际情况的，是正确的，有一些并不正确，但如何取舍？自由市场经济论者就是主张自由竞争，优胜劣汰，在不断试错的过程中让市场自发地修正错误，选择正确。这显然是一个需要支付大量社会成本的漫长过程。顶层设计的本质就是凭借人类的智慧为黄金市场植入健康的DNA，减少行为失误（不是消灭）从而缩短或减少试错过程，所以顶层设计也是人类行为试错过程的一部分，虽不是万能的，但是需要的，因为它可以减少人类重复性的试错。

中国人民银行是我国黄金市场发展全过程的监管者和领导者，所以也是我国黄金市场发展的顶层设计者，2010年中国人民银行等6部委出台的《关于促进黄金市场发展的若干意见》中有这样的表述："央行将为继续支持我国黄金市场的持续健康的发展，通过进一步完善法律法规和监管规则，实现市场的标准化，央行将为黄金市场创新和发展创造有利的外部环境。"中国人民银行的顶层设计贯穿于我国黄金市场发展的全过程，中国人民银行有针对性地在黄金市场不同发展时期进行内容不同的顶层设计。

（2）黄金市场建设阶段的顶层设计。在黄金市场建设阶段，中国人民银行是我国黄金市场蓝图的设计者、建设的直接指挥者，发挥了决定性作用。

市场选址：我国黄金市场申办城市先后多达5个，都是我国的一线城市，最终上海市成为国家黄金市场的落户地，这一顶层设计符合我国金融市场布局，避免了重复建设。

路径选择：设计我国黄金市场建设分两步走，先建一个黄金商品市场，在此基础上再向黄金金融市场转型，并由中国人民银行原行长戴相龙在上海黄金交易所开业式上公开宣布。

主体确立：黄金市场落户上海市，故上海市政府启动了筹建工作，后筹办主体转移到华通白银市场，但这个行为被中国人民银行否决，中国人民银行由幕后走向前台成为最终的接盘者。

税制平移：中国人民银行力主免征黄金增值税政策向市场平移并最终得以实现，场内交易形成税收洼地，从而上海黄金交易所具有了与场外交易竞争的优势，这是上海黄金交易所成功运行的关键。

制度设计：国际黄金市场大多数是公司制，在上海黄金交易所建设启动时，公司制呼声也占主导，但中国人民银行基于交易平台公平性追求，而决定建立的是一个会员制的交易平台。

市场模式：市场模式现在有场内、场外两种，国际黄金市场是这两种市场平行发展的格局，中国人民银行考虑到我国的实际社会条件而选择了易于风险控制的场内市场优先的政策取向。

我国黄金市场从无到有的标志就是上海黄金交易所的建立，而上海黄金交易所的建立可以说是顶层设计下诞生的婴儿。

（3）黄金市场成长期的顶层设计。我国黄金市场在完成了从无到有的发展阶段就进入了从有到多的成长阶段，这个阶段的顶层设计主要任务是提出前进的目标，确立新的发展原则。这种政策取向集中表现在中国人民银行主导起草的《关于促进黄金市场发展的若干意见》，实际在此文件出台前的2009年还有一次推进黄金市场管理条例出台的努力，但夭折了，可以说这个意见是修正方案，对黄金市场发展顶层设计做出了重大调整。

《关于促进黄金市场发展的若干意见》确立了黄金市场以改革促发展的主基调，其顶层设计主要包括：

第一，将我国黄金市场发展由单一市场转移到多市场组成的市场体系的基础上来，这是我国黄金市场中国道路的重要标志，因此我国黄金市场与国际黄金市场形成了结构区隔，多数国家黄金市场都是专业化的单一市场结构，而我国是一个多市场的市场体系结构。之所以是这样的市场体系结构，是我国的国情使然：一是我国黄金需求多样化诱发和推动了市场的细分；二是我国的市场容量巨大，国内可容纳多个市场生存发展；三是我国金融市场的分业管理体制，各个市场有特定的发展边界。

第二，将场外交易机制引入场内市场。这是针对场外做市商制度存在的缺陷提出的中国解决方案，即仍保留做市商报价制度但交易要在场内市场备案，从而使交易信息透明化，防止诈骗发生。这一改革诞生了具有中国特色的上海黄金交易所的询价交易平台，这个交易平台的交易量在上海黄金交易所多交易平台中最大。2019年上海黄金交易所询价交易4.03万吨（双向），为市场三大交易平台总交易量的58.75%。另外，询价交易平台已成为上海黄金交易所与其他金融市场平台联通的渠道，变成了一个公共使用的交易平台，这是一个制度创新，即在我国金融市场分业管理的体制中实现了黄金的跨界交易。

第三，加大市场监管力度。在提倡自由竞争、交易者自律的发展大环境中，对中国人民银行的加强监管并非没有异议，但2008年美国金融危机爆发之后，各国政府都普遍加强了市场监管。中国人民银行始终坚持风险控制优先，风险控制能力的提高与黄金市场发展同步的工作原则，走出了一条风险可控的渐进开放，清除不规范市场的同时规范主流正规市场的发展成长之路。我国加强黄金市场监管的顶层设计保证了黄金市场的健康高速发展。

（4）黄金市场发展时期的顶层设计。我国有顶层设计的黄金市场发展具有与国际黄金市场有别的生长基因，因此有了发展的加速度。2002年我国黄金市场起步交易量只有42吨，2006年由百吨级上升到千吨级，2008年突破万吨级。从2013年开始我国黄金市场进入了一个超常发展期，在这一时期年交易量增长量过万吨，2013年交易量达到了5.6万吨（双向）；2016年以后达到了10万吨级（双向）。如何巩固这个发展势头？这就成为我国黄金市场发展时期顶层设计的重大任务。

2018年中国人民银行先后下发了三个文件——《关于黄金资产管理业务有关事项的通知》《黄金积存金业务管理暂行办法》和《金融机构互联网黄金业务暂行办法》。2013年以来，我国黄金市场进入超常的高速发展，风险也随之增大，因而这三个文件都反映了中国人民银行加强监管、消除风险源的政策取向。新的风险源有两个：一是利用黄金商品与金融的双重属性，以商品交易为名，行金融交易之实，从而躲蔽金融监管而可能产生的对金融市场的冲击。针对此风险，防止黄金市场风险向货币市场的传导是顶层设计的重要目的之一。二是随着互联网技术的发展兴起了许多互联网黄金企业。互联网黄金企业是一种新型的黄金流通企业，它的出现使市场监管出现了空白区。有的互联网技术就是以央行监管的替代品的角色出现的，对外宣称自身有风险免疫力。

这些新情况表明，处在发展期的黄金市场新的风险在增长，需要防微杜渐，防患于未然，才能使我国黄金市场超常发展的势头得以巩固。为此实施的措施包括：严格监控黄金资产的流动性，规定实物黄金资产要向央行报备，上海黄金交易所要设立独立账号专户管理，每月15日向央行上报黄金资产账户的实物黄金的变化情况，并定期对外公布；积存金业务列入资产负债表管理，将积存金业务视同为人民币存款业务管理；让互联网回归工具属性，金融机构可以使用互联网开展黄金业务，非金融企业不能开展互联网黄金业务，支持民营互联网黄金企业转型为金融企业黄金业务的服务商，因此所谓的互联网黄金企业退出了市场。

2002~2020年我国黄金市场18年的发展历程是学习国际黄金市场发展经验和试错的过程，也是“有形之手”有作为、有担当的过程。当“无形之手”发生危机或潜在危机时，“有形之手”的顶层设计及时地给出了解决危机的方案和措施，从而实现了我国黄金市场高速、创新的发展。这就是我国黄金市场发展的中国道路的内涵，正是这条中国道路使我国黄金市场从一个国际黄金市场体系的边缘市场逐步接近并成为中心市场，国际黄金市场体系发展显示出了日益明显的中国因素。

## 三、我国黄金市场的特质表现

我们曾经只是国际黄金市场的看客，之后成为一个很少被关注的后来者，但今天已是国际黄金市场的关注对象。正如世界黄金协会前首席执行官施安霖评价的那样：“回溯千禧年到来时，国际黄金市场仍几乎看不到中国的身影。中国国内矿山和冶炼厂产出的黄金约为 200 吨，而国内制造和消费的黄金也在 200 吨左右，回收金市场规模也很小。中国的进出口量极少，国内黄金市场与世界其他地区鲜有联系，国外也很少有人关心这里的黄金市场。但今非昔比，情况已发生了巨大变化。到 2017 年，中国黄金市场在过去的 15 年取得了长足发展，这得益于深思熟虑的战略和清晰明确的政策，黄金从一个受到严格管制、缺乏流动性、参与有限的行业，晋升到了现有的地位。”施安霖所说我国黄金市场“晋升到了现有的地位”的“潜台词”就是中国黄金市场已成为一个领导者，他的这个结论源于我国黄金市场迅速发展的现实，更是他自己在国际视野中的比较，发现我国黄金市场是一个不同于国际黄金市场而具有特质的市场。我对我国黄金市场特质认识是在新世纪第二个十年中逐步加深的，而施安霖 2017 年 4 月在厦门的发言对我有重要的启示和触动。

### 1．特质之一：一个迅速崛起的后来者

无论是与传统的百年黄金市场比较，还是与当代新兴的黄金市场比较，我国黄金市场都是一个后来者，但却是一个迅速崛起进入国际中心的后来者。

（1）迅速从边缘到中心。2002年我国黄金市场以21.25吨交易规模开局亮相，到2019年交易量已达到了9.06万吨（双向），18年增长了4 263倍；黄金市场交割量2002年只有15.19吨，而到2019年达到了1 642.23吨，增长了107倍；交易平台由单一变为多元，交易标的丰富多彩。我国黄金市场迅速发展，在国际黄金市场中的地位也迅速上升：2006年上海黄金交易所即成为全球第一大即期实金交易市场；2013年上海期货交易所黄金期货交易量超日本东京商品交易所成为全球第二大黄金期货交易市场。2013年我国黄金市场交易总规模已仅次于美国、英国，成为全球第三大黄金交易市场。我国黄金市场这个后来者在不到20年的时间里走过了其他国家几十年、上百年走过的路，迅速地从一个边缘性的市场向主导性市场发展，已成为亚洲的中心市场、全球主要的黄金市场。一个东方黄金市场的崛起是国际黄金市场近百年来发展出现的新情况、新变化。

（2）改写了国际黄金市场格局。经过近百年的发展，当今国际黄金市场体系是一个实金市场（以瑞士苏黎世黄金市场为代表）、黄金即期交易市场（以英国伦敦黄金市场为代表）、黄金远期交易市场（以美国纽约黄金市场为代表）的平行发展结构。我国这个后来者的出现对国际黄金市场结构产生了深刻的影响，已经或将要出现两个重大变化：

一是近年来我国黄金市场实金交割量超过了2 000吨。2018年我国黄金市场交割量为2 059.16吨，为全球总需求量4 300.8吨的47.88%；2019年虽然下降到1 644.17吨，仍占全球总需求量4 202.1吨的为39.13%，已超过瑞士成为全球最大的实金需求市场。这是1968年瑞士取代伦敦称雄世界50多年来国际黄金物流发生的一个重要变化。全球黄金物流的变化在一定程度上是全球财富流向变化的“温度计”。我国黄金财富的持续增长是中华民族走向富强的标志之一。

二是二元结构逐渐变为三元结构。国际黄金市场在20世纪70年代以前是伦敦即期黄金交易市场一枝独秀的一元市场结构，70年代以后出现了美国黄金远期交易市场，国际黄金交易市场发展成为同等量级的二元黄金交易市场结构（瑞士黄金市场是全球黄金市场体系的重要组成部分，但是一个实金市场，交易量占全球总交易量的不足1%，是全球黄金市场体系的支撑性市场）。20世纪70年代以后全球出现了许多新兴的黄金市场，但都是这两种交易平台的复制和翻版。因为没有挑战者，二元市场结构已稳定地维持了半个多世纪。伦敦和纽约这两个市场从2008年开始都进入了十万吨级的交易规模，而其他国家的市场现在仍然只是百吨级、千吨级的市场，相差了不只一个量级。而现在因为我国黄金市场的出现，这一情况正在发生改变。2019年纽约黄金市场交易量为27.17万吨，伦敦黄金交易所交易量为15.86万吨；我国黄金市场交易量为9.06万吨（单边计算），是除纽约和伦敦以外唯一的一个规模接近十万吨的黄金市场，成为可以与纽约和伦敦同质量竞争的黄金市场。在全球24小时不间断的交易中美洲（纽约）、欧洲（伦敦）、中国（上海）交易的“金三角”已经形成，国际黄金市场二元结构将逐渐变为三元结构，因而中国黄金市场已经或正在改写人类黄金市场的历史。

（3）为人民币的有用性开疆拓土。二元结构的市场与三元结构市场的最大区别是国际二元结构的黄金市场交易是单一的美元的流动性，而三元结构的黄金市场增加了人民币的流动性。其意义是在国际货币博弈的层面上助力人民币成为一个新的竞争者。2019年全球黄金总交易额为24.49万亿美元，我国三大黄金交易平台人民币总交易额约为54.4万亿元，大约为7.06亿美元，已占全球黄金市场总交易额的28.83%，可以说我国黄金市场为人民币的有用性提供了很大的支撑力。我国黄金市场是一个迅速崛起的后来者，不仅是纵向的自我比较，也是横向的国际比较得出的结论，横向比较可以为我们提供一个认识我国黄金市场发展的新角度。

## 2．特质之二：一个创新发展的市场

我国黄金市场发展的另一个特质是创新发展，而创新发展是世界黄金协会前后两任首席执行官认为我们是未来国际黄金市场的引领者的基本着眼点。

（1）交易平台的多元化创新。近百年来，国际黄金市场一直是一个场外做市商即期报价交易平台，到20世纪70年代出现了场内竞价远期交易平台，出现了一个二元市场平行发展格局，在此后的50多年并没有很强的创新发展表现。而我国黄金市场的发展打破了这种沉寂，在不到20年里黄金交易平台便从一元变为多元，表现出了很强的市场创新发展力。

2002年起步时我国黄金市场也只有一个场内即期竞价交易平台；2004年出现了即期递延交易平台，而几乎是同时期也有了场外做市商报价即期交易平台；2008年又出现了场内远期竞价交易平台；2012年创新推出了场内做市商询价即期交易平台；2014年上海黄金市场国际板问世，向国际化迈出了一大步；2016年推出了场内定价交易平台。交易平台的多元化带来了交易方式的发展，出现了竞价、询价、定价、报价等多元交易方式。一个国家有如此丰富的黄金交易平台在全球少有，甚至就可以说是绝无仅有。黄金交易平台不断创新发展给国际黄金市场的未来提供了示范和改革的指引。

（2）交易标的创新。我国黄金市场发展为国际黄金市场提供示范和指引的不仅是交易平台的创新发展，也表现在黄金交易标的的创新。现在我国黄金市场已基本囊括了国际黄金市场上的所有交易品种并有创新发展，产品琳琅满目、丰富多彩，是对我国黄金市场的一个基本的评估。

黄金市场产品按属性分为商品黄金标的和黄金投资品标的，而按形态分是黄金实体标的和黄金虚拟标的。

当代最主要的实体黄金商品标的形态是黄金首饰，20世纪80年代黄金首饰占到世界年度用金总需求量的80%，现在有所下降，也占到六成左右，仍然是全球黄金市场第一大商品品种。2019年，我国黄金首饰消费量为676.23吨，占全球2926.79吨总消费量的23.1%，居全球首位。黄金金首饰分k金首饰和足金首饰，我国k金首饰占首饰总消费量的10%~15%，占主导地位的是足金首饰。在我国，足金首饰品种已发展成一个大家族，有传统金首饰、硬足金首饰、古法金首饰。西方欧美市场是k金首饰的天下，足金首饰已销声匿跡。

还有一种商品黄金是作为工业原料生产的各种合金物料和部件，特别是在新科技推动下不断增长的电子工业用金。我国的工业金产品在改革开放以前几乎为零，只有金箔是传统用于建筑装饰的金制品，而金盐、金丝、金钯材、金膏、蒸发金等品种都是近20年才出现的。我国现在已成为全球仅次于日本的第二大工业黄金制品需求市场，2019年需求突破百吨，达到了100.75吨，在全球总需求量466吨中的占比为21.62%。

黄金投资品种类众多，有实物黄金投资品、虚拟黄金投资品、黄金借贷质押、黄金ETF、与金价变化挂钩的理财产品。

实物黄金投资产品主要有金币和金条两种。2019年我国生产普制金币6个品种、精制金币25个品种，用金15.2吨，为全球总生产量150.90吨的9.8%，仅低于土耳其列全球第二位。金条品种有用于机构资产配制的标准金锭，还有面向民众的小金条，小金条不仅有投资金条，还有品种繁多的文化金条。2018年我国机构资产配置黄金355.45吨，为全球金条投资需求780.9吨的45.52%，为全球实金投资总需求1 077.7纯的32.98%；小金条需求量285.2吨，为全球金条总需求量780.9吨的36.52%。金币和金条合计需求655.95吨，全球第一。

黄金实物租借质押也是黄金实物投资产品，但黄金实物租借质押是使用权流转，不涉及所有权，故单列之。2019年我国黄金租借质押量为2 217.19吨，超过了黄金市场的当年出库量，表明黄金租借质押是我国在黄金交易之外的另一种重要的黄金流转方式。

ETF是证券化了的实金交易标的，是2001年才在澳大利亚上市的产品。我国已有7只ETF上市，规模50吨左右，ETF还不是我国黄金市场的主要品种。

我国黄金虚拟交易标的分场内交易品种和场外交易品种，场内交易品种有递延合约、场内期权。2019年上海黄金交易所总计交易量3.43万吨（单边），实金交割量仅1 642.01吨，也就是说95.21%的交易量都是虚拟交易，为3.266万吨。上海期货交易所的黄金虚拟交易品种是黄金期货和场内期权合约。2019年场内黄金期货、期权交易量4.62万吨（单边），实金标的交易标的只有数百公斤，可忽略不计。场外黄金虚拟交易标的主要是在商业银行柜台交易的品种，有提前销售、掉期、互换、期权、账户金、各种与金价挂钩的理财产品等。2019年场外银行柜台黄金衍生品交易量过万吨，场内外黄金衍生物交易为6.16万吨，为当年黄金总交易量9.16万吨的67.25%。

以上数据表明，我国黄金市场已发展成为一个交易标的丰富多样的市场，我国黄金市场是用不到20年的时间做到这一点的。一个国家的黄金市场有如此丰富的黄金交易标的是少有的，而且每一种产品的交易量或全球第一，或名列前茅，这是我国黄金市场规模迅速扩张的根基。交易标的强劲创新力源于我国特有的黄金市场结构。而在国际上虽是不同的专业化的黄金市场平行发展的格局，但多数国家的黄金市场都是单一的一元市场格局。而我国是多个专业化黄金市场组成的市场体系，这是一个竞争的市场结构，在竞争中各个市场沿着自己的方向平行发展，因而各个市场都把交易产品创新作为发展的手段，而调动了多方创新的积极性，因而形成了一个发展的“蓝海”环境，即有竞争而非恶性竞争的发展环境。这是我国黄金市场交易标的创新力强劲的内在因素。而这个发展环境的形成归根于“有形之手”顶层设计的产物，多市场组成的市场体系是我国黄金市场崛起的体制性优势条件。

### 3．特质之三：与黄金产业协同发展

当代国际黄金市场是一个黄金虚拟交易主导的功能异化的市场体系，服务于美元的有用性而成为美元霸权的支撑力；而我国黄金市场的发展宗旨与之不

同，是为我国黄金产业发展服务，促进我国黄金生产力，与黄金产业协同发展，这是我国黄金市场发展的一个基本原则，也是我国黄金市场发展的特有品质之一。以与黄金产业协同发展为宗旨的我国黄金市场，发展成果是形成了一个世界级的实金交易市场。这个市场的形成向上保证了我国世界产量第一的黄金矿山生产的连续性，向下保证了我国全球第一的黄金加工业的黄金原料的需求，因而我国黄金市场是我国黄金生产力发展的枢纽，实现了黄金市场与黄金产业协同发展。

我国黄金市场是对国际黄金市场功能异化的制衡与纠正，在当今黄金市场虚拟交易汹涌的大势中属于另类。世界黄金协会是黄金矿业生产者的组织，实金市场是黄金生产者的命运所系，所以推动实金市场的发展是世界黄金协会的组织宗旨，而我国黄金市场发展之路与其追求的宗旨相契合，因而我们就不难理解为什么世界黄金协会对我国黄金市场给予高度肯定了。

我国黄金市场与黄金产业协同发展的这一特质集中表现为，黄金市场从国际边缘市场向中心市场发展的进程恰是我国黄金产业从跟随国际黄金产业到超越之时。有一组靓丽的数据为证：

2007年，我国国内资源生产的矿产金产量达到了270.49吨，超过百年之冠南非，成为21世纪全球黄金产量的新冠军，2016年达到了453.5吨，创造了我国矿产金的历史纪录。后三年虽有所下降，到2019年黄金产量为380.23吨，但仍是全球之冠，世界冠军的这一地位已保持了13年。我国黄金矿业发展居世界前列的标志还有2019年有3家黄金矿业公司进入了全球前十五强，其中山东黄金集团以47.9吨列第10位，福建紫金矿业以40.8吨、中国黄金集团以40.3吨分列第13位和第14位。

我国矿产金产量增长动力除国内黄金矿业发展需求以外，另一个因素就是我国黄金冶炼业的进步。随着黄金工业对外开放的推进，对国外进口精金矿的利用也在增长。进口资源冶炼金产量在2018年超过了百吨，达到了112.7吨，

2019年进口资源产量又增长了6.59%，产量达到了120.2吨，已与全球53个国家和地区建立了黄金原料贸易关系。进口黄金原料产金量的增加不仅是我国黄金矿业扩大开放的标志，也是我国黄金冶炼工业发展的标志。近20年我国陆续建成了多个大型黄金选矿、精炼企业，黄金冶炼业的发展基础是生产技术进入世界前列，而且凭借逐步建立的选矿技术优势开始进入国际金矿开发行列，实现了黄金矿业开采的国际化，这是新世纪中国黄金矿业发展的又一个历史性进步。2019年我国上市公司境外黄金产量已达38.04吨。

我国国内资源的金产量与进口资源金产量的提高使我国矿产金供应量从2014年开始连续7年超过500吨，2019年为500.42吨，虽然比2018年减少了2.6%，但仍是我国2002年198.8吨的2.64倍，占全球矿产金总供应量的比重为12.54%。我国已成为全球最大的矿产金供应国。黄金市场改革已使我国由黄金产品生产者转型为商品生产者，而对商品生产者来说只有完成交换才能扩大再生产。正是我国黄金市场的发展为我国黄金生产力的扩张提供了市场容量，黄金市场与黄金生产力实现了协同发展。

同时，我国全球最大的黄金加工业对黄金原料的需求，通过市场机制实现了黄金资源配置的国际化。从2014年开始我国已连续5年黄金进口量超千吨，2019年虽下降了32.86%，进口量为740.6吨，但仍是全球第二的进口国，进口金已是我国黄金的第一供应来源。2019年我国黄金市场总供应量达到1 705.7吨，占当年全球黄金总供应量为3 984.45吨的42.81%，实现了市场供大于求的格局，保证了黄金加工业的发展需求。

2019年我国黄金加工需求量为1 251.35吨，为我国黄金总供应量的73.36%，全球总需求3 544.10吨的35.31%，居全球之冠。其中，金首饰加工业用金676.23吨，为全球金首饰加工总需求2 926.79吨的23.1%，虽然比2018年下降了12.91%，但仍居全球之首；金币、金条加工用金225.8吨；工业制品用金量为100.75吨，为全球工业用金总量401.52吨的25.09%，居日本之后的全球第二位。这是我国黄金市场与黄金产业协同发展的另一个重要表现：满足我国黄金加工业的原料需求，成为支撑我国黄金加工业世界级规模的要素之一。

我国黄金市场的发展为我国黄金世界级的矿业生产力发展提供市场需求空间，为我国世界级的黄金加工生产力的发展提供了原料保证，在为黄金实业发展服务的基础上实现了黄金市场从跟随到超越的发展，这就是我的黄金市场与黄金产业协同发展观。我们认识了我国黄金市场特质也就认识了我们自己走过的路，这是一条有顶层设计、具有特殊结构和特性的黄金市场发展之路。

## 第七篇　税制篇

# 黄金增值税特殊税制风云记

# 篇前提要

在黄金市场化改革发展的18年间，如果说哪一项政策的实施最为曲折，非黄金增值税制莫属。在这18年间先后已出现了大小5次风波，至今仍然风波末平，所以黄金增值税问题是我国黄金市场化改革中的一个焦点和热点问题。

增值税是一种泊来品，诞生于欧洲，我国1994年税制改革引进欧洲增值税制将商品流转环节的营业税改为增值税。欧洲对一般商品征收17.5%的增值税，而对黄金施行的是一种特殊的增值税制，税率为零。1994年我国税制改革引进了欧洲一般增值税制，但并没有建立黄金特殊增值税制，是我国增值税制改革的一个遗漏，这是我国黄金增值税风波之源。

1993年黄金市场化改革启动，原则就是黄金放开管制，走向市场后要取消政策优惠按一般商品纳税，于是就有了1994年税制改革对黄金征收17%增值税之说，也就有了免征黄金增值税之争。前者的主张者是税管部门，依据是国务院63号函；而后者是与黄金流通有关的相关方，依据是欧洲黄金特殊税制。于是黄金流通环节增值税是实行一般税制还是特殊税制成为一个悬案。

我是我国黄金增值税5次风波的亲历者，本篇内容就是对我国黄金市场化改革的这个焦点与热点问题的台前台后的人和事所做的记录，也是对该税制认识深化过程的整理。有句俗话说，“屁股决定脑袋”，是指人的思维是由其立场决定的，在这个过程中我的角色定位一直是黄金生产者利益的维护者，自然就是一个黄金特殊增值税制的支持者。

我国税制改革启动比黄金市场化改革早得多，税改启动于20世纪80年代，完成于1994年，而黄金市场化启动是1993年，与税改完成之日几乎同期，所以黄金增值税问题几乎在黄金市场化改革启动之时就发生了，并伴随黄金市场发展的全过程，是我国黄金市场改革从始至今仍在解决之中的一个问题。

## 一、黄金增值税制问题的发生

增值税是我国现行的商品流转税，诞生于欧洲，而我国是欧洲增值税的学习者、引进者。我国增值税制引进始于20世纪80年代，经过了10多年的试点后，于1994年全面推行，在商品流转环节变营业税为增值税，增值税在我国落地生根至今已有17年，运行一直平稳。但黄金增值税制却始终存在问题，至今还不能说已平稳运行，还在完善调整之中。

从20世纪50年代后期开始，黄金行业在半个多世纪中一直享受国家免征流转税的优惠政策，但是1993年国务院63号函确定了黄金市场化改革方向，国内外金价并轨实现金价市场化以后，同时取消了对黄金生产施行的经济优惠政策，其中包括了税收的优惠。因此，1994年我国税制改革，在黄金流通环节征收黄金增值税便成了应有之意，但黄金增值税至今还仍问题不断，黄金增值税已先后出现了5次风波。

每次引起争议的原因不同。先是纠结于黄金市场化改革的黄金增值税设置原则、依据及合理性的考虑，后来是又在黄金增值税制在实行中发生反复。但一次次反复争辩的演进过程也使施行黄金增值税特殊税制的必要性和合理性日益明确，但黄金增值税制作为一种特殊的增值税制，其管理面临多方面挑战。

黄金增值税制之所以是一个税务管理难题，是因为两个层次的问题：一是黄金增值税制源于黄金特殊的双重属性，黄金有两种流通形态，一种作为商品，征收流通环节的增值税，另一种作为金融品，其流转无增值税征收。也就是一种金属两种税负，所以黄金增值税设置首先是要对两种黄金产品做区分设定。二是黄金金融产品流转零税赋的管理工具有多种，所以在黄金金融产品流通过程中需选择不同的税管工具，如选择使用不当就极易产生管理漏洞发生骗税行为，致使税制管理的成本极高。

黄金由于有以上的特殊性，其增值税比一般增值税的设计和管理更为复杂，因此对黄金增值税制设计的科学化有更高的要求，对加强税务部门自身的监管能力建设有更高的要求。对黄金增值税即征即退的骗税行为形成更大的阻吓力，是解决黄金增值税实施问题的关键。

1994年税制改革，商品流通环节营业税变为增值税，立即就出现了黄金增值税征收问题，因为1993年国务院63号函已明确国内外金价并轨，同时取消优惠税制，所以征收黄金增值税是当时税务部门的意见。但第一次提出征收黄金增值税时，黄金管制体制还未变化，黄金增值税是向黄金卖方征收，而那时还是实行黄金统收统配管理，中国人民银行是黄金的唯一卖家，征收黄金增值税就是向中国人民银行征收。这对于国家而言是“自己的钱装在左兜还是右兜”的问题，没有本质区别，但如征收黄金增值税将涉及中国人民银行的多方面调整，而且黄金市场化方向虽已确定但未落地，所以并没有立即征收黄金增值税而是给了一年的缓征期到1995年。这是对黄金增值税的延缓性处理，以等待黄金市场化改革下一步的发展。

1995年发生了一个情况，又影响了黄金增值税原定的征收计划。这一年7月，新华社记者走访黄金第一大产金县山东招远，写了一篇内参，反映黄金生产遭遇的困难，呈送朱镕基总理并获得总理批示："黄金生产应予以支持。"为了落实总理批示精神，国务院有关部委写出报告予以回应，其中免交增值税作为支持黄金生产的一项措施开列其中，于是使免交黄金增值税政策又得以延续。因那时国内外金价还未真正完全实现并轨，而是在黄金行业管理改革的过渡期仍保留了10%的价差，所以这次免征黄金增值税政策设定了一个前提条件，即在金价未完全并轨前免征。但这次只是设定了免征黄金增值税的条件，而没有设定截止时间，所以一直到2002年黄金增值税征收问题才又一次被提了出来。

这两次黄金增值税政策风波的出现都是发生在黄金统收统配体制之中，对于国务院而言，征与不征都是一样的，所以即使税务部门坚持征收黄金增值税也都是"茶壶"里掀起的风暴。这两次免征黄金增值税政策的出台，并不是基于对黄金增值税的内涵及基础理论的充分把握，而只是一种短期的临时性措施。当7年后的2002年黄金增值税政策再次面临征与免征的决策时，已是黄金市场化条件下的选择，这是黄金税制在新的社会条件下的选择。黄金增值税设计需要新思维，而新思维需要有理论的指引，但那时我国黄金增值税的理论还是空白，必须从零开始创建，即深化对黄金增值税本源的认识。

## 二、为黄金增值制税寻根建基

2000年年底，中国人民银行成为筹建上海黄金交易所的主导者，这时中国人民银行的主管领导已认识到免征黄金增值税政策能否平移市场是上海黄金交易所成败的关键问题。对于黄金增值税的重视在很大程度上是吸取了白银市场的教训。白银市场化后，在白银市场内交易与场外交易都征增值税，白银场内市场没有形成税收洼地就失去了与场外市场的竞争优势，结果白银大部分在场外交易，而不进入场内交易，白银市场因交易者寥寥而失落。为了不重蹈白银市场的覆辙，中国人民银行领导把争取免征增值税政策平移场内市场作为黄金市场筹建成败的关键一役而全力以赴。

## 1．寻找理论支撑的努力

上海黄金交易所成立即意味着黄金管制的废止和金价的并轨，所以1995年免征黄金增值税的前题条件也就不复存在，此时税务部门有更大的底气主张征税，所以中国人民银行要实现免税政策平移市场就必须拿出充分的理由来，为此需要有理论的指引，从而才具有说服力。

（1）将希望的目光投向欧洲。免征增值税政策平移市场的理由在哪里？我们中国没有，也没有预先的理论研究积累准备，于是把眼光投向了国外，投向了增值税诞生地欧洲。为何要向欧洲寻找在中国建立黄金增值税特殊税制的理由？这是因我国增值税引进于欧洲，因而学习欧洲黄金增值税设计思想和理念，并与之趋同有其必然性和合理性，于是也就有了世界黄金协会将欧洲黄金增值税特殊税制计划文案引入我国之举。

世界黄金协会在我国黄金市场化初期便与中国人民银行建立了良好的工作关系，成为中国人民银行在这一时期外联的国际窗口。中国人民银行便向世界黄金协会寻问欧洲黄金增值税的设置情况。世界黄金协会立即做出了回应，围绕欧洲黄金增值税开展了一系列文案的收集、翻译及整理工作。这次理论寻根取得了令人满意的结果，税务部门最终发生了由反对到支持的转变，欧洲黄金增值税特殊计划的引进显然是发挥了重要作用。欧洲黄金增值税特殊计划提供了一个在市场经济条件下黄金增值税设置的范例，这对我们黄金市场化的黄金增值税制设计有很大的启示。它的启示作用不仅在2000年黄金增值税特殊税制政策的市场平移中引人注目，而且是2008年反驳恢复征收黄金增值税的重要而有力的理论武器。所以，欧洲黄金增值税特殊计划的引进是我国黄金增值税制寻根建基之举。

引入欧洲黄金增值税特殊计划后需要对文案进行汉化，即要将有关文献梳理成一篇研究报告，而我有幸受世界黄金协会委托承担了这项工作，并由此开始了持续的对黄金增值税的研究，成为我的黄金经济研究生涯的一个重要的组成部分。

（2）对于一个“另类”的选择。欧洲的黄金增值税制特别对中国人民银行的胃口，因为它是一种特殊的增值税制设计，完全可以满足免征黄金增值税政策平移市场的要求。欧洲是严格执行税收制度的地区，一般不会搞特殊待遇，但对于黄金他们却给予了一种特殊对待，实行了《欧洲黄金增值税特殊税制计划》。该计划的核心内容是对黄金施行产品分类征税，对金融黄金产品实行免征增值税政，而对商品黄金产品实行征收增值税。这个特殊税制的设计有两层目的：一是基于黄金的特殊性。具有商品与金融双重属性的黄金要有相对应的特殊税制。二是基于国家追求黄金控制权的国家意志，让欧洲黄金市场形成全球税收洼地，吸引全球黄金资源流向欧洲交易。世界黄金协会把欧洲黄金特殊税制的英文资料翻译成中文后，为供我们国家有关部门参考，还需要形成研究报告。当时研究黄金市场问题的人并不多，而那时国家黄金管理局黄金经济发展研究中心编辑出版的《中国黄金经济》杂志是当时推动黄金市场问题研究的一个重要阵地，因而世界黄金协会把有关资料交给我整理完成欧洲黄金增值税文件的汉化工作。

世界黄金协会北京办事处当时的主任王立新事后告许我，之前他是做了必要功课的，他曾广泛地查阅当时发表的黄金理论研究文献，他认为我有自己的立场和独立的观点而有些“另类”，他说，正是因为我的“另类”表现，他才找我负责欧洲黄金增值税文案的汉化工作，这样做的目的是要保障文件汉化的可靠性和准确性。我最终完成了这一任务，并撰写了《从欧洲〈黄金特殊税制计划〉看我国黄金税收制度的改革》一文，发表在了2000年《中国黄金经济》杂志第三期上。

（3）这只是一篇入门之作。这篇研究报告是我国首个欧洲黄金增值税制的中文研究报告，也是我第一次接触黄金增值税问题。今天看来这篇研究报告只是一篇入门之作，是一篇浅层次的情况介绍，很难说对黄金增值税制有多少深入研究。此后黄金增值税的风波不断，促使我不断地进行了推演而使我对黄金增值税的认识有了由表及里的深化，尤其是2008年的亲历和之后2019年的思考使我一步步深入黄金增值税特殊税制的本源。

这篇研究报告的发表只是将欧洲黄金增值税特殊税制引入我国走出的第一步，但这一步的意义在于打破了一种传统思维，即认为黄金优惠税制是黄金管制情况下才有的国家对黄金行业的特殊优惠，因而放开黄金管制就要取消黄金优惠税制。这一思维定式从黄金市场化改革的起步就已形成，而欧洲的黄金特殊优惠税制的出现则直接打破了这种传统思维的禁锢。税务部门对免征黄金增值税政策平移市场由反对到同意的转变与欧洲黄金增值税特殊计划的引进有很大关系。

欧洲黄金增值税特殊税制是一个范例，提供了一个在市场环境中免征黄金增值税政策平移市场的充分理由，解决了上海黄金交易所开业的最大障碍。因为有了这样一个思想禁锢的破除才有了2002年财政部、国家税务总局的关于黄金增值税的142号文的出台，虽然此黄金增值税特殊税制非彼黄金增值税特殊税制——我国黄金增值税不等于欧洲黄金增值税。

## 2．说说王立新的其人其事

说起引进欧洲黄金增值税的特殊税制计划以及对该文案的汉化推进，就不能不说到王立新，在我看来他也够“另类”，可能正是因为他自己是一个“另类”，所以才发现了我这个“另类”。王立新1995年入职世界黄金协会，并任驻北京、上海办事处首席代表，现在是世界黄金协会执行委员会委员、中国区董事总经理，已是世界黄金协会高层执行领导之一。他在世界黄金协会就职已达25年（其中有3年的中断），但至今他也无“洋人”作派，其原汁原味的中国化在国际组织中是少有的。他是一个北京爷们儿，为人真诚，为他人着想，不以精明为荣，所以与他的合作者们容易取得共识，我想这也是人们愿意和他打交道的原因之一吧。另外，他热情，愿意做事，还乐于讲话，如3天无畅谈之机会他便会进入病态没有了精神，对这一点他坦然承认，并说受他的影响他的女儿也成了一个“话篓子”。他的性情和品格为他与别人合作锦上添花，也可能是受他的影响，世界黄金协会进入中国一直十分接地气，没有其他国际组织的高傲与神秘，他们的办公室只能说是整洁绝非奢华。王立新实心实意地为中国黄金市场的发展做事（这一点也符合世界黄金协会扩大全球黄金市场发展的宗旨），在我国黄金市场化启动初期世界黄金协会尽心做了许多启蒙性和先导性的工作，欧洲黄金特殊税制的引进就是其中的一件。他们密切关注我国黄金市场的发展，并给予了积极评价，认为我国黄金市场已是国际黄金市场发展的引领者。

在推进我国黄金矿业的国际化方面，从1997年开始世界黄金协会就与国家黄金管理局黄金经济发展研究中心持续合作组织国内外研讨会和国外考查，赢得了我国黄金生产者的信任，现在我国前四大黄金公司中国黄金、山东黄金、紫金矿业、招远黄金都成了世界黄金协会的会员，并成立了世界黄金协会中国委员会，从而使我国黄金生产者的国际话语权有了很大提高。

在黄金加工业，世界黄金协会与我国黄金首饰加工业的重镇——深圳黄金首饰企业建立了一种深度合作的关系。在21世纪初，我国黄金首饰加工业面临铂金首饰挑战，迫切需要产品转型升级的时刻，他们以担当者的角色亲自操盘推出“囍福足金”和“KgIdK金”两种品牌金饰品，为我国黄金首饰市场的转型发挥了破冰、示范和指引的作用。

世界黄金协会的品牌和知名度的影响力不是靠广告托起来的，而是做事做出来的，而王立新是世界黄金协会中一个难以替代的角色，中途因理念出现差异的他也曾离开过世界黄金协会3年，但最终又回到世界黄金协会并职位又得以提升。

一次他摔伤住院，我去看他一起聊天，顺便对我们的合作历史做了一次回顾，才发现在我的众多的合作者中，他是时间最久的，从1997年至今已有23年，这23年不仅仅是认识而已，而是持续地合作共事。作为一个以全球黄金推广为宗旨的国际机构，世界黄金协会为在中国的工作表现赢得的知名度而自豪，其中王立新是功臣之一。

世界黄金协会进入我国的初期是以黄金首饰消费市场的拓展为主要服务方向，所以其业务开始是以香港为主场，再延伸到上海。随着我国黄金市场化的推进工作重心逐步转移到北京，世界黄金协会从为黄金首饰市场的业务拓展服务为主转向了为黄金市场发展服务、为黄金产业服务。在这样的背景下，世界黄金协会与国家黄金管理局黄金经济发展研究中心开始合作。转眼间，王立新已不再年轻，而我已垂垂老矣。

对黄金市场发展研究的追求是我们长期合作的契合点，我与王立新逐渐有了这样的默契，一旦有合作的机会首先想到的是对方，遇到困难想到的也是对方，只要有可能一定会施以援手。将工作升华为友谊的合作者很稀有，也很珍贵，或许一生只有三五个，但足矣！

## 三、欧洲黄金增值税特殊税制

欧洲增值税制并非起源于英国，但欧洲黄金特殊税制计划则是起源于英国，因英国是国际黄金市场的引领者——伦敦黄金市场的所在地，建立黄金增值税特殊税制的出发点正是为了形成、保持伦敦黄金市场的竞争优势，进而形成英国的国际金融竞争优势，这就是黄金特殊税制在业务层面之上的战略性。而在欧洲经济一体化的推动下，英国黄金特殊税制计划又成了欧洲黄金特殊税制计划，为欧盟各国共同遵守。

### 1．黄金特殊税制的核心原则

黄金这种金属具有商品与金融双重社会功能，于是在市场上有两类不同属性的黄金产品，即黄金金融类产品和黄金商品类产品。而增值税是商品流转税，因而是在商品流转环节征收的税种，在商品市场流转交易的商品黄金自然就要征收增值税；而在金融投资市场中的货币流转并不征收增值税，因而当黄金作为投资品在金融投资市场流转时也应与一般金融产品一样免征增值税。《欧洲黄金增值税特殊税制计划》就是对两种不同属性的黄金产品分别征收不同税率的增值税制：黄金商品的增值税率为 17.5%，而黄金金融品增值税率为零。

为什么欧洲要对黄金实施特殊税制？因为黄金这种金属具有双重社会属性，是黄金的自然属性使然，但这也仅是表面的说辞，潜伏在背后的目的是为了保持欧洲金融竞争力的战略需要，因为对于黄金金融品流动性的掌控是金融竞争力的一部分，对这一点并不是见诸公开的文献，而是来源于多年后我们对黄金增值税制认知的感悟深化。

要实施对两种黄金产品增值税有区别的税率管理，基础和前提就要有区别两种黄金产品的标准，所以欧洲有严格地划分两种黄金产品的标准限定。限定黄金金融投资品有两种：一种是含量不低于99.5%的金条、金片、金粒，即实物黄金；另一种是1800年以后生产的纯度不低于90%或曾使用的原始法币，而且现价不高于其含金量市价的180%的金币。凡是不符合以上标准的黄金产品属于商品黄金产品，其中主要是以黄金首饰形态存在，按17.5%税率征收增值税。因为黄金投资品每年可能会有一些新的变化因素发生，所以黄金投资品标准也会有所调整，故黄金投资品标准一年发布一次。

### 2．黄金增值税管理工具的使用

有了两种不同黄金产品标准以后，下一步就是使用什么样的税管工具保证特殊黄金增值税制落地。税管工具有多种，欧洲黄金增值税管理工具使用有会员与非会员不同之分，这样设计税制的原因是：

伦敦金银市场协会是欧洲伦敦黄金市场黄金交易商的行业管理组织，对协会会员使用的税管工具被称为“黑箱计划”，这是一个以黄金增值税零税率为主导的多种税管工具的组合；而对非会员使用的则以黄金增值税即征即退为主导的多种税管工具组合。会员与非会员使用有区别的税管工具组合是基于交易标的的差异性。协会会员交易的标的是统一经过协会认证的、符合黄金投资品标准的金条。会员间交易流通过程中的增值税制的税负设计为零税负，在会员交易之外的交易场景中使用不同的税务工具予以落实零税负落地，这就是“黑箱计划”。具体规定如下：会员—会员：零税率，即征税但税率为零；会员—个人：免税，即不征税；会员—出口：零税负，即征但税率为零；会员—经营性非会员：即征即退，即征税，但只在账面上完成征税过程，不发生实际资金的流动。

“黑箱计划”确定了会员在不同交易场景中分别使用免税、零税率、即征即退多种税管工具，而即征即退只是在特定条件下才使用的一种税管工具，并不是对会员黄金交易唯一使用的税管工具。

由于非会员交易的标的并非是单一的标准投资金条，而是各种黄金再加工制成品，其价值中除黄金价值外还有加工后的升值部分，而黄金免交增值税，所以对其征收增值税不是对其全部价值征税，需要扣除产品价值中的黄金价值，于是产生了黄金增值税即征即退这种税管工具的使用。非会员黄金交易发生在黄金从矿山生产到最终消费流通的全过程的各环节之中，其流程：黄金矿山—黄金提炼厂—黄金市场—黄金制品加工商—黄金制品批发商—黄金制品零售商—黄金消费者。在这个黄金交易流程中只是在最后黄金消费环节使用免征黄金增值税的税管工具，其他交易环节使用的税管工具皆是即征即退，所以非会员黄金增值税的税管是以即征即退工具的使用为主导。

以上是黄金交易增值税特殊税制的制度安排，而黄金和黄金制品的出口增值税率为零，进口黄金增值税是先征后退。与即征即退不同的是先征后退有实际的资金流动，而即征即退只是账面上的调整，没有实际上的资金流动，同样是即征即退也有不同的管理工具使用的不同，反映了欧洲支持黄金、黄金制品出口的政策取向。

### 3．关于黄金增值税即征即退

我国黄金增值税特殊税制是以即征即退税管工具使用为主导，这是我国黄金增值税制与欧洲黄金增值税特殊税制的不同之处，而发生的黄金增值税风波正是与即征即退税管工具的使用相关，所以我们对于欧洲黄金增值税特殊税制的即征即退工具的使用应有进一步的认识深化。

一是即征即退只是实现黄金增值税特殊税制而使用的一种税管工具，不等于就是黄金增值税特殊税制。二是黄金增值税的税管工具有多种，即征即退只是其中的一种，只在非会员黄金交易场景中使用，目的就是剔除黄金制品交易过程中应免交的黄金增值税。三是非会员黄金交易使用即征即退这种税管工具的原因是非会员交易标的中不仅有黄金的价值，而且还有大量非黄金价值，因而必须把黄金增值税免税部分扣除后征税，这就是黄金增值税即征即退税管工具产生的原因。四是非会员交易过程也是交易标的中非黄金价值不断变化的过程，所以黄金增值税抵扣便成了黄金交易标的从生产，到流通，最后到消费的一个连续过程中的一部分，需要有大量的资金调动，为此黄金增值税即征即退只是在账面上调整而不做资金的流动，这一制度的设计是为了提高效率。

### 4．黄金增值税特殊记账安排

黄金增值税即征即退只是凭增值税发票在账面上进行资金调整，而不需要真正动用资金，所以黄金增值税发票实际是充当了资金的角色，使黄金增值税发票具有了资金价值。这样做本来是为了减少资金的使用，节约运营成本，提高效率。但是，这也使不法分子有了可乘之机，增值税发票成为账面资金调整的凭证之后，如用于虚假的账面上的抵扣就成了一种骗税行为。从我国现实情况看，这曾是我国黄金增值税的一个税务漏洞，出现过上百亿元的骗税大案。所以必须保证黄金增值税发票的真实性和使用的真实性，这就成了黄金增值税特殊税制管理的一个重要问题。应该说在欧洲这样的问题同样会发生，为此欧洲做了预防性的制度安排，这就是黄金增值税特殊记账安排。

黄金增值税票的真实性和使用的真实性监管是税管部门的责任，而履行这一责任需要管理成本，但税务部门的监管能力并不是无限的，所以要从制度上予以解决，即使用制度的约束力实现交易者的自律。黄金增值税即征即退骗税的获利方是卖家，按照一般纳税流程是买家支付卖家货款，卖家为其开据收款发票，卖家据此申报增值税即征即退，由税管部门审核批准。但如果卖家做假而申报不实，税管部门审核有误，骗税即可发生。增值税即征即退信息的不对称会时而发生，税管部门审核失误也会发生。为此欧洲黄金增值税抵扣申请改为买方，具体就是增值税即征即退税发票由买家开具，由买家申报，税管部门审核批准，买家将核准后的发票交给卖家计入其会计账号，完成退税过程。这等于由非获利方买家审核增值税票的真实性，再由税务部门据此审定，最后对卖家实行黄金增值税即征即退。这种会计记账设计是为了保证增值税税票的真实性和增值税票流转过程的真实性。

# 四、我国的黄金增值税特殊税制

欧洲黄金增值税特殊税制计划是由会员交易“黑箱计划”、非会员交易的即征即退制和黄金增值税特殊计账安排这三部分组成的一个整体。我国在2002年上海黄金交易所开业前夕，也是学习欧洲，以欧洲黄金增值税特殊税制为蓝本，推出了自己的黄金增值税特殊税制。

中国人民银行在2000年底接手上海黄金交易所的筹备工作，原本2001年底上海黄金交易所有望开业，但经过近一年多的等待磨合于2002年10月30日才开业。开业的前置条件是我国黄金增值税特殊税制平移市场终于有了结果。

## 142号文：我国黄金特殊增值税制

2000年，欧洲黄金特殊税制计划的引入，最大的突破是逐渐改变了固有思维，即对黄金的任何特殊税制政策都是国家的优惠，而这种优惠在黄金管制实行统收统配体制中才可享有，放开黄金管制，实现黄金市场化，就应取消黄金特殊税制而回归一般商品税制管理。这样的思维模式已成为1993年以后制定黄金政策的定式。而欧洲黄金增值税特殊税制告诉我们，优惠税制不是源于黄金管制政策，而是源于黄金产品具有的商品与金融双重属性，金融产品的流通环节不征增值税，黄金投资金融产品也不应征收增值税，从表面上说这是一个十分合理的逻辑关系，而深层因素还有国家意志的作用。黄金市场化并没有改变黄金的双重属性，因而黄金市场化与施行黄金增值税特殊税制并不相悖。另外，我国增值税制源于欧洲，应与欧洲趋同实行黄金增值税特殊税制，这又是一个合理的逻辑认定。最终欧洲黄金增值税特殊税制设立的原则为我国税务管理部门认可，中国黄金增值税特殊税制推出，这就是财政部、国家税务总局于

2002年9月12日下发的财税〔2002〕142号文——《财政部、国家税务总局关于黄金税收政策问题的通知》[①]。

（1）142号文的基本内容。财政部、国家税务总局2002年下发的142号文规划了我国黄金增值税特殊税制的基本架构，其主要的内容：

一是确立了我国黄金市场化黄金增值税特殊税制体系的建立，不仅黄金增值税实行特殊税制，还免征城市维护建设费、教育费附加，因而这不仅是黄金增值税一个税种的特殊处理，而应视为我国黄金税收优惠政策体系的形成。

二是非标准黄金，包括精金矿、伴生金的交易免征增值税，进口黄金（含标准金）和精金矿进口免征进口环节的增值税。注意这些黄金产品是免增值税而不是增值税即征即退，而黄金增值税即征即退政策只是针对场内交易的标准金条。有人说142号文是特别为上海黄金交易所量身定制，并非妄言。上海期交易所2008年黄金期货合约上线以后也顺势享有了这一税制安排。

三是黄金市场会员单位进行标准金条交易实行增值税即征即退。文件对标准金条定义为：成色为AU9999、AU9995、AU999、AU995；重量规格为50克、100克、1千克、3千克、12.5千克。这实际是上海黄金交易所全部实金交易品种。我国实际是以上海黄金交易所实金交易品种为黄金投资品的标准，并不能涵盖我国全部黄金投资品，如金币，箔状、粒状黄金等形态的黄金。

四是不在上海黄金交易所交易的视为市场外交易，不享受以上税制的全部优惠。这体现了对上海黄金交易所场内交易的支持，场内交易税收洼地的形成是对场外交易就是一种抑制。故在不到3年时间我国矿产及回收金几乎全部都进入了场内交易。

五是黄金出口不退税，黄金首饰品出口只对加工费退税，黄金原料出口不退税。而在欧洲对出口黄金是零关税，这一差异性表明了我国限制和不支持黄

① 财政部 国家税务总局关于黄金税收政策问题的通知［EB/OL］.［2002-09-12］（2021-06-11）.http://chinatax.gov.cn/chinatax/n365/c410/content.html.

金出口的政策取向。

（2）中外黄金特殊税制的异同。因我国税收管理部门认同了黄金增值税制的设置原则，因而与欧洲《黄金增值税特殊税制计划》在政策取向上相同，即都对黄金流通施行特殊税制，黄金投资品不征收增值税。但是，我国对欧洲《黄金增值税特殊税制计划》并非照单全收，而是存在设计上的差异，或者说我国特殊黄金增值税制就是为黄金市场量身定制。我国黄金增值税特殊税制与欧洲黄金增值税特殊税制两者之间的差异在哪里？我们从以下三个方面进行比较。

一是欧洲的《黄金增值税特殊税制计划》是伦敦金银市场协会会员场外交易“黑箱计划”，非会员场外交易黄金增值税即征即退和黄金增值税特殊记账安排三者的有机组成；我国黄金增值税特殊税制只是场内会员黄金交易增值税即征即退，而对场外非会员交易征收增值税。这种黄金增值税特殊税制安排为场内黄金交易形成税收洼地优势。这是我国黄金市场得以迅速发展的一个重要因素，其正面意义功不可没。

二是欧洲黄金增值税特殊税制的税管工具是零税负、免税、即征即退、先征后退多种工具的一套“组合拳”，多种工具使用使伦敦这个场外黄金交易市场实现了场内、场外增值税均为零税负，从而保证了欧洲地区黄金交易税收洼地的形成。而我们只是上海黄金交易所会员交易全部施行黄金增值税即征即退，实现场内交易增值税的零税负，使场内交易形成了对场外交易的竞争优势。

三是黄金增值税即征即退不需资金的流动，只是根据增值税发票做账面上的调整，因此增值税发票具有了资金的价值，如果出现黄金增值税票造假或使用造假就会形成骗税。因税票的管理是一个十分特殊的管理，欧洲对黄金增值税记账处理有特殊安排，变卖方申报为买方申报，税管部门审核。通过这种特殊的计账安排割断了卖方申报作假骗税的利益链条，买卖双方形成互相监督制约机制，把解决骗税行为置于问题发生的前端。而我们的制度安排是由交易双方之外的第三者开据增值税票，凭增值税票退税。这个第三者是税务部门授权的上海黄金交易所和上海期货交易所，因他们是黄金增值税票的开具者，是我国黄金增值税票流动的起点，因而对税票的真实性和流通的真实性负有责任。但是，这个增值税票开据者对税票的流动过程缺乏制衡手段，税票流转与实际交易过程脱节而出现套票行为，这就是我国2018年出现骗税大案的原因。

我国黄金增值税特殊税制虽然是源于欧洲黄金增值税特殊税制，但两者并不完全相同，因为我国黄金增值税特殊税制的制定不是着眼于两种黄金产品实行有区别的税率，而是着眼于场内交易优势的形成，形成的是场内外交易有区别的税率，因此上海黄金交易所成为维系这一税制运行的核心。主要表现有两个方面：一是以上海黄金交易所交易的黄金产品为黄金投资品免税的定义标准。二是上海黄金交易所获得授权开具增值税票。这一授权的获得对形成场内交易的权威性具有决定性作用，同时上海黄金交易所也负有了税票流转监督的责任。需要指出的是，这一税制安排使我国场内黄金交易迅速形成了黄金交易的绝对优势，保证了我国黄金市场的成功，从而产生了多方面的正面价值与意义。但是，上海黄金交易所（还有后来的上海期货交易所）被授权行使黄金增值税票的出具权，作为一个交易平台只是有了开具税票的执行权，而无对税票流转的监督权，或者说不是没有意愿而是没有能力，所以当增值税票流转出现问题时，作为发票的开具者负有道义上的责任，但无处理的能力，这不是上海黄金交易所而是我国黄金增值税特殊税制面临的尴尬。

欧洲黄金特殊税制已成熟运行多年，我国引入欧洲增值税特殊税制时也实行了黄金增值税特殊税制，已存在了26年，但却风波不断。黄金特殊税制风波前后已发生过了5次，分别是发生在1994年、1996年、2000年、2008年、2019年，而2008年财政部提出废止142号文，恢复征收黄金增值税，引起的震动最大，是我国黄金增值税特殊税制遭遇到的最大危机。

# 五、2008年：最大危机发生

财政部、国家税务总局2002年出台了142号文，确立了我国黄金增值税特殊税制，但没有料到的是6年后风云突变，2008年财政部、国家税务总局提出恢复黄金增值税的征收意见，否定了制定142号文规定免征黄金增值税的原则。

## 1．财政部欲复征黄金增值税

2008年财政部向有关方提出要从当年10月1日起恢复征收黄金增值税，但并未立即正式行文，而是或致函或以座谈会的方式就恢复征收黄金增值税征求国家发展和改革委员会、中国人民银行、海关总署、中国黄金协会、上海黄金交易所、地方财税部门及政府的意见。意见的具体内容是拟取消黄金生产和经营单位非标准金和金矿砂（含伴生金）免征增值税政策；取消进口黄金（含标准黄金）和金矿砂免征进口环节增值税的政策；对上海黄金交易所和上海期货交易所会员单位通过交易所销售标准黄金，未发生实物交割的，仍继续免征黄金增值税，发生实物交割的，取消其增值税即征即退政策。这个意见是对2002年财政部、国家税务总局下发的142号文的全面否定，因而引起了黄金全产业的极大震动。

对黄金增值税政策调整的起因与黄金市场无关，与黄金的双重属性也无关，而是在当年全国人民代表大会上有贵州代表提出议案，认为金价持续上升使黄金行业已成暴利行业，因而当时一些地方政府认为在这种情况下仍实行免征黄金增值税政策，不利于黄金资源的合理利用和环境保护，而且对地方财政又无贡献。为此财政部领导在当地做了调研后表示同意恢复征收黄金增值税，于是就有了财政部、国家税务总局向各单位征求对取消免征黄金增值税的意见之举。财政部门提出的调整黄金增值税政策的具体理由有三个：

一是认为免征黄金增值税是在黄金计划价的情况下，为减轻生产、流通环节税负而制定的，具有特定的历史条件，现在情况发生了变化，黄金走向了市场，免征黄金增值税政策已变成对黄金生产企业的特惠政策，不符合公平税负原则，所以要恢复征收黄金增值税。

二是认为目前黄金生产的利润已高达了30%~50%，而黄金矿山多在偏远山区，那些地区政府财政一般都很困难，因为免征黄金增值税，这些地方政府都不能获得相应的资金，不利于因氢化物的使用而造成的环境破坏的修复，地方政府压力很大，所以要恢复征收黄金增值税。

三是黄金增值税即征即退政策存在管理漏洞，存在含量金难以计征问题和可以诱发虚开增值税票的增值税骗税行为的风险。

恢复征收黄金增值税的三个理由总体来说是勉强和乏力的，凭借这样的理由否定142号文让人不解。对这三条理由的具体分析如下：

第一点理由是将黄金增值税免征政策视为是对黄金企业的特惠政策，所以黄金进入市场就应取消。2002年财政部、国家税务总局142号文不仅是免征了黄金增值税，而且学习欧洲建立了一个我国自己的黄金特殊税制，这是黄金所具有的双重属性使然，而不是在计划价格条件下对黄金生产者的特惠产物。这种观念早已被扬弃，而此时又作为恢复征收黄金增值税的理由，是对我国增值税制源头的否定，忽视了这一个重要的事实，第一条理由就是牵强而乏力的。

第二条理由认为黄金企业已属“暴利”，所以要征税。首先，2007年黄金价格上涨原因主要是国际金价上涨拉动的，而且2007年的金价上涨是2002年历史最低价位的恢复性增长；再者金价涨与跌随时会发生，今天涨明天又会跌，而从当时看未来的金价下跌也有很大概率；另外，还有一个汇率因素，当时人民币汇率走低，是拉动人民币金价下跌的因素。而政策的制定应以常态而不能以偶然因素为基础。这是其一。

其二，要客观地评价黄金企业的盈利水平，金价上涨黄金企业盈利增加这是事实，但中国黄金协会对240家金矿企业的统计数据表明，在2006年仍有16.67%的黄金企业亏损，6.67%的企业盈利不足3%，也就是说有两成多（23.34%）的黄金企业还在为生存而战。有一些企业因资源赋存情况较好盈利较高，但是不能以偏盖全就断定说黄金企业已是暴利，这个断定是不符合实际情况的。

其三，至于认为免征黄金增值税制约了地方政府合理分享矿产资源收益的渠道，不利于发展区域特色经济，恢复征收黄金增值税可增加地方政府收入之说，中国黄金协会认为这还是一个不确定因素。我国黄金产量第一大县招远市提供的数据表明，如开征黄金增值税，2007年招远市政府可能会增加黄金增值税返还收入1.75亿元，但同期招远市黄金国有资产收益因此将会减少1.407亿元，所得税的返还将减少0.739 2亿元，增项与减项相抵，招远市政府财政少收入0.396 2亿元。

第三条理由是黄金即征即退政策存在征管漏洞，而且会诱发虚开增值税专用发票的骗税行为，这确实是一个问题（虽然那时还没有发生2018年的黄金增值税骗税大案）。但这主要是一个税收制度的管理问题而不是一个税制存废的理由。不能因噎废食，不能因怕摔跤而不走路，在征税过程中有问题就要改进完善，这是税务部门的本职工作，而不能以此作为取消免征黄金增值税的理由。

总的评价是，这次财政部门给出的取消黄金增值税的理由并不充分，显然与其调查和研究不够深入有关，所以给出的理由有些强牵。可能也正因为如此，对恢复黄金增值税征收，财政部门没有正式行文，而是以征求意见的形式先告之有关部门讨论，以期对这个意见形成更广泛的社会认同。

### 2．税制设计的国家战略视角

财政部2008年对取消免征黄金增值税意见发出后，引起了广泛的对黄金增值税制的讨论，中国黄金协会是主力军之一，作为黄金产业利益的代表，也是反对恢复征收黄金增值税的代表之一。本人当时虽然已退休但仍深度地参与其中。2000年我写了一篇研究报告之后就再也没有接触黄金增值税问题，但8年后再次开始黄金增值税研究并没有感到陌生，这是因为黄金市场化的发展并没有停止，我也没有离开，改革实践的沉积使我增加了研究视野的高度和厚度，因而就使我对欧洲黄金特殊税制有了新的认识角度，从欧洲怎样实行黄金特殊税制的技术层上的问题转向了欧洲为什么要这样做的战略层面上的研究，这是2008年的进步。如果说2000年初涉欧洲黄金特殊税制时，我为发现了一个在我国在黄金市场化环境中可效仿借鉴的优惠黄金税制案例而欣慰和满足的话，到了2008年对于这一税制的战略性研究认识已成了我的着重点。黄金交易是一个全球按统一的国际金价24小时不间断交易的交易网络，基于欧洲在国际黄金市场中的传统强势地位，欧洲黄金特殊税制计划也就成了国际惯例，对全球各地的黄金市场具有了隐形的“强制性”，使全球黄金增值税制出现了趋同性，即多数国家也就都实行了黄金增值税特殊税制，这也是我国2002年引进《欧洲黄金增值税特殊税制计划》与其趋同的一个理由。而到了2008年对于这一税制的国家战略价值研究使我对欧洲黄金特殊税制计划有了新的认识，即在国家战略层面上认识黄金增值税特殊税制。欧洲实施黄金增值税特殊税制有多种理由，但根本的目的是为了保持、增强欧洲金融的全球竞争力。

欧洲唯独对黄金网开一面实行特殊税制，深层的原因是什么？税制是保证国家收入的工具，也是实现国家意志的手段，所以实行黄金增值税特殊税制除因黄金具有商品与金融双重属性之外，还有更大的理由是国家战略要求使然。认识到这一点是我对欧洲特殊黄金税制内涵的一次提升。

欧洲黄金特殊税制起源英国，这一税制的实行最为直接的影响是形成了全球的欧洲黄金税收洼地，从而使在欧洲的黄金交易与加工、流转成本最低，使欧洲具有了吸引全球黄金财富向欧洲汇集的竞争优势。欧洲矿金产量仅占全球的1%左右，在全球的地位已微乎其微，但其黄金供给能力并不低，仍然是全球最大的黄金实物交易中心，原因是黄金增值税特殊税制为欧洲黄金的进出口、加工、流通提供了一个零税负的环境，交易流通低成本吸引全球的黄金流向了欧洲交易，使其成为全球最大的黄金聚散交割中心。虽然20世纪90年代以后出现了“西金东流”现象，大部分黄金又都流向了亚洲，欧洲也不是全球最大的黄金消费地，但伦敦一直是全球最大的黄金交易市场，并长期是国际黄金市场的风向标，直到2017年才被美国超过。欧洲形成黄金交割中心和交易中心也就意味着把握了黄金全球的流动性，并且有大量的资金流流向了欧洲，各大国际银行、国际投资机构纷纷入驻伦敦黄金市场，而在欧洲形成全球黄金物流与交易中心的目的又是为了提高欧洲金融市场在全球的竞争力，这是欧洲实行黄金优惠税制的根本目的。

在金本位制时期黄金是国际中心货币，对黄金流动的控制就是对国际中心货币的控制，黄金市场与金融市场的关联性显而易见，很好理解那时欧洲发展黄金市场的战略性，但在黄金非货币化条件下黄金市场在当今金融市场中又有何战略价值呢？

黄金非货币化已进行了近半个世纪，黄金虽已不再是可用于日常交易的支付手段，但是当今黄金市场在国际金融市场体系中的作用仍具有不可替代性，这是因为黄金是当今唯一的具有与各种信用资产价格逆向运动特征的金融标的，是可用于规避信用风险和抑制货币通涨的工具，因而为其他金融市场所广泛使用，所以黄金市场与货币市场、证券市场、保险市场、期货市场并列为当今的五大金融市场。当今凡是金融竞争力和创新力强的国家都有全球或地区名列前茅的黄金市场。各国金融竞争力的核心是货币竞争力，货币市场是五大金融市场之首。在世界众多的货币中只有国际储备货币才是强势货币，当今主要的国际储备货币是美元、欧元、日元、英镑，还有近期挤入这个行列的人民币，在这些国际储备货币国家都有与之货币市场相匹配的黄金市场：

美国拥有全球最大的黄金期货市场，也是全球最大的黄金市场，并是拥有最多黄金储备的国家；欧洲是最大的官方黄金储备地区和最大的实金交易市场；日本曾是仅次于伦敦和纽约的全球第三、亚洲第一的黄金期货市场，后被中国超过，但仍是亚洲重要的黄金市场；英国是全球最大的黄金即期交易和结算中心；中国是全球第三大黄金市场，其中即期实金交易量居全球第一，黄金期货交易量居全球第二。

当今各国之所以对于金融市场的竞争力给予了格外的重视，是因国家间的竞争博弈已从商品生产力转向金融创新力，金融创新力的价值提升是因为当今财富存在的形态已开始向货币化发展，各种商品最终都会转化为货币形态，或用于商品交换，或用于财富储备。商品生产力是人类物质财富的生产能力，但最终要转化为货币财富形态，所以金融市场虽不会增加社会财富，但可以转移和分配社会财富，因而只有生产财富的能力而无分配财富的能力的国家只能做打工者，所以金融市竞争力具有更为重要的意义，而黄金市场与国家金融竞争力存着不言而喻的密切关系。

黄金曾是国际货币，黄金市场是当时社会经济的中枢，而当代的黄金非货币化使黄金市场失去相当程度上的光芒，但是黄金至今仍是金融市场的重要存在，这是因为金本位制的历史性影响深远，当今黄金仍与货币存在着说不清理还乱的千丝万缕的隐密关系，因而在各种金融市场中都有黄金的存在，黄金成为民众理财的重要品种，所以黄金市场仍是当今全球最重要的金融市场之一。

国际黄金市场与国际中心货币的紧密关系的存在，使黄金市场在国际金融搏弈中占据了一个重要地位，而被各国置于发展战略层面予以重视，所以黄金增值税特殊税制也被作为一个战略举措而实施。对于我国而言，我们是欧洲增值税制的引进国，与欧洲黄金税制对接趋同也是符合逻辑的发展，但我们引进和实施黄金增值税特殊税制更为根本原因是立足于国际金融博弈的需要，而不是基于对黄金产业的优惠，特别是面对这种功能异化的国际黄金市场，改变国际黄金市场结构，增加人民币的话语权，更是黄金市场发展的中国问题。

### 3．吹响了黄金行业的集结号

财政部、国家税务总局的意见恢复征收黄金增值税将涉及黄金产业的生产、流通、消费全产业链的利益，所以为应对此提议2009年黄金行业吹响了聚集号，动员全行业予以回应。

（1）中国黄金协会在行动。中国黄金协会是黄金生产者利益的代表，因而承担了黄金行业免征黄金增值税政策保卫战的主力军的责任，中国黄金协会理事长单位是中国黄金集团有限公司，所以中国黄金集团有限公司率先组成了应对领导小组，由中国黄金集团有限公司刘冰和刘从生两位副总牵头，后来刘从生副总经理考虑到我曾对黄金增值税做过研究，所以又提议把我也吸收了进来，这个领导小组就由“二刘”变为“三刘”。领导小组的主要工作就是组织撰写出一个回复财政部意见的报告，这个报告要充分反映黄金行业的意见及申述自己主张的理由。最后中国黄金报社社长、北京黄金经济发展研究中心主任张炳南牵头完成了该报告并获得通过，之后中国黄金集团有限公司“三刘”领导小组即宣告完成任务解散。报告初稿成型后，很快张炳南调任中国黄金协会秘书长，负责完成该报告的后续工作，这是黄金行业回应恢复征收黄金增值税的意见的又一个新阶段的开始。

中国黄金集团股份公司“三刘”领导小组解散了，但我并没有从该项工作中退出，在张炳南的坚持下，我改为参加由张炳南牵头领导的后续具体工作的推进，持续工作到了2010年结束，前后有2年多的时间。2008年再次重返黄金增值税研究与之前最大的不同是我的认识有了一个新境界，这种认识的新境界是我9年后再次参战发挥作用的价值所在。当时的领导认为给财政部写报告一定要把困难写够，用问题困境让领导理解维持免征黄金增值税的必要性，而我认为讲清黄金增值税设计的战略意义才是最有力的理由，所以这次应对财政部恢复黄金增值税的过程中我在这个方面做出自己的贡献。在刘冰总经理带队向发改委有关领导汇报时，我以顾问的身份参加了汇报，张炳南做主汇报之后，我以黄金特殊税制的战略性做了补充发言。当时发改委负责同志听完汇报后说，如果能把免征黄金增值税是市场经济的惯例，不是计划经济的特例这个命题说清楚这个报告就好写了。后来发改委的表态和中国黄金协会一致，学术成果得到黄金行业主管部门的认可，为这次攻坚战做出贡献也是很欣慰的。

2009年是中国黄金协会回应财政部关于恢复征收黄金增值税意见工作最为频繁的一年，这一年也是我身体频繁出事的一年：在年初做动脉手术安装了两个支架；年中出差出泡疹就医；年末参加行业统计会出差四川，不小心摔成骨裂，用担架抬上飞机回京。但10年过去，我的身体竟无大的后遗症，做支架手术后医嘱要终生吃药，我一年后即停药而无恙，天佑我也。即使2009年时身体问题频出，我也没有退出工作的一线，是这次回应财政部门意见的重要参与者之一。我先后应世界黄金协会王立新之邀撰写了欧洲黄金增值税报告的文案；在张炳南的组织下完成了对黄金增值税理论深化的研究报告；参加了中国黄金协会向发展改革委员会专项工作汇报组，我担任顾问做了补充发言。在形势明朗后我才退出了该事件的后续工作。

（2）黄金流通主管部门的反应。这次事件的另一个当事者是上海黄金交易所，它代表了黄金流通企业。上海黄金交易所是推动财政部、国家税务总局出台142号文，建立我国黄金增值税特殊税制的承接单位，也是受益方。2008年财政部关于取消免征黄金增值税的意见实际就是要取消市场交易的税收洼地，而使场内交易失去竞争优势，这对于上海黄金交易所来说这是致命的，因为白银市场的前车之鉴还记忆尤新，所以他们反对的态度十分明确。但如何将自己的主张立于不败之地，做好对财政部门建议的回应也是一部重头戏，为此，上海黄金交易所请世界黄金协会提供欧洲黄金增值税的资料。因为2000年世界黄金协会与我合作完成欧洲黄金增值税文件汉化工作，所以世界黄金协会王立新转而邀我完成该资料的撰写，这次我是从战略性着眼介绍欧洲黄金增值税的，而之前的认识还停留在黄金增值税政策的技术层面。这份资料完成后转给了当时正在主持中国黄金集团有限公司撰写回复财政部报告的刘冰总经理参阅。上海黄金交易所从三个方面分析恢复征收黄金增值税的负面影响，表示希望国家不要恢复征收黄金增值税，他们的意见与中国人民银行的回复意见一致。

中国人民银行是上海黄金交易所的主管机构，也是财政部、国家税务总局2002年142号文出台的支持者，所持态度与上海黄金交易所一致。中国人民银行办公厅的反馈意见是在截止日的最后一天回复财政部、税务总局的，对恢复征收黄金增值税明确表示了反对态度，并从国家战略层指出："黄金税政优惠政策符合国际惯例，是国内黄金市场健康快速发展的基础，也是提高我国黄金市场竞争、增加国际市场话语权和定价能力的重要途径。目前，印度、日本、我国香港等国家和地区都在争取主导亚太地区黄金市场，我国不能坐失良机。"

（3）来自产金地方政府的声音。山东招远市号称"金都"，是我国黄金产量最多的县级市，而作为地方政府的代表，他们在回应报告中谈到开征黄金增值税有四个方面的负面影响，弊大于利，因而建议国家继续对黄金企业免征增值税。他们的调研认为，如征收黄金增值税对地方财政收入实际不是增加而是减少，因为增值税是中央和地方共享税，黄金增值税返还增长又会减少地方政府国有资产所得和所得税返还；另外企业是环保投入的主体，税收增加使企业收入减少因而也会减少环保投入，不利于生态保护，不利于建设环境友好型社会。

（4）五院士表态再加天秤砝码。至此，黄金生产方代表为国家发展和改革委员会、中国黄金协会，黄金流通代表为上海黄金交易所、中国人民银行以及地方政府代表招远市，均表示不支持恢复征收黄金增值税。之后又有5位院士上书李克强总理，呼吁不要草率作出开征黄金增值税的决定。他们从两个方面提出不支持恢复征收黄金增值税的理由：一是认为黄金是具有特殊战略价值的金属，但黄金生产具有高风险、高投入、低利润、低收入的特征，另外因历史的原因黄金矿山职工生活欠账很多，现在因金价上涨才刚刚给这些问题的解决带来喘息的机会。对国家税收贡献不大的黄金增值税对黄金行业影响却很大。二是由于黄金的金融属性和稀缺性，国际上的大多国家都对黄金行业施行免征增值政策，免征黄金增值税不是对黄金生产的特殊优惠，而是使我国黄金生产企业能够与国外生产者站在竞争的同一条起跑线上。这些院士们从历史深度和国际视野提出了不应开征黄金增值税的理由。

——风波暂时归于沉寂。最终经过多方的工作，恢复征收黄金增值税意见被搁置，可以说达到了黄金行业这次黄金增值税保卫战的预期目标。但是，这并不意味着黄金增值税问题得到彻底解决，11年后的2019年黄金增值税风波又起，起因则不同于2008年，我们后文再叙。

2008年中国黄金协会作为黄金行业召集人，一方面充当了“救火者”的角色，另一方面也以此为契机推动了黄金特殊税制的理论体系的研究，进一步夯实这一税制体系的根基。而在这两方面的工作上中国黄金协会都取得了进展，恢复征收黄金增值税的意见被搁置的同时黄金特殊税制在更广泛的社会层面上被认识，所以此后对于黄金增值税特殊税制的合理性的质疑声基本消失了，这也是一个重要的收获。

## 六、2008 年：张炳南记事

2008年是令人难忘的一年，许多改写历史的事件都集中到了这一年，黄金增值税风波在这些变化面前只是小事一桩，张炳南个人的进步在这个历史大局面前更是微不足道，但对于个人的人生而言，2008年绝对是张炳南获得进步机遇的一年。

## （一）2008年：巨变之年

2008年是发生巨变之年，对于大自然、人类社会来说都是如此。对于世界来说最大的事件是美国金融危机爆发，波及全球，从金融进而影响实业，最终导致了全球的经济衰退。这次美国金融危机产生的影响是根本性的，主导美国华尔街创造了无数金融神话的五大投资银行高盛、摩根士丹利、美林、雷曼兄弟、贝尔斯登或倒闭破产，或被收购，或被改组无一幸免。美国神话的破灭带来的是全人类的反思，从而有越来越多的人告别了战后美元霸权思维，开始在对其反思的基础上探索人类的未来发展之路，并开始着手一条新的人类发展之路的构建，因而这可能是转变人类发展史的具有转折性的一个事件。

对于我们国家来说，2008年悲喜交加：四川汶川发生了8.2级大地震，人亡屋塌，一座座城镇乡村倾刻变为废墟，但自然灾难没有压倒中华民族，一座座新城又在废墟上重现。同年，我们迎来了第29届奥林匹克运动会在北京的成功举办。百年申奥，今朝成功，民族欢腾。这是我们看到的表象，背后反映的是中华民族告别百年耻辱历史，走上复兴之路，反映了我国综合实力达到了一个新水平，标志着中国的经济与政治地位的提升。

对黄金行业而言，2008年因财政部恢复征收黄金增值税的意见发出后，中国黄金协会吹响了黄金行业集结号，即使不能说这是黄金行业最重大的历史性事件，但对于张炳南来说也一定是个人一生中的一个历史性事件。虽然张炳南不是黄金增值税事件的初始参与者，但2008年黄金行业回应恢复征收黄金增值税的事件为他提供了一个成长机会，这个机会使张炳南从当时黄金增值税事件的边缘人物成为核心人物，甚至在一定程度上讲可以说是成为当时的领军人物。

2005年我临届退休，而此时张炳南就任中国黄金报社社长和北京黄金经济发展研究中心主任刚刚一年，生于1972年的他完全可列入青年干部之列，也可以说是少年得志，前途无限。他是中国黄金报社培养出来的干部，毕业于北京师范大学经济系经济管理专业。他一步一个台阶，先做记者，又管经营做广告部主任，由副主编再升任为单位的一把手。在这之前我与张炳南没多少工作上的交集，只是我退休时领导谈话希望我退而不休，继续做经研工作，而张炳南也诚恳地希望我留下做点事。我退休前，他刚刚上任，此时正逢我国黄金市场向民众开放的前夕。我参与策划了世界黄金协会和北京黄金经济发展研究中心联合举办的“黄金高级交易人材培训班”项目，通过这次活动与他有了初步的接触，觉得和他比较对脾气。于是我答应留下来，被委以北京经济发展研究中心专家委员会秘书长一职，以利于对外开展活动，这也是他的主意。

## （二）张炳南因一篇文章成名

在人们看来张炳南是很幸运的，在做记者时便以一组文章成名，这就是他于1998年4月发表在《中国黄金报》上的一组有关黄金价值评估的文章。后来他谈及此文时说那时年轻气盛，现在老了写不出来了，可见他对这篇文章评价的份量之重，这也确实是他成长史上的一个重要事件。这组文章是由五篇独立文章组成的一个系列，篇名为：《黄金价值系列评价》。

这组系列文章发表以后引起了世界黄金协会的注意，他们发了一个专刊，以中英文对照的形式向全世界进行了转发，这个举动在当时是很罕见的，这是对这篇文章的肯定和褒奖。世界黄金协会转发时还加了编前按语，指出：“迈向21世纪的今天，黄金投资保值的功能，是否已褪色？早前《中国黄金报》刊登了一连5篇剖析黄金在现代社会职能的评论文章，内容深入浅出，对黄金在当今社会担任的角色有独到全面的见解。我们与作者同样相信，黄金永恒的价值及特质，从未改变。”世界黄金协会之所以转发这组文章，是当时因黄金商品论而延伸出的黄金无用论在全球漫延，黄金前景评估十分暗淡，所以这篇黄金“辩护词”的出现让人眼前一亮，也成了张炳南的成名之作，使他脱颖而出。在作者本人的许可下，特将该组文章收录于本书。

## 延伸阅读三：

**黄金价值系列评价之一：**

### 沧海横流再显英雄本色
——黄金：亚洲金融风暴中的“乱世英雄”[①]

1997年，一个注定要被写入世界金融史的年头，一个引发人们太多思考的年头。

从这一年的7月份起，以索罗斯为代表的一批国际金融炒家，抓住东南亚诸国经济体系特别是金融体系中的弱点，呼风唤雨，兴风作浪，搅得泰、马、新、菲、印尼等国不得安宁；随后，这股旋风又横扫东亚的韩、日和中国的台湾、香港。风暴所到之处，汇率狂泻（香港除外），股市崩盘，企业倒闭，银行破产，证券公司被迫清盘……

据美国联邦储备局今年2月公布的研究报告估计，此次亚洲金融风暴共造成全世界投资者损失高达7 000亿美元。这是一个骇人听闻的天文数字，一场世界大战的损失也不过如此。或者说，相当于我国的全部国有资产（约57 000亿元人民币）在数月内灰飞烟灭。

世界为之瞠目！而身处风暴中心的东南亚、东亚各国人民，更感切肤之痛。在危机中，富人的财富“缩水”，穷人更加贫困。当人们手持计算器清点自己的财富时发现：银行里存的本国货币大幅贬值，股票暴跌，房地产不及买入时价格的一半，艺术品更是无人问津……除了少数

① 张炳南.沧海横流再显英雄本色——黄金，亚洲金融风暴中的“乱世英雄”[N].中国黄金报，1998-04-09（001）.

几种外币外，就是祖上传下来的或结婚时购买的黄金幸免于难。用本国货币计算，这些黄金的价格比出现危机前上涨了1倍多。

为什么由现代理财专家以现代投资理念精心设计的“现代投资组合”在这场风暴中几乎全军覆没，而东亚人民几千年来代代相传的持家秘诀——“家里存点黄金，踏实”这种古老的投资理念却显示出巨大的威力呢？这不能不引发人们深深的思考。

在这种危机时刻，在各国外汇储备短期内即告罄、国家发生支付困难的时刻，黄金再次充当了“单骑救主”的英雄角色。最先行动起来的是韩国。三星、大宇、住宅银行等巨型财团向全国发出“捐（售）金救国”的倡议，韩国人民以强烈的民族责任感，上到总统、下到平民，全身心投入这场活动。从电视上看到关于此次活动新闻报道的世界各国人民无不对韩国人民高度的爱国情感给予高度的评价，表示深深的敬意。但是，我们静下心来想一想，如果韩国人民手中持有的不是黄金而是贬值的韩元、股票、房地产，他们的这种爱国情感又能发挥多大实际作用呢？

幸好韩国人民手中有黄金，这得益于韩国多年来“藏金于民”的国策。据韩国产业资源部公布的资料，在韩国今年 2 月实现的 33 亿美元的贸易顺差中，有 10.5 亿美元是靠从民间收集黄金出口而实现的。有消息说，韩国近期将从民间筹集 700 吨黄金，价值 70 亿美元，此举可大大缓解韩国的国际收支状况，支持韩元的稳定。但是，此时此刻韩国政府是否应该检讨一下，为什么在发生金融危机前韩国只保持了区区 10 吨的黄金储备呢？难以逾越的金融危机迫使韩国接受了西方 570 亿美元的援助，为此也不得不接受十分苛刻的附加条件，被韩国舆论称之为“耻辱”。如果韩国的黄金储备达到法、德等国的 3 000 多吨的水平（其价值 300 多亿美元，更不用说达到美国 8 000 多吨的储备水平了），形势又会是怎样的呢？

泰国、印度尼西亚等国也进行了类似的从民间募集黄金的行动。

近些年来，东亚、东南亚成为世界经济增长最快、最具活力的地区，而正是在这片土地上，黄金，在一场空前的金融风暴面前，再一次显示了它价值恒稳、安如泰山的英雄本色——正如它几千年来一直扮演的角色那样。在铁的事实面前，“黄金无用论者”应该受到什么样的启示呢？！

**黄金价值系列评价之二：**

## 历史的浪漫回顾与现实的理性分析

### ——黄金：突破地域限制、时空阻隔的国际公认资产①

20世纪70年代初，越南战争已接近尾声。美军开始撤出，成千上万的越南南方居民蜂拥逃往北美。他们中的许多人只有一两个小时收拾最简单随身携带物品的时间，在这个时刻，他们的选择该是什么呢？

聪明的越南人选择了黄金。是的，这个时候只有黄金是唯一一种既不占地方，又能换取足够东西以保证活命的好媒介。

再看一个例子。

美国政府为了保证美元的国际地位，数十年来一直发布排斥黄金的宣言——“美元比黄金更好”。但是，美国国防部发给空降伞兵随身的“逃亡”工具是什么呢？

五角大楼的官员们同样选择了黄金。在大西洋地区，“逃亡”工具是4枚金币、3枚金戒指；在远东地区则是两条金链、一块金表、一枚金币。但是，没有一张美钞。

事实上，越南难民到达北美后很快用黄金换成了美元或加拿大元，

① 张炳南.历史的浪漫回顾与现实的理性分析——黄金：突破地域限制、时空阻隔的国际公认资产［N].中国黄金报，1998-04-13（001）.

开始了新的生活；而黄金“逃亡”工具一次又一次以硬通货形式挽救了美军伞兵的性命。

历史充满了这类例子。人类一次又一次地认识到——黄金，几乎是世界上唯一一种能突破地域、语言、宗教、种族、政治信仰限制，甚至时空阻隔的国际公认资产。无论是生活在热带丛林里的越南农民，还是富可敌国的华尔街大亨；无论是虔诚的基督教徒，还是彻底的无神论者；无论是数百年前以血与火的方式掠夺印第安人财富的欧洲殖民者，还是几个月前以无比的民族热忱义售爱国金的韩国公民，都会认同这样的观点——黄金，就是财富。

事实上，国家对黄金的关注更胜百姓一筹。每当有战争、动荡、饥荒的兆头临近之时，国家总是率先收紧了自己的黄金储备或大笔购入黄金。1815 年拿破仑从海岛上逃回巴黎召募军队，欧洲笼罩在战争阴云之下，伦敦金价一夜之间暴涨了 20%；1979 年美国与伊朗之间发生“人质危机”，1980 年初苏联出兵阿富汗，紧张的国际局势使金价从 400 美元 / 盎司暴涨到 850 美元 / 盎司的“天价”。200 年来金价的每一次“异动”，其背后几乎都有各国政府、中央银行或有极深政府背景的财团参与。

黄金，为什么数千年来一直为人们所心仪、信任和追逐？这是由黄金的本质特点所决定的——它罕见稀有、质地均匀、易于分割、携带方便、永不变质……因此，它才成为永恒财富的象征，并一度占据了各国本位货币和世界货币的宝座（马克思一句“金银天然不是货币，但货币天然是金银”的精辟论述，概括了金银以其内在特性占据货币宝座的过程，此处不再赘述）。

我们现在着重分析一下黄金在现代经济中的职能与作用。这就需要回答一个争鸣中的问题：“黄金是商品，还是货币？”

我们认为，回答这个问题可有如下层次：

首先，黄金肯定是商品。商品是用来交换的劳动产品，它凝结着无差别的人类劳动。黄金从历史到现在到未来都绝对符合这个特性。其实，黄金在历史上充当货币时也是一种商品。货币是从一般商品中分离出来的固定充当一般等价物的商品。货币只是一种特殊的商品，归根结底还是商品。因此，黄金是商品无需争议。

其次,黄金已不再是完全意义上的货币了。或者说,从完全意义上说,黄金已不再是货币了。从货币的五大职能上讲，流通手段和价值尺度是两个基本职能，目前黄金在全球的绝大多数地区已基本不再承担这两项职能。但从支付手段、贮藏手段和世界货币这三项职能来看，黄金又经常充当活跃角色。特别是贮藏手段，看看各国央行的金库和百姓家中的柜底就非常清楚了。从世界货币来看，黄金仍是国际贸易中的最后结算手段。只需将 A 国存在纽约美国联邦储备银行的黄金换上 B 国的标签，就可抵充 A 国购买 B 国小麦或军火的货款。从这种角度看，黄金又保留着许多货币职能的因素，黄金并未完全脱离货币的影子。

最后，我们可以总结说，黄金是一种商品，但它又是一种特殊的商品。与其他商品相比，其特殊性的根源就在于它保留着许多货币职能的因素，主要表现有：

1. 黄金几乎是唯一的一种能突破地域限制和时空阻隔的国际公认资产。

2. 正因为黄金是为全世界所接受和承认（甚至是追逐）的公认资产，因而它具有高速流通性和其他任何商品都无可比拟的变现性。且不论全球黄金交易市场 24 小时“日不落”运作，单就黄金在紧急时刻可充作货币直接支付来看，其他商品是难及其项背的。

3. 黄金是重要、稳定而又灵活的国家储备资产和战备资源。黄金与外汇、军火、粮食并称四大战备资源，足见其重要性；与外汇储备相比，黄金没有外币贬值或被别国冻结的危险，这是其稳定性；几年不打仗，军火可能会落后，粮食也可能会变质，但黄金不同，几十年后它照样可以换回最先进的武器和最新鲜的粮食，这是其灵活性。

4. 黄金理所应当成为人们投资组合中不可或缺的组成部分，亚洲金融风暴中黄金的稳如泰山雄辩地证明了它应有的位置；它还是人们应付战争、饥荒、灾难的有效“护身符”。

5. 黄金是防范现代信用货币制度风险的有效基石，是任何信用纸币难以替代的。

6. 黄金的存在有利于打破一国货币独霸天下的局面，有利于世界向多极化发展（关于5、6两点，将在第三篇文章中展开论述）。

是的，黄金的确已经从世界各国本位货币的宝座上走了下来，但是，正如你不可能像对待一块黄铜那样对待一块黄金，今天，谁又能说黄金只是一种普通的商品呢？

**黄金价值系列评价之三：**

## 美元与黄金：我们究竟应该更信任谁？

### ——从现代信用货币制度的风险看黄金的职能和作用[①]

美国政府为了抬高美元的国际地位，数十年来一直发布排斥黄金的宣言——“美元比黄金更好”。也有不少读者会问：在亚洲金融风暴中，各国政府和人民手中的美元不也没有贬值吗？储备黄金和储备美元有什么不同？如果用美元代替黄金又会怎样呢？

① 张炳南.美元与黄金：我们究竟应该更信任谁？——从现代信用货币制度的风险看黄金的职能和作用［N］.中国黄金报，1998-04-16（001）.

这的确是个很有意义的问题。只有将美元和黄金作一番比较，才能准确地把握黄金在世界货币体系中的职能和作用，才能真正认识到：黄金，是美元或任何一种信用纸币难以代替的。

美元是由美国政府发行的纸币。纸币是由国家发行并由国家权力强制流通的货币符号。它本身没有任何价值，是在国家强制力下代替了金银等货币充当流通手段。它体现的是一种信用关系，这种信用关系的债权人是纸币的持有者，债务人是发行纸币的银行(一般是各国中央银行)。换句话说，你持有了 1 美元，就相当于美元的发行者——美国联邦储备银行（即美中央银行）对你负债，它承诺你可以在美国买到价值 1 美元的商品。

黄金则不同。黄金是商品（它在充当货币时也是一种商品，是固定充当一般等价物的特殊商品），它凝结了无差别的人类劳动，因此具有价值，在商品交换中根据等价交换的原则，可以天经地义地换取与它等值的其他商品。

纸币与黄金的差别就在于此。纸币这张纸本身没有任何价值，只是它背后有了发行它的中央银行的信用，才可以交换商品。一旦发生政权颠覆、国家灭亡等突发事件，纸币背后的中央银行无法承担这种信用，纸币也就重新成为一张废纸；而黄金则不同，它本身就包含了价值，换取与它等值商品是天经地义的。无论是谁执政，无论什么纸币在市面上流通，黄金都不会有风险。这就是为什么一旦有战争、危机、灾难来临之时，人们拼命抛出纸币购入黄金导致金价大涨的原因，因为这些事件有可能导致纸币的信用危机。

也许我们的论据太极端了，但事实上，纸币这种信用货币的确存在“信用消失导致价值消失”的风险。在日常生活中，信用货币制度的风险更多地体现在通货膨胀上。

今天的资本主义世界，没有任何一个国家的中央银行会说它发行的纸币从来就没有贬值的风险（20 世纪 50 年代到 70 年代的美国曾夸下这样的海口，但最终以美元对黄金的大幅贬值而收场）。这是因为，信用货币的发行量最终是掌握在政治家手中的，由于主观、客观的原因，货币发行量很难控制在一个合适的水平。尽管经济学家们对通货膨胀的成因各执一词，但对“资本主义无法避免通货膨胀”这一结论，却几乎为全球经济学家和世界百姓的感受所公认。

一般来说，“温和的通货膨胀”（10% 以下）百姓尚可承受。但是，你并不知道哪一天手中的信用货币会突然大幅贬值，正如亚洲金融风暴中的泰铢、韩元一样。而黄金则不同，它是商品，它有价值，它的价格会随其他商品的价格上涨而上涨。罗伊·贾斯特兰在《黄金的恒定值》一书中分析了 4 个世纪的黄金购买力，发现经历了 4 个世纪多次通货膨胀之后，“20 世纪中叶的黄金购买力与 17 世纪中叶时差不多。”

信用货币制度毕竟是建立在“信用”基础上的，有了“信”（任）才有“用”（途）。既然信用货币制度存在风险，人们就需要在财产组合中储备一些黄金，以应付不测，作为对信用货币制度风险的预防。从这个意义上讲，黄金是难以取代或消除的。肖伯纳有一句名言：“只要资本主义继续存在，在黄金与政府之间，究竟相信谁，我劝你们选择黄金。”

国家储备也同样如此。比如说，各国都以美元作为外汇储备，但这种储备每增加 1 美元都意味着美国负债的增加。也就是说，因为各国相信能用这 1 美元买到东西才储备美元，美国也承诺用这 1 美元可以随时在美国买到东西，这就形成一种信用关系。但正如一位西方经济学家辛辣地指出：当大家都拿着美元去美国买东西时，就会造成美国货币增多，商品却不可能增加，于是就会造成美国国内物价上涨，美元就会贬值；当大家发现自己国库里的美元正在贬值，就会蜂拥去美国抢购，美国就会破产。这种说法不无夸张成分，但却形象地反映了一种风险——信用货币制度的风险。20 世纪 70 年代初，中东国家用石油换取的财富大多以美元形式储备。随后发生的美元暴跌使这些国家吃尽了苦头。从此以后，中东国家坚持把每年贸易顺差的 5%~15% 以黄金形式存储。

70 年代后，为了避免单一储备美元的风险，马克、日元、瑞士法郎等也纷纷进入各国储备库。但这些也属于信用货币，同样存在贬值风险甚至是兑付风险。

还应该指出，单以外币作储备还存在政治风险。1979 年 11 月，美国、伊朗间爆发人质危机，美国立即冻结了伊朗的美元资产；正是此举使各国不寒而栗，纷纷将手中美元换成马克或黄金，导致金价暴涨到 850 美元 / 盎司的“天价”。

正是由于以上原因，黄金很难像“黄金无用论”者所说的那样应该从各国央行金库中清除出去。事实上，包括美国在内的发达国家都是十分重视黄金储备的。到 1996 年底，美国拥有 8 100 多吨黄金储备，占全球官方总储备的 23%。另外，德国拥有 3 700 吨、法国 3 182 吨、意大利 2 592 吨、瑞士 2 590 吨，这四国黄金储备占本国外汇黄金总储备的比例分别达 37%、62%、41% 和 46%，远远高于世界各国 13% 的平均水平（以上数据引自《1997 年黄金年鉴》，英国金田矿业服务有限公司出版）。

黄金难以退出世界货币体系还有一个深刻的政治背景——我们的世界正日益走向多极化，这就决定了不可能由一国货币长期独占世界货币的宝座。战后法国长期保持高比例的黄金储备，就是因为不满于美元独霸天下的局面。美国为压低法国、苏联高额黄金储备的价值，拒不接受法国要求美元贬值、黄金升值的建议，强行将金价压在 35 美元 / 盎司的水平。1965 年 2 月 4 日，法国总统戴高乐宣布要给美元一个“目标明确、痛苦万分”的打击。法国人将计就计，按 35 美元 / 盎司的价格不断从美国购买黄金，其他西欧国家纷纷效仿。几年间使美国黄金流失大半。失去了黄金支持的美元在全球包括美国人中产生了信任危机，尽管美国总统、财政部长等多次宣称美元的黄金兑换比率是神圣的，美元从未贬值过，但这并不能阻挡美元贬值的进程。1971年美法两国总统就货币问题进行了长时间会谈，敏感的西方记者观察到——法国总统蓬皮杜笑逐颜开，美国总统尼克松两眼发黑——美国支撑不住了，美元贬值了10%（金价从35美元/盎司涨到38美元/盎司）。法国舆论幸灾乐祸而又极其精辟地讥笑道——“原来美元与其他货币一样有相同的缺陷呀！”这次美元贬值使法国在政治、经济上都获得了很大成功，而“美元不贬值”的神话就此终结（此后，失去了“童贞”的美元一贬再贬，到1974年底，金价已升到187美元/盎司，美元对黄金购买力不足3年前的20%！）。

应当说，这次美元对黄金和其他欧洲货币的贬值是美欧经济实力此消彼涨这一经济事实在货币体系上的客观反映。今天，美元、黄金及其他一些经济发达国家货币共同充当世界货币和储备资产，正是世界走向多极化这一政治、经济事实对世界货币体系的客观要求。

综合本篇文章论述，我们认为，在现代信用货币制度存在风险这一客观规律面前，无论是国家还是个人，仅仅拥有美元并不能“高枕无忧”，黄金的作用是信用纸币无法替代的。我们的同胞中有的人习惯于把美元称为“美金”，实在是很有必要提醒他们，美元就是美元，可以叫它“美钞”，但它不是真的“金”。正如国际黄金界一位资深人士指出：“无人知道黄金的前景，因为谁也没有水晶球（西方人认为可以预测未来的魔球）。不过，我不相信人的本性会有那样大的改变。很难想象20亿中国人（原文如此）在一夜之间放弃黄金，转而追捧华尔街发行的一些纸片！”

**黄金价值系列评价之四：**

## 金价走低＝黄金无用？走向市场＝黄金无用？
### ——走出认识上的两个误区，正确认识黄金的职能和作用①

目前，国内外金融界、黄金界对如何认识黄金的职能与作用争论较多。我们认为，如果不走出认识上的两个误区，将很难对这个问题有正确认识：

一、金价走低=黄金无用？

近年来，金价持续不振成为“黄金无用论”者一个经常使用的论据。

但是，我们必须弄清楚的问题是：金价走低就说明黄金“无用”吗？20世纪60年代末金价只有35美元/盎司，不可谓不低，但当时在布雷顿森林体系下，黄金与美元是最重要的两种货币；10年后，金价涨到600美元/盎司，不可谓不高，但黄金已经基本退出了世界货币体系。高价的黄金反而显得无用了？看来，我们不能简单地把金价高低与“有用”“无用”混为一谈。

对于金价走势与黄金职能的关系，我们持如下观点：

1. 经历了20世纪70年代价格大幅振荡的黄金，正在走其漫长的价值回归之路，寻找合适的价格定位。在这个过程中，短期价格波动在所难免，不足以作为“有用”“无用”的评判标准。

黄金是一种商品，其价格从长时期看必然围绕价值上下波动，人为地过分压低或抬高其价格、偏离其价值是不能长久的。战后，美国依靠其强大的国力（其中包括黄金储备高达21 800吨、占西方世界70%这一重要因素），将金价定在35美元/盎司，建立了美元—黄金体系；到

---

① 张炳南.金价走低＝黄金无用？走向市场＝黄金无用？——走出认识上的两个误区，正确认识黄金的职能和作用［N].中国黄金报，1998-04-20（001）.

60年代末，美元日趋疲弱，这一比价明显不合理，金价被严重压制。尽管美国拼命努力，但最终无法阻止金价要实现价值回归的客观要求。被长久压制的金价一旦爆发，其势不可当，加之各种国际因素的作用，几年间就达850美元/盎司的高价。然而，此时金价又被明显高估，于是再次走上价值回归之路，金价逐步滑落。

一般说来，一种商品的价格在经历如此大的波动之后，总是需要更长一段时间以小幅波动（相对于上次大波动而言）寻找合理的价格定位。从1985年金价跌到284美元/盎司的低价企稳以来的走势看，我们认为这个寻找合理定位的过程并没有结束，短期涨跌难以避免。从这个意义上讲，价格的高低是相对的。我们不能说1985年金价跌到284美元/盎司，黄金就“没用了”；同样，也不能认为1987年又涨回476美元/盎司，黄金就又“有用了”。事实上金价每天都有涨落，正如潮起潮落，实属客观规律，把金价涨跌与黄金职能混为一谈是难以服人的。

2. 目前导致国际金价中长期下跌的因素尚未出现，短期压制国际金价的因素有变化可能,金价再次大幅下挫的可能性不大,反弹机会正悄悄孕育。

在目前国际局势较为稳定的情况下，影响金价的主要因素是供求关系，我们认为，这种供求关系可以分为中长期的和短期的，它们分别决定金价的中长期走势和短期走势。从目前看，导致金价中长期下跌的因素——黄金长期供过于求——并未出现，金价远期应当趋稳。短期因素（短期供大于求）虽仍继续压制金价，但存在变化可能，金价转暖的时机正可企盼。

去年金价跌幅较大的首要原因当推欧洲部分国家央行抛售黄金，其目的主要是为了弥补赤字，达到《马约》规定财政赤字不超过国内生产总值3%的标准，为在1999年加入欧洲单一货币体系创造条件。而据欧盟最新报告显示，1997财政年度欧盟15国除希腊外赤字均已达标，为弥补赤字再度大量抛售黄金的可能性不大。相反，据《经济日报》2月24日报道，鉴于许多德国人忧虑欧元能否如马克一样坚挺，德国央行抓住“潮落之时好捡鱼（余）”，趁金价低迷时大笔吃进黄金，以便在实施欧元之后，以黄金支持马克。报道还说，“德国央行坚持拥有3 700吨的巨量黄金储备，主要是吸取了20年代末通货膨胀与大危机的沉痛教训”。

好一个作风沉着稳健的德国央行！难怪60年代以来马克一直是世界上最坚挺的货币之一。

欧洲一些央行抛金的第二个原因是部分央行年轻一代领导者强调储备资产的流动性和增值性，不太瞧得上以保值、稳定见长的黄金，尤以荷兰、比利时两国为代表。我们这里有必要回忆一段也许荷、比银行家并不愿回首的往事——1929年到1933年那场空前的经济危机，导致当时全球主要储备货币英镑大幅贬值，金价从每盎司4英镑多涨到6英镑，使欧洲一些主要储备英镑而非黄金的央行陷于极端困难的境地，其中处境最糟的正是荷、比两国。此次教训使荷、比两国一直保持较高的黄金储备。70年后他们又不信任黄金了吗？也许这些银行家坚信历史不会重演，然而，谁又能左右历史巨人？

据我们对一些资料分析，由于各国央行将黄金作为最坚实储备的立场没有改变，各国仍将保持一定比例的黄金，因此在去年较大规模售金后，今年将会有所收敛。相反，以俄、德为代表的一些国家正趁低吸纳，金价走稳指日可期。

当前影响金价的另一重要短期因素为美元走势。自克林顿入主白宫以来，美国经济连续数年增长，股市连创新高，通胀率维持在较低水平，美元持续坚挺。由于金价最直观的反映是与美元的比价，美元坚挺势必导致金价疲弱，而美欧股市热火朝天又吸引了黄金市场的大量资金流入股市，这些都压制了金价。但经济是有周期性的，从历史经验看，美国经济不可能一直持续增长，美元也不可能永远坚挺下去，股市更是“高处不胜寒”。越是在经济增长一片乐观、股市一片火爆的时候，一个新的萧条时期就正在孕育。很可能道·琼斯指数从高点连续暴跌之日，就是金价起死回生之时。从1929年到1975年，历史已经多次证明了这一点，谁又能保证历史不会重演呢？

3. 就长期而言，黄金价格的合理定位应是“平均成本 + 合理利润”。从这个角度看，金价暴涨的机会不大，再跌的空间已经很小，先稳定后再缓慢爬升极可能成为今后金价的长期走向。

黄金是一种商品，其价格的合理定位应当是生产黄金企业的平均成本加上社会资本的平均利润率，这是由资本的趋利运动最终导致各行业利润率趋同而决定的。这个观点基本为各国经济界认同，在此不展开论述了。简单地说，如果全世界黄金企业平均生产成本为300美元／盎司，而全球资本平均利润率为10%，那黄金的合理价格应为330美元／盎司，并且随供求关系的变化，金价将围绕“合理价格”这个中轴线上下浮动。

据英国金田矿业服务公司出版的《1997年黄金年鉴》统计，1996年世界黄金企业生产总成本加权平均为317美元／盎司，南非、美国、加拿大、澳大利亚4个主要产金国分别为334、300、282、358（单位均为美元／盎司），再考虑社会资本的平均利润率，目前300美元／盎司左右的金价应当是处于“合理价格”这条轴线的下方，这是由于短期供大于求所致。从中长期看，金价应当重返“合理价格”。

我们认为，综合考虑平均成本和平均利润率的因素，再考虑到各产金国在金价走软时将采取各种措施降低成本，黄金的“合理价格”应在300~350美元／盎司这个区域内，黄金短期内在300美元／盎司价位上站稳后，将在“合理价格”区域内上下波动，再跌的空间已经不大。尽管在国际形势稳定的情况下，黄金价格很难大幅飙升，但我们同样没有理由为黄金而悲观。商品价格长期低于全球平均生产成本是不正常的。而且，随着黄金生产成本的缓慢上升，这个“合理价格”还将缓慢上行，拉动金价走出一条缓慢爬升的轨迹。当然，这种爬升不可能是一条直线，必然伴随上下的波动，这里预测的是总趋势。而且还必须指出，这里说的平均生产成本指全世界黄金企业的平均生产成本。如果一国黄金生产成本长期高于国际金价，正常的结果是国际金价不会因为你的成本高而升上来，反倒是你的黄金企业统统要关门。降成本必须成为我们的首要任务，“守株待兔”，坐等金价回升无异于自寻死路。

综上所述，我们认为，金价走低并不等于“黄金无用”，而且，金价也不可能永远低迷下去，先盘稳再缓升是今后金价的总趋势，300~350 美元 / 盎司将成为今后一个时期金价波动的正常范围。

二、黄金工业走向市场＝黄金无用？

在黄金行业内还存在一种认识，有一定市场：“国家都让黄金行业走向市场了，将来有了黄金市场，产品随便买卖，说明国家认为黄金没有用了。”这种看法存在概念上的错误。

黄金工业最终是要走向市场的。但是，什么叫走向市场？这是一种资源配置方式，就是用市场来配置生产黄金的各种资源；而黄金“有用”“无用”是一种经济理论。一个是经济行为，一个是经济理论，两者根本不能混为一谈。

黄金工业走向市场是个大概念，产品走向市场只是其中一个方面，这个大概念还包括黄金行业要转变原先计划经济体制下人财物、产供销的管理模式，自己去市场上找资本、资源、技术、人才等生产要素，还包括整个行业机制、观念向市场经济转轨。试问，这些经济行为和黄金“有用”“无用”这种理论之争有什么关系吗？

再说，即使单讲黄金“产品”走向市场这个小概念，也并不能说黄金就“没用”了。美国从建国就实行市场经济，但直到1971年以前美国一直实行金本位，至今仍保持8 100多吨的高额黄金储备，难道说200年来黄金在美国政府眼中都是“没用”的吗？世界各主要产金国基本上都实行市场经济体制，央行获取黄金的主要途径是从市场上购买。我们是否能能够认为这些从市场上购得的黄金都是“没用的”，而只有以行政命令统收专营的黄金才是“有用的”呢？今天，我国的绝大多数行业都已经或即将走向市场，又有哪一位政府要员说过钢材、汽车、彩电等产品因为走向市场而变得“没用”了？

黄金行业内有些同志总觉得被国家抱着、喂着，产品统购统销，给多少优惠政策才是国家重视，一提走向市场就有“被抛弃”的恐惧，这是长期生活在计划经济摇篮中而产生的依恋、畏怯。其实，在我国实行两个根本性转变、全面建立社会主义市场经济体制的今天，黄金根本不可能独守计划体制的孤岛。丢掉不切实际的幻想，顺时而为，顺势而为，挺直腰杆，迎接市场经济的挑战，抢抓市场经济的机遇，这才是大智大勇者的选择。

**黄金价值系列评价之五：**

## 黄金：构筑21世纪共和国大厦不可或缺的“特殊建材”

### ——我们的几点建议[①]

前四篇文章从各个层面对黄金在现代经济中地位与作用进行了分

① 许文安，张炳南.黄金：构筑21世纪共和国大厦不可或缺的“特殊建材”——我们的几点建议［N］.中国黄金报，1998-04-23（001）.

析，我们认为可得出如下结论：

黄金是一种商品，它具有一切商品的共性；它同时又是一种特殊的商品，其特殊性就在于它保留了许多货币职能的因素；正因为它保留了许多货币职能的因素，因而在国际货币体系中占有重要地位，这种地位又是信用纸币所无法替代的；作为被全世界所接受和承认的公认资产，黄金具有高速的流通性和极强的变现性，因而成为重要的国家储备资产和战略资源；由于在防范现代货币制度兑付风险和通胀风险中具有特殊作用，黄金理所当然地成为人们和平时期的投资工具和危难时刻的“护身符”。

1990 年，当时任国务院总理的李鹏同志出席了第二次全国黄金工作会议，并在讲话中将黄金定位为“战略性物资”；朱镕基同志在担任国务院副总理期间也曾批示：“黄金生产应予支持，不使萎缩。”正是他，提出了对我国黄金工业发展具有里程碑意义的两项重要方针——“实行对外开放”和“多元化发展黄金”（这两项方针分别从“开放”和“改革”的角度指明了黄金工业的发展方向，其重要意义必将被今后几十年黄金工业的发展历程所证明；也就是说，几十年后再回过头来看，我们必然会对这两项方针的重要意义有比今天更深刻的认识）。两位领导人对黄金工业的关怀和指示反映了我国政府对黄金这种特殊商品的重视。

鉴于黄金在世界经济体系特别是在金融体系中的特殊地位，决定了它可以而且应当在我国国民经济中发挥不可低估的特殊作用。我们提出如下建议，供有关部门在决策时参考：

1. 从维护国家安全特别是“维护国家经济安全”的战略高度出发，摒弃“黄金无用论”的纷扰，充分认识黄金的特殊职能和作用。这种认识正是制订“稳健审慎”的黄金储备政策和“开拓进取”的黄金产业政策的思想基础和理论依据。

这次亚洲金融风暴尚未过去，但对这场风暴的反思却已是世界各国领导层、企业界、金融界、经济学界的热门话题。许多有识之士谈到，在和平时期，金融这种“超级武器”比飞机、航空母舰、核弹更具杀伤力。金融风暴是没有硝烟的战争，它造成的损失不亚于一场世界大战。防范和化解金融风险，“维护国家经济安全”应为包括中国在内的各国政府的重要目标甚至是首要目标。

金融危机总是首先表现为币值不稳、汇率下跌，二战以来的历史多次证明了这一点，而高额黄金储备正是一国币值稳定的强大后盾。各国货币是央行发行的信用纸币，其币值是否稳定归根结底取决于这张纸币的国际国内购买力如何。坐在高额黄金储备上的央行自然腰粗胆壮：“你们尽可以相信我发行的货币，因为它的后面有硬通货——黄金作为购买力的保证。”另外，央行还有许多用黄金平稳汇率的办法，这里不一一列举了。因为作为最坚实的储备，央行并不轻易动用黄金，黄金的稳定性更多表现为“心理”上的——只要想到在央行金库里的几千吨黄金，人民心里就会“踏实”得多，国际炒家也会望而生畏。“不战而屈人之兵”正是黄金的威慑力——谁没事儿愿意跟几千吨黄金找碴儿呢？

除平稳汇率外，黄金在维护国家经济安全中还可发挥许多积极作用——弥补国际收支逆差、作为向外国借款的抵押（不必接受苛刻的附加条件）、防范外汇储备贬值风险、紧急情况下直接充当支付手段、打破外国的经济封锁，等等。

黄金是“稳定剂”，黄金是“安全带”。反思亚洲金融风暴，居安思危，我们应当比以往任何时候都更加重视黄金在维护国家经济安全这一战略目标中的作用，并以此为出发点和立足点，制定相应的政策。

2. 可将“稳健审慎”作为我国黄金储备政策的基调，适当稳步提高黄金在国家储备中的比例，抓住外贸顺差、金价低迷的时机逢低吸纳黄金，在确保安全性的前提下保证黄金储备的增值。

黄金储备多少合适？这个问题国际上没有定论。我们在这里就我国黄金储备比例提一点建议。

据中国人民银行每季度通过《金融时报》公布的金融资料，我国黄金储备约为400吨，按现价计算合30多亿美元，占我国外汇黄金总储备（1997年底）的比例不足3%。从世界各国的平均水平来看，3%的比例似乎偏低。鉴于黄金在世界货币体系和储备资产中的特殊作用，参照世界各国的通行做法，我国储备比这个比例更多一些的黄金可能会更合理一些。

当然，这个比例多少合适，各国情况不同，不能硬比照搬。但有一点几乎可以肯定：完全以外汇作为储备就有在政治上、经济上受制于人的可能，所以，在国际事务中有影响的国家黄金储备量一般都较大，而且轻易不会抛售。

增加黄金储备不可能是一蹴而就的，法、德等国从战后储备空空到现在黄金满仓用了几十年时间，我们也不可能在一两年间就增储一两千吨。但当前是国际金价徘徊于成本附近、下跌空间不大的时期，而我国又是连年顺差、外汇丰盈的时刻，适量吸纳黄金正当其时。将顺差以黄金的形式存储起来，将来一旦需要又可售出黄金弥补逆差，发挥黄金在国际收支平衡中“蓄水池”的作用。

还应澄清一种认识——储备黄金是不能增值的，只有储备外汇才能有利息。其实，在国际黄金市场上，价格涨跌是随时存在的，运作得当定能有不菲收益。70年代西方经济界出于偏见，总是认为苏联的计划体制过于僵硬，但他们却不得不佩服苏联在国际黄金市场上运作技巧的灵活——苏联的银行常常买在低点，卖在高位。这一点值得我们借鉴。

当然，黄金储备并不是越多越好，而要综合考虑安全性、收益性、流动性，并结合不同时期的国际局势，确定黄金和外汇在总储备中的比例，把握住“度”是最重要的。

3. 以“开拓进取”为思路，尽快制订跨世纪的黄金产业政策和相应法规；以适度优惠政策扶植黄金工业的发展；按市场经济的要求，建立面向国内外市场的黄金工业运行机制；调整和优化结构，降低成本，增强竞争能力，尽早将我国建成在国际上举足轻重的产金大国和有竞争力的产金强国。

（1）制订长期产业政策，加快黄金立法进程。过去我国关于黄金方面的经济政策已出台多次，但总显现一种“出了问题再用政策调整”的“补漏”之状。建议有关政策研究部门系统研究我国黄金政策的演变过程，结合当前实际和未来发展需要，拿出一个完整的中长期产业政策和发展规划，保持政策的连续性、稳定性，这样既利于保持黄金工业持续快速健康发展，也有利于稳定吸引国内外投资者。另外，黄金立法“千呼万唤不出来”，使黄金发展中许多老问题、新问题长期处于“法律真空”，市场经济是法制经济，无法可依难以规范发展。

（2）按市场经济的要求，理顺黄金管理体制，改变“政出多门”的局面。按现行体制，黄金产品管理权在银行，勘探权在地矿，生产管理在冶金，开采许可冶金、地矿共管，加工使用归轻工，打击走私归海关和公安。在计划体制下，可以用计划来界定各自的权限和利益，但在向市场经济体制转轨时，各部门往往考虑本位利益较多，考虑增加国力、维护国家经济安全显得不足。政出多门、各自为政、门户之争导致扯皮推诿、效率低下。黄金是对国民经济具有特殊作用的产品，又是易采易选的产品，在这个行业维护国家利益显得十分迫切。而在法制不很健全的情况下，维护国家利益必须借助国家权力。从维护国家利益的角度出发，建议除储备职能由央行行使外，将其他黄金管理职能统一起来，由一个独立的、有权威的部门代表国家行使职能。按政企分开的原则，这个部门应以规划、协调、监督、服务为主要任务，达到精干、高效，又具有在维护国家权益时强有力的执行手段，改变现在“黄金谁都管，谁都不好管”的局面。

（3）以适度优惠政策扶植黄金工业发展。应当消除一种误解——市场经济中没有优惠政策。事实上，适度政策优惠正是国家调控市场，使其更好发挥资源配置作用的经济杠杆，是属于市场经济范畴的。应当说，由于黄金在国际市场上具有无障碍变现性，因此黄金企业就充当了以本币直接生产外汇的角色，理应视同出口企业对待。

与大多数国家一样，我国对出口产品实行退税，因此，免征黄金企业增值税是应当而且必要的。事实上，各主要产金国对黄金工业都有优惠政策，其目的有两个：一是增加国家黄金储备；二是降低企业成本，增强其在国际黄金市场上的适应力和竞争力。这两种目的也同样适用于我国。

当然，我国黄金企业必须破除“等靠要”的思想，走出“没有优惠政策就活不下去”的思维定式，把心思从争取政策转到降低成本上，增强在市场中的生存能力和盈利能力。

（4）按照朱镕基同志提出的两项方针，冲破思想上的禁区，以“三个有利于”为评判标准，加速黄金工业改革开放的进程。

朱镕基同志几年前提出了“黄金工业要对外开放”和“多元化发展黄金”两项方针，我们理解这是从“开放”和“改革”两个角度指明了黄金工业在取得巨大成绩后如何实现新发展的突破方向，具有极其重要的指导意义。但由于我们在认识上还存在一些禁区，对这两项方针的实施还有待于深化。

关于对外开放。黄金行业这些年来对外合作进展缓慢，除了与地矿等部门有利益纠葛等因素外，一个重要原因在于对外开放资源定位在“低品位”“难选冶”上。外国资本家不是伟大的国际主义战士白求恩，他们“不远万里来到中国”不是为扶贫、“啃硬骨头”，他们是要赚钱的。中国只打开难选冶、低品位矿的大门，他们就会望而却步，就会把资金投到印度尼西亚、巴布亚新几内亚等新兴产金国去。类比我国中西部许多地区在与国外和国内东部地区合作时提出的“以资源换资金”“你发财、我发展”的思路，我们不给国外黄金投资者一点“甜头”，是难以引入资本、技术和先进管理经验的。我们不能认为在一些资源条件不错的地方建立了大型中外合资黄金企业，就是利益外流了，评判这个问题必须坚持“三个有利于”的标准。建议有关部门再度考虑黄金企业对外开放中“低品位”“难选冶”的提法。

再说多元化发展。由于过去国家在法律上明确了黄金企业的所有制形式只能限于国家和集体，因此这个问题一直是“禁区”。实行多元化发展是个内涵丰富的大概念，包括黄金、地矿等部门打破“老子独霸一方”的思想，在地勘、开采、选冶领域进行平等竞争；包括现在的公有制企业可以转为公有制的其他实现形式（如转为股份制、股份合作制等）；包括各行各业都可以加入黄金生产领域；从广义上说，还包括引入外资。最后，还有一个很敏感的问题：可否尝试在黄金生产中引入私营经济成分？我们认为这个问题可以展开讨论，可以有计划地在部分地区大胆地试行，取得经验后再推广。关键在于，要坚持“三个有利于”的评判标准，发展才是硬道理。

必须指出，我们所说的多元化发展黄金绝不是无序发展。我们认为，从目前我国的实际情况看，多元化发展黄金的前提一是要有一部明确、规范、操作性强并有严格处罚条款的黄金专门法；二是要有一个代表国家利益、有权威的、能够执行好这部法的，并在勘探、开采、环保、安全、打击走私等方面具有强制力的国家机构。两者缺一不可。离开任何一个，多元化发展就会变成“乱发展”，最后导致破坏正常的黄金生产秩序，成为“不发展”。在这方面我们已经有了足够多的教训。

朱镕基同志从“改革”和“开放”两个角度指明了黄金工业的发展方向，我们认为在具体落实时要敢于突破思想禁区，但这种突破又应是法制化的、理性的。改革与开放是我们这个时代发展的车轮，前进的灵魂，这是毋庸置疑的。

4. 尽早建立全国性黄金交易市场，发挥市场在资源配置中的基础性作用；实行“藏金于民”的方针，增强国家和人民抵御风险的能力。

从我国目前的情况看，建立黄金市场的必要性正日益显露，条件也日趋成熟，建议国家可以在适当时机建立黄金市场。

建立黄金市场的好处很多：市场可以用更明确的、更灵活的价格信号指导企业生产，调整和优化产业结构；黄金企业可以用套期保值的方式规避价格风险；首饰企业可直接到市场上购金，减少批售中间环节；老百姓可以增加一种稳健的投资工具，这也可增加国内黄金有效需求；中央银行以积极姿态介入黄金市场，可以平稳市场价格，并可通过国内市场灵活地增持或减持黄金储备，规避国际市场价格风险。

全国性黄金市场的地点，我们建议可考虑上海。中央已明确要将上海建成重要的国际金融中心，从国际上看，全球性黄金市场大多背靠国际金融中心，这是因为黄金市场是金融市场的有益补充，金融市场又可为黄金市场提供资金。另外，从历史、人才、资讯手段、国际化程度等条件看，上海是建立全国性黄金市场的首选之地，而且这个市场将来还可顺利实现与国际市场的接轨。

建立黄金市场还有利于实现“藏金于民”的政策。由于国家储备毕竟有限，许多国家鼓励私人持有黄金，国家需要时再鼓励私人交售。我国现在只开放黄金首饰市场，因首饰价格包括了加工费因素，不利于保值。而开放黄金市场，允许私人持有条、块黄金就可解决此问题。中国人民历来具有强烈的爱国主义情感，从抗日战争、抗美援朝期间几次“捐（售）爱国金”的历史看，我国具备实施“藏金于民”方针的群众基础。

站在千年的连接点上，回首过去，放眼未来，我们对在21世纪实现中华民族的全面振兴充满信心。

如果将21世纪的中国比作一座高耸云天的大厦，那么，就有这样一种“特殊的建材”，它既是这座大厦最稳固的基石之一（最坚实的储备），又是这座大厦最耀眼的外饰（美化人民生活）。

这就是黄金——不可或缺的黄金，不应忽视的黄金——至少人类社会发展到今天还是这样。

——张炳南又因一篇报告立世。2008年，张炳南在中国黄金报社和北京黄金经济发展研究中心担任一把手已经4年，他接手《中国黄金报》后工作是有创新的，在当时国家新闻出版总署也小有名气，但他的发展之路似乎出现“瓶颈”，而萌生了退意。但还没容他想好将去何处，新的机遇就降临在他的头上。2008年作为应对财政部关于恢复征收黄金增值税的一项举措成立了专题报告的撰写领导小组，而具体的报告撰写则由中国黄金协会负责，但由谁来承担具体任务呢？最终决定让张炳南接手一试。当时张炳南接到通知时没有思想准备，有些突然。但金子总会闪光，张炳南临危受命，在三天内完成了报告的起草任务，而且一次通过。张炳南的表现很快就得到了认可，不久便被认命为中国黄金协会秘书长、副会长、法人，主持中国黄金协会的日常工作。至此他仅36岁，还属年轻人的他已担任了三个国资委下属机构的一把手。这是张炳南一篇文章立名之后，又有了一个报告立世之说。机遇可能只是人生中看似偶然发生的平凡之事，它随时可能出现，而且对于每一个人都是公平的，不同的是有的人把平凡的事件变为成长的现实。我们说认真是成功的要素，在张炳南成长的历程中又一次得到了印证。

2009年，张炳南开始主持中国黄金协会的日常工作，所以回应财政部恢复征收黄金增值税意见的责任也转到了张炳南负责的工作范围，他成了这一工作后期具体的领导者，也是我和他工作交集最密切的时期。

——个人之言：年轻的“老”干部。金无足赤，人无完人，人们也可以说他有很多缺点，作为一个领导者，他让愿意做事的人做事，能做到这一点是他对共事者的尊重，他能给予对方有行为红线的宽容与自由度，这种拿捏是他的长项，标志他的成熟，所以我说他是一个年轻的“老”干部——年纪不大，行事稳妥。别人对张炳南的评价我不敢妄言，但就我自己的感觉而言我有如上说。现举二三实例如下：

2008年对于黄金增值税问题回应是张炳南主持中国黄金协会的工作后的首要任务，不仅要救火应急，还要考虑把根基夯实。前者是年轻人的事，而后者是我这个老人要多做一些的工作。2009年的春节我还沉浸在思考和文字写作之中。我已忘记了，但我老伴记得很清楚，那是2009年3月9日，在头一天我刚刚完成报告文稿的初稿，头一直昏沉沉的，我以为只是感冒了而没有放在心上，但家人动员我去医院看一下，没有想到我这一去就进了急救室，上了手术台，做了两个支架手术。当我老伴把写完的报告文稿交给张炳南并告之他我已上了手术台时，他的内心反应我不知道，但我从手术室回到病房不久他便赶到了我的病床前，他告诉我两个单位（中国黄金协会和北京黄金经济发展研究中心）的班子全体成员都来看望我，但医院不让进来都被挡在了医院门口外，只能由他做代表进来表示慰问。其实我明白如果仅是客气应付的话，他一个人到医院看看已足矣！但竟让两个单位的班子成员全体行动，这种超常的安排表示的是对我个人的尊重和对我工作的认可而使我感动，知人善任是让我愿与张炳南共事的原因之一。

2016年7月首届中国国际黄金大会召开前夕，有一个招待外宾和贵宾的酒会。在这之前我刚刚出版了《破茧——解密我国黄金市场化历程》一书，张炳南不露声色还很得体地将这次酒会变成了这本书的发布会，引起外宾的兴趣，为我打开了一扇对外联系的大门。当场世界黄金协会时任首席执行官施安霖就表态说，只写了中国黄金市场从无到有的历史故事是不够的，还应要写一本中国黄金市场如何发展的书，由此而起，2018年世界黄金协会与我签订了以中国黄金市场发展为主题内容的写作协议，促成了《中国黄金：从跟随到超越》一书在2019年的出版。张炳南不仅追求自己的成长，而且也关心他人的发展，并能为他人提供力所能及的帮助和支持，合作的利他性是我愿与张炳南共事的又一个原因。

近日我翻找旧物时发现了张炳南给我和协会副秘书长王胜斌的一封便函，便函的开头便是这样写道："山恩（的）研究报告我用了一天时间从头到尾通读。原稿的过于'甩'的内容没有了，应该说这份报告比我想象得还要好。感谢山恩的工作。感谢。"下面他提出四点修改意见，然后是写给王胜斌副秘书长的："请胜斌同志通读此稿，并提出修改意见，找山恩沟通，我提的四条意见，与胜斌不同之处，以胜斌意见为准。从有利于工作考虑，此研究报告只以经研中心名义对外，协会、报社均不落名。但协会、报社应在报告推出后，主导此报告的推广，此意见亦请胜斌同志考虑。"

张炳南最后又是这样评价了这份研究报告："本报告应尽可能融合近半年来协会、报社几次研讨精华。我认为此报告不仅达到了这一目的，而且还有许多理论创新点。"

现在我回忆不起具体是我的哪篇文稿得到了张炳南的点评，也不记得之后是如何使用那篇报告的了，他的这封便函足以胜过了对我那篇文章的记忆了。

真心和善良的赞美不是虚伪而是一个领导的优质品格，是调动下级工作积极性的锐器。这是一种温度，可以给人以温暖，拥抱温暖是人类的天性，有温度的人就有了聚集人才的能力，这是一种领导力。这也是我愿与张炳南共事的又一个原因。

应对黄金增值税问题是张炳南主持黄金协会工作后的首个“战役”，取得了令人满意的结果，张炳南的工作能力得到了认可，使他实现了从企业领导向行业领导的升华。中国黄金协会的另一个大项目是中国国际黄金大会的创办。2015年中国黄金协会为了扩大服务能力，决定创办中国国际黄金大会，这个大会是国际首个集黄金开采、加工、销售、投资全产业链的国际展示交流平台，是中国黄金业的首创，所以也是中国黄金协会发展的一件大事。这个大会开始是和一家会展公司合作发起，由该单位负责筹资和招商，但中途该公司突然退出，给了中国黄金协会一个措手不及。中国黄金协会首次举办这样大型的国际会议，因没经验才与他人合作，而现在合作方的退出意味着中国黄金协会将要承担全部不确定风险，这对于张炳南来说有两个选择：一是以此宣布项目取消，这不会对张炳南有太大负面的影响。二是继续推进，因此要承担不确定风险的挑战，一旦失败张炳南要负全责。张炳南选择了后者，立即决定成立以张永涛为组长、我为副组长的工作领导小组并赋予全权，并表示项目亏损控制在50万元以内，对此他负全责，力主继续推进。决断和担当使这个面临夭折的项日复活，最终不仅没有亏损反而成为中国黄金协会一张靓丽的名片和对协会经济效益有较大贡献的项目。在紧急关头有担当是我认可张炳南的另一个理由。从《中国黄金报》到中国黄金协会是他个人成长的一个跨越，这个跨越是其个人素质的提升和视野的扩展，转眼便是8年，张炳南在中国黄金协会秘书长的岗位上交出了一个民政部评定的5A级社团组织的成绩单，在参评的100多家社团中列第5名，国资委系统参评协会的第1名。这标志着中国黄金协会的社会服务和内部管理达到我国社团的一流水平，这也是对张炳南8年工作的一次权威鉴定。张炳南在中国黄金协会工作的8年为他积累了人脉和口碑。所以在他离开黄金行业数年之后影响仍在，还时而被业内人士谈及。

这8年我的黄金经济研究与实践多与张炳南有关，使我的黄金经济生涯得以延续并进入了一个活跃时期，先后出版学术专著4部。而对于张炳南个人而言，2015年又一个机遇出现，国资委当年拿出了几个直属企业的副职在国资委内部竞聘，张炳南以理论、实评双冠被聘为中国工艺美术集团有限公司副总经理。不久中国工艺美术总会司进行重组进入中国保利集团。企业被兼并一般会带来人事上变动，这又给张炳南开拓出更大的成长空间。他先是被任命为中国工艺美术集团有限公司总经理，刚刚就任不久又调任保利集团在海外上市平台——保利置业集团公司董事长，成为一个拥有上千亿元资产，年盈利总额七八十亿元上市公司的掌门人。这一年他46岁，正是干事之年。在我所接触的人中张炳南应该是成功者。他的成功有机遇的因素，但更多是人的品格发挥了作用。当他离开了黄金行业奔赴更大成长空间时，我与张炳南的中国黄金协会2008年纪事也就结束了，再没有了工作的交集，只有在不多的私人集会时有过见面。寄语：财和色人生之需，但多则会泛滥成灾，够则足矣，这是一个即将走到生命终点的耄耋之人的人生感悟。以此祝平安不祝腾达。

## 七、十年后黄金增值税风波又起

2008年财政部恢复征收黄金增值税意见的风波渐平，但10年后，2019年黄金增值税风波又起，起因是从2018年到2019年陆续发生了数十亿、上百亿的多个黄金增值税即征即退税票骗税大案，问题之大惊动高层，黄金增值税特殊税制再次被质疑，因而财政部作为黄金增值税方案设计和管理部门必须要有行动予以解决。

## 1．黄金增值制税骗税大案

这次风波是对我国黄金增值税特殊税制运行漏洞的一次质疑，所以与2008年风波在性质上有根本性的不同。2008年风波是直接否定黄金增值税特殊税制的合理性，而这次风波是对我国黄金增值税特殊税制存在安全性缺陷的质疑。解决问题的思维方向不再是质疑、反对，或取消黄金增值特殊税制，而是如何改进对黄金增值税特殊税制的管理，以杜绝骗税现象的发生。发生这样变化的一个重要原因是经过2008年的黄金增值税特殊税制风波以后黄金增值税特殊税制的必要性和合理性的社会认知已得确立。

有了这样一个认知的基础，所以应对这次黄金增值税风波从一开始工作方向就是明确统一的，那就是加强管理杜绝骗税。但是如何做才能达到这个工作目标呢？基本上有三种方向：一是通过加强交易者教育，提高交易者守法、自律意识，不做违法之事。强化自律具有必要性，是一定要做的，但这不是能杜绝骗税之道。二是加强法制建设，提高对违法者的阻吓力，使违法者不敢为，与第一种措施效果相同，也应该做，但只是可减少而不能杜绝骗税行为发生，因为社会上铤而走险者并非罕见。三是通过改革堵住制度与体制的漏洞，使不法分子无可乘之机。这次正是因为税制制度漏洞为不法分子提供了可乘之机，导致了骗税行为的发生，所以堵住制度漏洞是防止诈骗行为发生的根本之路。

堵制度漏洞，首先是要知道我们的漏洞在哪里？在前文中已指出，虽然我国黄金增值税特殊税制借鉴于欧洲黄金增值税特殊税制，但并不是对欧洲黄金增值税特殊税制的原方照抄，而是加入了自己的考量。欧洲黄金增值税特殊税制即征即退是实现黄金增值税零税赋的制度保障，建立了使用过程的防骗税制度，而我国是作为黄金场内交易竞争优势形成的手段，将税票开具权授于第三者，但并没有建立税票流动使用过程的保真体系，对这个税管工具使用管理设计上存在漏洞，或者说我国黄金增值税制即征即退制度设计存在缺陷是出现骗税行为的主要原因，漏洞存在于我们自身而不在欧洲。

## 2. 骗税问题的根源

欧洲黄金增值税特殊税制运行基本平稳，没有大的骗税丑闻传出，并不是因为欧洲人素质高，遵纪守法，所以没有骗税事件发生，而是欧洲黄金增值税特殊税制即征即退税票流转的使用监督机制的建立。欧洲黄金增值税票流转是通过制度建设形成交易者相互监管，把监管机制设置在问题发生的前端。而我国是税管部门授权交易者之外的第三者——上海黄金交易所和上海期货交易所出具即征即退税票，并承担监管之责，而问题恰恰出在这里，出在对黄金增值税票流转的监管上。

黄金增值税特殊税制对特定的原始状态的黄金（99.5%含量以上的锭、丝、箔、粒）实行零税赋，但不能对黄金制成品（首饰、制品）也实行零税赋，因为黄金制品的价值不仅有原始状态黄金价值，还有人类劳动又产生的增加值及其他附加值，所以不能按黄金制品的全部价值免税，也能不能全额征税，而必须将原始状态黄金价值扣除后再征税，于是就有了黄金增值税即征即退税管工具的使用。黄金增值税即征即退就是将黄金制品中原始状态的黄金的价值（黄金原料）扣除后按其增加值征税，扣除的制度设计是以增值税税票为依据，通过会计在账面上的调整完成，而不需要有真实的资金调动，这就是黄金增值税即征即退。这种制度设计是为了方便操作，提高效率，但因为黄金增值税票具有了“资金”的价值，所以也有了做假骗税的可能：一是虚开黄金增值税票形成骗税，所以要求黄金增值税票的真实性有保证；二是将黄金增值税票用于非黄金交易抵扣形成骗税，因而要求黄金增值税票流转的真实性有保证。即征即退一要保证黄金增值税票的真实性，二要保证黄金增值税票使用的真实性。

欧洲防止使用黄金增值税票骗税的制度设计就是建立了黄金增值税即征即

退会计记账特殊安排：增值税征收的对象是卖家，所以卖家收到买家货款后，应由卖家出具增值发票报税务部门审核。但黄金增值税即征即退没有实际资金流动，所以黄金卖家就有虚开增值税票骗税的可能，因而欧洲改为由买家申报黄金增值税，税务部门审核，卖家以税务部门审核后的税票作为记账凭证。交易双方形成相互监督，从而保证了黄金增值税票的真实性，也保证税票流通的真实性，杜绝了卖家骗税的制度漏洞。

我们的黄金增值税，即征即退是税管部门授权由交易双方外的第三者——上海黄金交易所和上海期货交易所开具增值税票，场内交易平台拥有了制度优势，也在源头上保证了税票的真实性，但在税票的使用流环节出现了张冠李戴骗税情况。因此，需要税票的开具者加强税票使用过程的管理，以保证税票流转的真实性，但上海黄金交易所和上海期货交易所受到权限的制约而有心无力，难以承担全面监控税票流转真实性的责任，出现了骗税大案，这是问题的内核。那么我们又如何解决这个制度上的漏洞呢？

### 3．解决问题的方案

面对黄金增值税即征即退出现骗税行为的情况，如何堵住漏洞？现在还未见到正式的最终方案，所以我把目前收集到的意见和参与讨论过的方案归纳如下：

方案一：把骗税行为发生归罪为黄金增值税即征即退政策，甚至说国外并没有增值税即征即退，因而提出的解决方案就是废止黄金增值税即征即退，而对因此出现的问题由市场自行完成调整。这个方案的提出既无知也不负责任，如被采纳将会出现一场黄金市场的灾难性后果，在这里不做细评。

方案二：该方案的提出者认为骗税是基于人性贪婪，如果降低黄金增值税免征税率，可以降低人的贪欲，从而可降低，甚至消灭骗税大案的发生，并已到黄金增值税是降到8%还是6%的具体方案征求社会意见的阶段。这个方案显然不是治本之策，只要是有税差不论高低就可能有骗税行为的发生，人性使然，而且还可能对黄金市场发展造成负面影响，最后这个方案无疾而终。

方案三：推倒重建我国黄金增值税制，全面实现与欧洲黄金增值税特殊税制接轨，我也曾有此意。从道理上似乎有其合理性，但再细思仍不妥。因为我国黄金增值税与欧洲黄金增值制设计的差异不是修修补补就可以解决的，而且我国黄金税制从2002年出台已运行了18年，形成了固有的利益格局，一旦打破会产生一系列连锁反应，又会产生更多的问题，只有在现有黄金增值税制不动的基础上的改革才具有可行性，这就是建议要建立我国黄金增值税票流转监控体系。

### 4．解决问题的中国方案

黄金增值税票的流通环节中如出现货票分离的情况就极易出现套票骗税行为，所以要做到流转过程的货票统一，而货票统一必须建立税票流转的全过程监控。欧洲是交易双方相互监督，办法就是变卖方为买方申报，税务部门审核，也就是在税务部门审核之前由买方对卖方税票的真实性做了审核。2002年我国把黄金增值税票引进场内，由市场平台开具税票，在税票源头上保证了黄金增值税票的真实性，但黄金增值票开出后的流转过程中，在使用上出现了套票问题，是增值税票流转使用的真伪问题。黄金增值税票走出交易市场进入社会后就失去了监控。如何解决交易所有监督责任但难以履行的尴尬情况？骗税卖方虽要承担不可推卸的责任，要求其自律，但现在没强制性的制度约束手段，所以不自律的少数人便可成为骗税的兴风作浪者。

如何解决我国黄金增值税特殊税制存在的税票监管漏洞？在黄金增值税特殊税制现状大体保持不变的情况下解决问题，这是一个难点，但也是唯一的思考的方向。

现有黄金增值税即征即退税制不做调整，即在制度存在设计缺陷的条件下，黄金增值税票流转存在骗税风险，但税务部门委托的第三者没有能力对黄金增值税票进行全流程监控的现实面前，只能通过建立税务部门的黄金增值票使用真伪识别系统，以增值税票监控的电子化来提高税务部门在业务流程中的黄金增值税税票识别能力，实现对黄金增值税票流转过程的无缝监控。

实现税票流转过程的无缝监控的手段就要利用现在已出现的新的网络信息技术，建立黄金增值税票信息的识别系统，这是解决黄金增值税出现套票问题的根本途径，或者说这是一次投入，彻底解决问题的途径。在人脸识别、指纹识别技术已十分发达的今天，我国拥有的信息网络技术已完全能够支撑起一个黄金增值税即征即退税票识别查询网络体系，而欧洲在建立黄金增值税特殊税制时是没有这样的技术条件的，我们在新技术的支撑下是可以推出中国的解决方案的。我个人认为这应该成为我们解决黄金增值税骗税的第一位的应对方案。

如果税务部门自身能力建设一时还难以完成自救，那么只有将加强监管措施外移，在税务监管体系之外建立一个黄金增值税票监控体系，这是杜绝黄金增值税即征即退骗税的又一种工作思路。

税管体制外黄金增值税票监控体系现在谈得比较多的是黄金冶炼厂全国监控体系的建立，即从黄金的供给源头开始对增值税票流动进行监控。技术的进步而促进了黄金矿山生产的专业化发展，现在全能型的黄金矿山在日益减少。黄金冶炼厂从矿业生产流程中分立出来成为矿产成品金的主要供应源，黄金冶炼厂也因是旧金回收的主要加工地而成为再生金的主要供给者，同时也是小金条的主要加工商，由黄金冶炼厂出厂的黄金可达市场总供应量的90%多。所以，这个口子管住了，就可以稳住大局。

从黄金冶炼厂入手加强监管的办法就是建立黄金流动全过程可查寻的信息体系。黄金冶炼厂数量不多，监管体系规模相对不大，因而建立冶炼厂全国监控体系具有可行性，这个方案似乎有些道理，但再认真考虑就会发现这个方案完全是废纸一张。因为黄金冶炼厂是黄金流动性的源头，而不是黄金增值税票的源头，而我们要解决的是税票流动性的全流程监控。黄金冶炼厂出厂黄金首先是流入黄金交易所储藏库中，下一步的流动是经过市场电子交易系统撮合成交，冶炼厂并不知道入库后黄金的流向，也不开具增值税即征即退发票，所以无论从哪一个角度看，冶炼厂虽然是黄金供应流动性的源头，但不是黄金增值税即征即退发票流动性源头，所以从冶炼厂开始加强增值税发票管理就无从谈起。

另一个思路是加强黄金市场的监管，从交易链的源头加强监管，即是从上海黄金交易所会员的监管做起，建立交易责任制，使黄金走出仓库进入市场后的每一个流转环节都有报告记录，通过制度化措施推进实现各交易环节都要实现票货不分离，从而杜绝套票行为的发生，但问题同样是投入大，一个单位承担不了，多单位协调难，而且作为黄金交易平台很难在市场之外发挥对税票的监管职能。

无论是从黄金供给源头，还是在黄金增值税票源头着手建立黄金增值税流动全过程监控体制都存在难以解决的问题，如果仓促付诸实施可能会成为一个烂尾工程，所以我并不看好在税管体系之外建立黄金增值税票流转监控体系，而主张在税管部门内建立黄金增值税票识别系统。

### 5．黄金增值税制完善还在路上

票据监管，是税务部门的本职工作，自己不做或做不好，而要另外在外部建立一个监控体系，实际是放弃了自己的监管责任，交给他人做不仅会增加社会成本，也会出现新问题，所以并不一定是明智之举。而建立税管部门内部的黄金增值税票电子识别系统，现在也无具体方案公布。2019年我受邀参加了一个财政部下属单位的座谈会，会后的感觉是黄金增值税的改进与完善还在路上，因为还没有选准解决问题的切入点。现在随着行政管理和法制压力的增加，一度表现兴旺的互联网黄金企业转为沉寂，黄金增值税票骗税行为受到抑制，但问题仍存还没有得到根本性解决，因而黄金增值税特殊税制风波可能还会出现。

## 第八篇　期货篇

# 在纷争中实现的突破

## 篇前提要

2008年是一个历史性的年份，这一年发生的许多事件都应被铭记。这年1月8日黄金期货合约在上海期货交易所上市，这也是中国黄金史上要铭记的重要一页，因为它的出现确立了中国黄金市场从一元结构向多元结构的转变，这是我国黄金市场继黄金商品市场与黄金金融市场分层之后的黄金市场的第二次分层——黄金即期市场与黄金远期市场的分层。

黄金期货市场诞生于上海期货交易所，在很大程度上又是我国金融市场分业管理体制的产物，它源于体制的碰撞，而不是自由竞争的结果，是“有形之手”顶层设计的应有之意。我国黄金市场从此开始形成有序竞争的生态格局，使黄金市场发展有了加速度，从而奠定了我国黄金市场从跟随到超越的基础，从这个意义上讲也是黄金市场中国道路的一种表现形式。然而这一切并不是我们的先知先觉，而是在一步步探索中形成的。

黄金期货合约属于一种黄远期交易标的，在我国分业管理体制中归证监会监管，而黄金市场由中国人民银行监管。这就使我国黄金期货市场是由证监会监管，还是由中国人民银行监管；是建在上海期货交易所，还是建在上海黄金交易所，成了不大不小的问题。上海黄金交易所申办在先，上海期货交易所在后，所以上海期货交易所被视为一个“搅局者”。

## 一、被遗忘和不应该被遗忘的

电影《列宁在1918》中列宁有一句台词成了我们的格言：“忘记过去便意味着背叛。”但我们过去的历史总是容易被遗忘。上海期货交易所在2007年申请上线黄金期货合约被人诟病，其中一个重要原因就是他们被视为是一个突然出现的“搅局者”，这个“搅局者”竟然愿随意成，因而让人愤愤不平。其实上海期货交易所与黄金期货的情缘比上海黄金交易所还要早。这里有一段被遗忘的故事。

### 1．十年情缘，一朝拥有

上海期货交易所早在1998年刚刚筹建起步时就已经开始了贵金属上市的预研工作。那时虽然黄金、白银等贵金属市场还未开放，但因上海期货交易所已有11家有色企业会员有副产黄金、白银，会员的黄金产量约占那时全国总产量的14%，这些会员出于生产避险的需求而有黄金期货上线的要求，上海期货交易所基于产品储备的需要开始了黄金期货产品前期的调研工作。为此他们来到北京调研，走访了与黄金相关的部门，也走访了国家黄金管理局黄金经济发展研究中心。他们对在国家黄金管理局经济发展研究中心的调研结果十分满意，以此为契机双方建立了合作的工作关系，他们也开始涉足黄金市场化的推动工作。而这比他们2007年申请黄金期货上线早了10年。

1999年黄金市场化改革再启动，上海期货交易所也是当时积极参与的行动者。因为白银市场那时已率先开放，所以在1999年7月他们与国家黄金管理局黄金经济发展研究中心及山东莱州金仓矿业公司联合举办了我国白银市场研讨会，意在通过对白银市场发展的探讨，进一步研判《金银管理条例》废止的前景与条件，为黄金市场的开放做思想准备，并试图通过白银期货的上市，带动黄金期货的上市，这些行动在当时是很前卫的。而且那时上海期货交易所已有了黄金市场研究成果问世，多篇论文在《中国黄金经济》杂志上发表，这在当时也是不多见的。在这期间他们还利用各种渠道上书上海市，推动上海黄金市场建设，因而上海期货交易所是那时少数推动黄金市场化的先驱之一。之后国务院明确在上海建设黄金商品市场，黄金期货市场是放在第二步开放的内容，所以他们对于黄金期货的上市的推进也就处于暂停状态，直到2007年，当上海黄金交易所提出要推出期货合约时，上海期货交所被唤醒，再次开始行动，也提出上线黄金期货合约的申请，所以说2007年申请黄金期货上线是他们十年努力的一个新阶段。上海期货交易所并非是一匹黑马突然杀出。这是十年情缘，一朝拥有的故事。但不仅是社会，上海期货交易所自己也已遗忘得一干二净，所以对2007年申报黄金期货上市，形成与上海黄金交易所唱对台戏的局面，才有了搅局者的愧疚感。这一段历史被遗忘可能与上海期货交易所筹备组长周晓红女士的际遇有点关系吧。

## 2．对有缘相遇的周晓红的印象

上海期货交易所对黄金市场化改革的参与，推动了我们两个单位的合作，从而使我与当时担任上海期货交易所筹备组组长的周晓红女士得以相识。上海期货交易所是由上海金属交易所、上海商品交易所、上海粮油商品交易所三家期货交易所合并而成的，并由上海金属交易所牵头，所以担任上海金属交易所一把手的周晓红经上海市推荐，国务院批准担任了上海期货交易所的筹备组组长，全面主持交易所的筹备工作。也可能正是因为如此，上海期货交易所在筹备初期就特别关注金属尤其是贵金属产品的上市。那时筹备组副组长王风华带队到北京调研，走访国家黄金管理局黄金经济发展研究中心，双方深入讨论了黄金市场化前景，给彼此留下了很好的印象，决定进一步开展合作，于是就有了1999年联合举办白银市场研讨会之举。上海期货交易所开始积极参与黄金市场化的前期调研工作，是当时为数不多的或者说是唯一的一个介入黄金市场化的大型商品市场，所以可以说上海期货交易所是推动我国黄金市场化的前驱者之一。

与上海期货交易所的合作使我与周晓红相遇、相识。说来也凑巧，周晓红是北京人，毕业于北京师范大学附属女中，而我本人毕业于北京师范大学附属中学（一度曾是北京师范大学男附中），所以也算是师出同门，因而我戏称她“师妹”，有了这层关系就增加了一份亲近感。周晓红是一位非常干练的职业女性，是当时上海市人民代表大会代表，1995年从上海物资局副局长的职位上转任上海金属交易所理事长，1998年经国务院批准出任上海期货交易所筹备组组长，主持上海三个期货交易所的合并工作。因为我有曾在物资部《中国物资报》工作的经历，在这一点上又与物资部门出身的她多了一点共同的话题。所以从相识开始我就没有把她当作领导，她也没有把我当作客人，而成为共同推动黄金市场化而相互可倚重的工作伙伴。上海期货交易所与国家黄金管理局黄金经济发展研究中心合作推动我国黄金市场化的行动，也使她本人对黄金市场化问题开始关注并研究，而成为当时为数不多的黄金市场理论的研究者之一。

1999年底她著文《上海期货市场能为开放黄金市场提供舞台》，此文发表于《中国黄金经济》2000年1月的第1期。在该文中她以铜金属市场的开放做比较，指出：十年前的铜行业艰苦地实现了市场化，现在黄金行业处于与十年前铜行业相似的环境，也必然面临市场的开放。她认为我国黄金市场的开放应分步推进，即先国内而不对国外开放；先向机构开放，再向个人开放；先从实金市场开放，再引入期货；先用人民币计价，不用外币计价。她表示上海期货交易所愿意为黄金业的市场化提供舞台。文如其人，稳重而不露锋芒，平稳而无破绽。

上海期货交易所筹备工作结束后她并没有成为首任理事长。我得知消息后去看她，她很平静地从工作一线退下来，处于相对轻闲状态，因此我提议让她去黄金矿山走访做一次调查研究，这也是她对于黄金市场问题关注研究的继续。于是在2000年初我们一行三人先后走访了山东、河北、河南、陕西四地的黄金企业，举办了四场黄金市场报告会，向黄金矿山介绍黄金市场及未来黄金期货上市后对黄金生产的作用。长期处于统收统配体制中的黄金矿山是十分封闭的，报告会成为那时最早打开黄金矿山与市场联系之窗的行动，在当时是具有开拓性意义的。黄金矿山的生活条件差距很大，一些黄金矿山地处山区十分偏僻，卫生条件很差，连招待所的洗脸盆都有很厚的污垢，她只能套上一个塑料袋洗脸，但她却能忍受，坚持前行。作为一个局级干部，她的表现给我留下的印象极为深刻。

不久她被调回上海市，这可能是上海市在为上海黄金交易所的筹建布局，为上海黄金交易所筹备工作的启动准备干部。果然在之后上海市经济委员会召开的黄金市场筹备碰头会上见到了她，但这次见面后情况很快发生了变化，上海市不久退出了黄金市场筹建而改为上海华通方案。因为上海市的筹备工作终止，她也就退出没有再参与后来黄金市场的筹建工作，而是到上海市一个投资公司担任老总，直到退休。虽然她退休以后我们还见过面，但在工作上已无任何交集了。

与周晓红的这次邂逅让我认识了一个体制内职业女性的成长之路，她凭借个人工作素质优秀脱颖而出，在体制内得到了人生价值的提升，这是她人生的一种成功，所以她也就成为体制的一部分，组织为她个人成长提供了机遇和成功的条件。如果上海市不退出上海黄金交易所的筹办，她就是未来上海黄金市场的掌舵人。但这个机遇的丧失并不是个人的原因，有人说选择有时比努力还重要，这是一个现实案例，有时是组织决定成功与否而与个人的能力无关。如果不是她在上海期货交易所受挫，那么在我国黄金市场建设初期上海期货交易所和她本人的工作与贡献也不会这么快被遗忘。这也可谓就是“成也萧何，败也萧何”吧，而对于人生而言没有如果，面对的只有现实，而对于现实的坦然也是人生修养。

### 3．我没有退出战斗序列

2000年中国人民银行走向前台主持上海黄金市场的筹建工作，2002年上海期货交易所也开始了正式运营，上海期货交易所与国家黄金管理局黄金经济发研究中心的联合活动也就暂时停止了，因而我也就没有与上海期货交易所有密切的往来了，但与个别的中层还保持着个人间的关系，这种情况一直到2007年。那时我已退休，但处于退而不休还没有停止工作的状态，虽已不在体制编制内但对于黄金市场发展问题的关注研究并没有中断。2007年大约三四月份我接到了一位已调离上海期货交易所的友人的电话，他寻问我对黄金期货上市的看法。我大致说了一下自己的意见，于是他又希望我把这个个人意见写成文字，主要内容是说支持上线黄金期货的四个理由，然后就寄给了他，他没有告诉我有什么用，我也没有问。后来才知道上海期货交易所当时已开始准备申请上线黄金期货合约，这件事可能是与此有关吧。

（1）这一时期问世的研究成果。正当上海期货交易所启动黄金期货合约的申报工作之际，我也完成了《我国黄金市场化改革新纪元路径选择》课题研究，这个课题恰恰就涉及了关于我国黄金期货市场的发展方面的内容，课题建议要破除建设全能型黄金市场思维，走即期黄金市场与远期黄金期货市场分设之路，因而这就为我在上海黄金交易所与上海期货交易所2007年争办黄金期货合约上线形成了思想认识上的预设，所以对上海期货交易所上线黄金期货合约表示了公开的支持。之后我又写了一篇上万字的专论文章《黄金期货市场的来世今生——一个亲历者的观察与思考》发表于《中国黄金报》。因为文章篇幅很长，当时有人主张分期刊出，那时是张炳南主持中国黄金报社的工作，他对此文的评价很高，力主要集中发表，形成视觉冲击力，因而是以《中国黄金报》整版的篇幅分上下篇两次发表，并加了如下编者按语：

“作为中国唯一从事黄金及贵金属经济研究、信息咨询、教育培训的中央级专业机构及产业经济媒体，十多年来，北京黄金经济发展研究中心和中国黄金报社一直致力于黄金市场建设的研究，努力在黄金建设的各个阶段发挥自己的作用。

在中国黄金期货即将上市之际，北京黄金经济发展研究中心专家委员会秘书长刘山恩先生写来特稿。作者以跟踪研究黄金市场10多年的亲历者的视角，对我国黄金市场的‘前世今生’进行详细梳理，首次披露了一些鲜为人知的中国黄金市场近15年的发展内幕以及上海期货交易所的十年情缘。”

按语中很清楚地表明是把这篇特稿的发表作为北京黄金经济发展研究中心在我国黄金市场发展过程中发挥作用的表现而予以重视的。而对我自己来说，我的工作定位是黄金市场发展过程的一个思想产品的生产者，已年近70仍未退出战斗序列，这篇专论只是我国黄金市场发展新纪元的一件思想产品，完成了一次认识上的深化。本篇特稿是我之前完成的《我国黄金市场化新纪元的路径选择》课题研究报告的继续，所以本特稿是以《我国黄金市场化新纪元的路径选择》的结论作为指引，再次强调我国黄金市场是多个市场组成的一个市场体系的认识，从这个意义上讲这篇特稿是对我的课题结论的一次广而告之。

在黄金期货市场出现以前的数百年历史中，黄金市场均是遵循即期实金市场的一元结构的路径发展之路，黄金期货市场的出现才出现两元结构，从而奠定了多元化市场体系的基础，所以我认为黄金期货合约的出现不仅仅是一个新产品的问世的问题，而是我国黄金市场出现的一场革命。而我国黄金即期实金市场与黄金期货市场的分设如得以实现，则是追求全能型市场模式的破局，而是多元化市场体系的实现，所以无论对是对理论的论证，还是对现实的改变，黄金期货合约在上海期货交易所上线都具有一锤定音的意义。

实现一次突破，便面临着一次挑战，即期黄金市场与黄金期货市场分设，是我国金融市场分业管理的一个必然结果，但这个管理体制在黄金期货市场未来的发展过程中必然会面临很大的挑战。现货与期货两个市场如何形成互动，两个市场产品又如何实现互换，都是一个很现实的问题。而黄金作为一种“准货币”，它的这一特性使黄金期货合约几乎可以和所有不同的金融市场产品实现互换，所以流动性极强，而在分业管理的体制中这种流动性一定会受到阻隔。而黄金具有与金融产品价格逆动的关联性，黄金期货可以对其他金融产品价格风险实现对冲，所以黄金期货市场是一个风险管理市场。这种风险对冲的本质是黄金期货市场与金融市场间的市场风险互换，从而使不同风险偏好的投资者能够便利地选择进入、离开或者转移，所以只有拥有很好的流动性的黄金期货市场才能得以发展，但这将涉及金融体制深层改革，并非一朝一夕可以完成。另外，这种互换关系或迟或早总会发生，但在分业管理体制中如何监管？认识上出现歧见或监管上出现矛盾如何协调？谁来协调？即使问题十分明了，但因认识立场不同也难统一，问题的解决也是很困难的，这就会极大地影响黄金期货市场功能的发挥和运行效率，所以黄金期货市场的建立虽然奠定了多元市场体系的基础，但多元市场发展也存在着危机与挑战。

（2）对“一城双市”的未来前景评估。由于即期黄金市场与黄金期货市场的分立而出现了“一城双市”，即在上海市出现了上海黄金交易所和上海期货交易所两个黄金市场的竞争的格局。针对“一城双市”竞争格局在特稿中我是这样分析的：“黄金市场二元结构虽是一个竞争的结构，但各市场之间是在功能差异化基础上的竞争，与同质化竞争不同，而市场细分恰恰是避免同质化竞争的一种‘蓝海战略’。因而上海黄金交易所与上海期货交易所今后肯定存在竞争，但不是一种零和游戏的竞争，而是在竞争中可以互进双赢，这是我们对黄金市场二元结构发展前景的基本评估。”之所以有这样的前景评估，是黄金市场分层，市场功能多样化发展的结果，因而各自都有不同的功能定位，两个市场是平行发展而不是交叉重叠发展，所以两个市场竞争不是在一个市场里相同的发展空间的此消彼涨，而是各自都有自己的发展空间的平行发展。

这篇特稿表达了我对黄金期货在上海期货交易所上市的支持，同时也表达了有所担忧的心态，但对出现上海黄金交易所与上海期货交易所同城兄弟之争前景表示乐观，事态发展也证实了这种乐观的正确性，两个市场各自都出现了快速发展之态。而二元市场结构的出现，成为推动我国黄金市场在国际黄金市场中从跟随者到超越者变化的重要动力。我国黄金市场起步只有百吨级的市场规模，经过6年发展才达到千吨级规模，而2008年黄金期货上线，一年就使黄金市场交易规模突破了万吨，达到了1.397 5万吨，年增幅高达496.35%。

### 4．因共同的目标而携手前行

这篇特稿带来的一个结果是又恢复了我与上海期货交易所中断了数年的合作。

（1）历史再次找回而更显珍贵。特稿刊出时黄金期货合约虽在上海期货交易所上线已成定局，已开始了上线的技术准备工作，但怎样认识这个后来者的行为，则成了社会关注的问题。对此在特稿中我这样写道：“上海期货交易所是这一回合的收获者，对此，人们往往会用权力博弈论对此作出种种评论，但是，这或许仅仅是问题的一个方面。如果说上海期货交易所在这场博弈中并不是一匹侥幸而胜的黑马，而是多年积累有备而来，似乎是一个天方夜谭的故事。其实，他们与黄金的情缘可以追溯到10年之前，甚至比上海黄金交易所还要悠久，这就不是为大部分世人所知了。”

在这篇特稿中我回顾记叙了上海期货交易所在1998年前后推动黄金市场建设发生的故事，因而被遗忘的这一段历史再次出现在人们的面前时，这对于一般人可能是无所谓的，但对于上海期货交易所而言这无疑是“惊世醒言”，这段陈封的历史解开了被吐槽横刀夺食的心理愧疚情结。这篇文章也成为我与上海期货交易所杨迈军总经理建立联系的桥梁，据此他也了解了我的学术观点和主张，因而在我出差上海时得知他希望和我见面，于是我顺访了上海期货交易所。我们见面后他首先问我黄金如何在期货市场交割，可能他长期在商品期货市场工作，对于交割爆仓而心存忌惮吧。我说黄金期货合约市场的主要功能是市场风险管理，而不是进行实物黄金交易，所以真正能形成的黄金交割量极少，实金交割不会成为黄金期货市场发展的主要矛盾。没谈多久他也没有预先和我打招呼就立即举行了一次报告会请我做主讲人，事到临头我没有准备只能硬着头皮用一个多小时把我的研究成果做了一个简要介绍。这是我与杨迈军的第一次见面，从此我与上海期货交易所中断的联系又得以恢复，但那时我已从国家黄金管理局黄金经济发展研究中心退休，因而只是以一个专家的身份参与有关黄金市场发展问题的合作研究，不再是以一个单位负责人的身份出现，但有两件事是我找杨迈军总经理敲定的：一是为北京黄金经济发展研究中心于2009年和浙江大学合作举办的黄金经济国际论坛筹集资金，二是2014年作为协办单位支持中国黄金协会举办的“中国国际黄金大会”（两年一届，已举办三届，第四届因疫情发生推迟）。这两件事都是在杨迈军总经理的协调下确定的。

那个时期上海黄金交易所、工商银行贵金属事业部、上海期货交易所是我参与组织黄金行业重大活动的三大支持单位，他们总能尽力参加予以支持，而他们的支持，是我那一段时间工作的底气所在。

（2）我的黄金期货市场观。为了配合黄金期货合约上线，上海期货所的内刊《期货与金融衍生品》邀我写了一篇专稿，有一万多字，这篇专稿以《期货：黄金市场的一次革命》冠名，全面地总结了那个阶段我对黄金市期货市场的研究与思考的成果。专稿的主要观点是基于黄金期货市场诞生的内在发展逻辑的演绎，为黄金市场二元结构、期货和现货市场的分设主张奠定了理论基础，并对于期货市场的结构特征也用较大的篇幅做了勾勒描述。

对于黄金期货上线的意义，我认为这不仅是我国黄金市场发展的里程碑式的事件，国际黄金市场中中国因素的权重也将因此大幅提升，并将因此改写国际黄金市场版图。而我国黄金期货市场的发展的实际情况与这一期许完全吻合，2008年运行的第一年就使我国黄金市场的交易量增长了4倍多，成为我国最大的黄金市场。10年后的2019年上海期货交易所黄金期货交易量突破5万吨，已远超日本东京居亚洲第一，成为仅次于美国纽约的全球第二大黄金期货市场。

我着重分析了黄金期货市场功能的特殊性，指出黄金期货市场基于交易标的的特殊性而成为一个特殊的市场，参与黄金期货市场交易的主导者已不是黄金的供求双方，而是投机者和套利者，所以黄金期货市场中的实金交易量已严重萎缩，其市场功能异化而成为一个风险管理市场。如果我们把黄金期货市场功能概括成一个进行黄金交易的场所，就不能涵盖和反映当代黄金期货市场的功能了，黄金市场与证券、股票、外汇市场的关联性和互换性是这一个市场金融性的重要标志，因为黄金期货市场更多是与金融市场有关联，是金融市场的一部分。所以全球黄金主要生产国和主要消费国不一定都有发达的黄金期货市场，而在金融中心城市或地区却有黄金期货市场。

这篇专稿发表在13年前，今天的情况与那时已发生了很大变化，所持有的观点可能有的已经过时而不合时宜，但基本的思维逻辑架构并未过时。对于我来说，这篇专稿记录了我对黄金期货市认识的一个阶段性成果，是我的黄金市场研究成果的一部分，为便于有兴趣者查寻特将此文附录于后。

**延伸阅读四：**

## 期货：黄金市场的一次革命①

黄金市场的出现已有数百年的历史，早在12世纪处于东西方贸易枢纽地位的威尼斯就已成为当时的国际性黄金交易中心，此后，随着国际贸易中心的转移，国际黄金交易中心也几度迁移。到18世纪，英国随着工业革命的推进而成为世界经济强国，其黄金交易也开始活跃起来，特别是英国伦敦1919年黄金报价制度的建立，标志着伦敦国际黄金市场的形成，一直到1968年，这个市场都是全球黄金的交易中心。但是，在黄金期货上市以前，黄金市场的进步都是在实金交易的基础上取得的，并没有根本性的突破。

这个局面随着20世纪70年代初黄金期货的上市而被打破，从此黄金实物的一元市场变为了实金即期市场与合约远期市场平行发展的两元市场结构。黄金市场也因此逐步细分，由一个单一的实金即期市场发展成了由若干形态有别、功能有别的市场组成的市场体系。

黄金期货市场以其独特的市场功能定位而在黄金市场体系中独树一帜，成为这个市场体系的重要组成部分。当今，黄金期货交易量突破了10万吨，占有全球市场总交易量4成左右的份额。美国纽约商品交易所、

① 刘山恩.期货：黄金市场的一次革命［N］.中国黄金报，2013-08-06.

芝加哥期货交易所和日本东京商品交易所是目前世界三大黄金期货交易市场。2007 年 9 月 11 日，我国证监会批复同意上海明货交易所上市黄金期货，我国黄金期货市场建设也正式启动，可以预期，未来全球黄金市场中的中国因素的权重将会进一步增加，全球黄金市场版图将因此而改写。

一、黄金期货的内在经济逻辑与异化

黄金期货的诞生有其内在的经济逻辑，是商品经济高度发展的产物。

特别是随着商品经济的发展，商品的种类日益繁多，交易的范围日益扩大，以致于商品交换已成为人类须臾不离的一种生活方式。因而，人类对商品交换的连续性和稳定性有了越来越高的要求，从而商品交换的矛盾也就日益凸显，作为商品交换供求矛盾的解决之道，诞生了商品远期合约交易。

用合约的形式把尚未生产的商品数量和价格确定下来，减少了商品在即期交易时的不确定性，从而减少了交换的风险，提高了交易过程的连续性和稳定性。因此，商品交易从即期现货交易到合约远期交易既是商品交换供求基本矛盾激化的结果，也是商品价值与其价格表现形式（货币）之间矛盾的解决之道。马克思在《资本论》中曾指出，完成商品交换过程是商品生产者“危险的一跳”，一些商品生产者就是在这“危险的一跳”中落得了一个粉身碎骨的下场。但是，由于每一种商品的自身特性不同，不同的商品对于这“危险的一跳”所伴随的现实压力是有所不同的，因而，远期合约首先是在农副产品交易市场出现，继而才发展到工业原料和金属产品，再到金融产品也就不难理解了。

黄金期货最早是 1972 年在加拿大上市，但真正获得成功是 1975 年上市的美国。美国目前有 5 个城市的商品交易所内有黄金期货交易，每年的总交易量占全球总交易量的 70%~80%。其中最为著名的黄金期货交易市场是纽约商品交易所和芝加哥期货交易所，2006 年这两个市场的黄金期货合约交易量即超过了 7 万吨（77 498 吨），是当年全球实金交易量的 19.84 倍。

黄金期货上市至今已有 36 年时间，但比一些农副产品和有色金属产品期货上市要晚得多，这与黄金长期处于国家管制的政策环境中有关，但也与黄金自身的特质有关。

1. 虽然黄金全球存量越来越多，到 2006 年已超过了 15 万吨，其稀缺程度已有极大的缓解，但作为一种稀有金属和具有一般等价物属性的“准货币”，在社会广泛的领域内都有持续不断的需求，因而从古到今数千年黄金生产从未中止，更没有因严重的供大于求而使生产不得不停止的情况发生。黄金所面临的交易连续性的现实挑战比一些一般商品的严峻性小得多。

2. 黄金具有十分优良的物理与化学特性，千年不朽不腐，因而 5 000 多年以来生产的黄金 97% 以上还存留于世，有案可稽，因而，黄金是人类储藏财富的最佳方式。所以，黄金即使一旦暂时交易出现困难，不能或不愿完成交易，生产者也不会因此而遭受毁灭性灾难。相反，还可能会在一个更好的价位上出手，储金也是投资营利的一种手段。因而，黄金生产者在市场中不仅卖，有时还买。2006 年生产商对冲产生的黄金需求量 388 吨，占当年全球总需求量 3 906 吨的近 10%。农副产品长期不能完成交易就会可能霉变而价值为零，这对生产者的打击是致命的，所以，相对而言，“危险的一跳”对黄金生者的压力要小得多。

3. 黄金作为一种投资产品和准货币，与货币和外汇具有良好的互换性，如不愿或不能完成交易，可暂时作为质押品获得不会低于 70% 的货币，或者可以进入借贷市场，获得利息，这是一般商品所没有的优势，这种优势也可以在很大程度上缓解商品供求矛盾对生产者的压力。

4. 以上是黄金生产者在交换过程中的处境，那么作为黄金市场中的买方（需方）的情况如何呢？黄金的超稳定性使其可以周而复始地使用而不消失，因而每年都有大量的再生金进入市场，也会有大量的存量黄金进入市场。1997 年至 2006 年的十年间，这两类黄金年均上市量为 1 310.8 吨，占总供应量的 32.36%，因而虽然每年新增矿产金不足总需求量的 65%，有近 1/3 的缺口，但仍然可以实现保证供应。另外，由于存在着大量的存量黄金而出现了一个贷金市场，黄金需方不仅可以通过“买”而获得黄金，而且可以通过“借”而获得黄金。黄金借贷市场的规模几乎与黄金交易市场规模相当，2005 年有 2 970 吨，最高年份曾高达 4 700 多吨。黄金有大量存量及借贷市场的存在，使需方在黄金交换过程中的供求矛盾也不突出。

以上我们从黄金供求两个方面分析了黄金市场的供求矛盾状况，结论是黄金交换过程中的供求基本矛盾与一般商品比较相对缓和，供求双方对的“危险一跳”的现实压力也相对较小。在这种情况下，黄金期货合约对保证黄金交易过程顺利完成的功能并不凸显，因而，黄金期货市场的主要参与者不是黄金实物买卖的交易者，有事实为证：

南非、澳大利亚、秘鲁、俄罗斯、加拿大是当今世界主要的产金国，2006 年这 5 个国家产金 1 130.5 吨，占当年全球总产量的 45.75%；意大利、土耳其、沙特阿拉伯、印度是当今主要的黄金制造业用金国，这四个国家 2006 年用金量为 1 187.2 吨，占当年制造业总用金量的 40.68%。但是，这些国家都没有活跃的黄金期货交易市场，但这并不等于这些国家不存在黄金交易供求矛盾和金价变化不确定风险。而是在国际上，最主要的黄金购买者——加工制造商多是进入黄金借贷货市场，是借金而不是买金，来解决所需黄金原料，既规避了价格风险，又降低了融资成本。黄金生产商锁定未来价格不确定的风险一般并不使用期货合约，而是使用场外市场交易的提前销售合约。而且在黄金牛市中，使用远期合约虽然锁定了价格，但也丧失了巨大的机会利润，对黄金生产者来说可能是得不偿失，因而，近年来对于远期销售进行了反思而纷纷减少远期头寸。全球最大的黄金生产商加拿大巴利克公司 2006 年年底对冲仓位由 2003 年的 825 吨减少到了 452 吨，下降了 45.21%；居全球第三位的安格鲁黄金下降了 28%；而第十位的纽克雷斯特公司下降了 46%。因而，从 1997 年至 2006 年的十年间，只有三年保有的远期头寸产生了提前供应量的增长，而有 7 年不仅没有增加供应量，反而产生了需求量，生产者成了购买者。黄金生产者产生的需求量，2004 年曾高达 422 吨，占当年总需求量的 11%，2006 年有所下降，仍有 373 吨，为当年市场总需求的 9%。这充分表明黄金生产者利益所系是黄金现货市场，而非黄金期货市场。

黄金主要的供方黄金生产者，他们主要使用的是黄金现货市场和场外远期市场，而黄金主要的需方黄金制品生产商，他们主要使用的是黄金现货市场和黄金借贷市场。这是更适合于他们进行黄金交易和规避市场风险的市场。

从黄金期货内在经济逻辑看，黄金期货市场的功能是保证黄金交易的顺利完成，交易的参与者应是黄金的供需双方，而现实是，当今黄金期货市场真正完成的黄金交易极少，只有期货市场总交易量的 1%，而黄金供需双方在黄金交易者中的数量已不足 1%，因而，当今黄金期货市场发生了异化，这是我们认识当今黄金期货市场的一个重要的切入点。期货市场异化可能并不是黄金期货市场所独有的现象，但黄金期货市场的表现尤为充分。

二、黄金期货市场异化的革命意义

1968 年国际黄金价格双轨制的出现，使官方央行之间的交易结算仍维持 35 美元的官价，而市场价格则放开，自由浮动，并禁止各国央行与黄金市场发生联系。这一变化曾给人们带来了黄金交易困难的担忧，但市场的表现使这种担心很快一扫而空。而黄金期货是3年后的1971年8月15日美国总统尼克松宣布停止履行以35美元兑黄金的国际义务、金价开始全面市场化以后才推出市场的，并是在1975年美国推出黄金期货3年后的1978年才取得成功的。

1971年黄金固定官价的崩溃，使金价开始频繁地大幅波动了起来。这种波动一方面带来了市场交易风险，另一方面带来利用价差盈利的机会。黄金期货正是满足投资避险和投机营利的需要应运而生的，黄金期货市场成为投资者与投机者参与的市场，特别是投机者更占有市场支配性作用。

蒂莫西·格林在《黄金的新世界》一书中列出了1982年2月纽约商品交易所交易多空合约结构（如表8-1所示）。

**表8-1**

| 交易者<br>合约 | 投机商 | 金融机构 | 黄金经营商 | 金矿及冶炼厂 |
|---|---|---|---|---|
| 多头合约 | 49.7% | 14.4% | 7.2% | 2.3% |
| 空头合约 | 47.9% | 11.7% | （无数据） | 5.1% |

在黄金期货市场中无论是多头合约还是空头合约，投机者都占有最大的交易份额，表明投机商是市场中最活跃和最大的交易者。作者在书中这样记述纽约商品交易所："纽约交易所是高度灵敏的，举凡有关两国的边界冲突或者诸如暗杀、大选、支付危机、汇率波动、利率变化等新闻或者谣传，都可以使金价在几秒内螺旋式的上升和下降，甚至大豆田遭受了蝗虫灾害，也能打击黄金，使之转入大豆的期货交易，实际黄金贸易本身与大豆并无多大关系。所以，纽约商品交易所已经成为反映

经济和政治困难问题的一面镜子。”这个市场对于实金市场而言已面目全非，已不是一个买卖黄金的场所，而成了多空博弈的战场。格林还写道：“投机商的支配地位说明了期货市场的性质虽然在价格上涨的情况下，也给金矿老板提供了预卖其产品的机会，也使金条交易商对其寄售货物预先保值卖出给金饰制造商。但实际上这是一个赌场，是赌徒们在做手脚，这是为什么期货市场价格过度猛涨猛落的根本原因，大量‘火辣辣的’钱（一个法国人称它为懒汉钱）一会儿流进，一会儿流出，这样的过度反应简直是不可避免。”格林先生对黄金期货市场白描式的记叙给人的印象是深刻的，然而黄金期货市场的异化并不是一种退步，更不是罪孽，而是具有革命意义的进步，虽然这种进步不是减少，而是增加了市场的不稳定。

投机者是金价大幅波动的始作俑者，是市场稳定的破坏者，但同时他们又是市场风险的承担者，而成为市场运行的维护者。市场价格变化不确定性而产生的市场风险是客观存在的，不能消灭，只能规避、锁定、分散和转移，这是市场风险管理的真正内涵。因而，市场风险要有一个最终的归宿和最终的承担者，这是黄金交换过程中黄金价值与其表现形式价格矛盾的最终解决之道。因而，黄金期货市场成为黄金市场风险的最终汇集之地，成为一个风险型市场。黄金期货市场中的投机者是市场风险的最终承担者，这是黄金市场运行的需要和当代黄金市场演变发展的结果。

对于最终承担市场风险的投机者而言，人类追求财富的欲望是无止境的，因而人类实现追求财富欲望的手段也多种多样，其中承担风险也是一种。黄金期货市场中的投机者并不是无偿地承担市场风险，而是以承担市场风险为代价，获取规避市场风险者所舍弃的机会利润。投机者虽然承担了高风险，但也可以获得高回报，因而也是公平的等价交换。

黄金期货市场是一个风险型市场，是一个投机者广泛参与并起主导性作用的市场，投机者之所以选择黄金期货市场，是因为这是投机者最方便使用的市场。当今黄金市场的交易标的已有数十种之多，这是在其他商品市场所没有的。这数十种交易标的可分为四种类型：一是实金交易标的；二是现货远期合约；三是黄金期货；四是结构衍生物。不同的交易标的有不同的特性，而被不同的交易者使用。黄金期货与结构衍生物都是黄金衍生物标的，但黄金期货是一种标准化合约，而结构衍生物是非标准化合约。作为衍生物合约都是以盈利为目的的黄金交易者使用的交易标的，但结构衍生物是与其他金融市场产品挂钩的非标准化合约，所以更多是被跨市套利者使用，而黄金期货更多是被市场投机者使用，这是因为：

——在黄金期货市场中，多数合约都是对冲了结，不必进行实物交割，交易过程便捷，入市和退市都十分方便，市场的流动性很高，增加了投机者更多的可乘之机，提高了盈利机遇，因而受到了投机者的青睐。

——黄金期货保证金制度，为投机者提供了以小博大的盈利功能，这意味着以一元的投入，可能有十元的收益，这显然对以追逐利润为目的的投机者具有极大的吸引力。

以上两点场外现货远期也可以实现，但做空机制是其所不具备的。拥有做空机制的黄金期货市场可以做单边生意，如在价格上升的牛市中做多头，先买后卖可以获得盈利，但在价格下跌的熊市中做空头，先卖后买同样可以盈利，所以无论是牛市，还是熊市，投机者在期货市场中都可以盈利。

场外黄金衍生物市场也有做空机制。但黄金期货是一种标准化合约，每张合约的价值是相等的，因而在一定范围内可以成为充当一般等价物的“准货币”，与其他市场的产品合约实现互换，这就为投机者跨市套利提供了方便，而非标准合约间的互换就比较困难。

以上分析表明投机者之所以在黄金期货市场中表现活跃并非偶然，同时，黄金期货市场异化为风险型市场给黄金市场带来了多方面的变化。

1. 黄金期货的上市推动了黄金市场的分层，从此出现了一个实金即期市场与合约远期市场平行发展的二元市场结构，前者是黄金商品属性主导的市场，后者是黄金金融属性主导的市场。二元市场的进一步分层，最终形成了一个功能有别的若干市场组成的市场体系。

2. 市场分层又带来了黄金市场交易者的细分，不仅有黄金传统市场实金买方与卖方，又出现了一个庞大的以营利为目的的投资者群体。投资者的广泛参与数十倍地扩大了黄金市场的交易量，全球交易量达到了20 万吨以上，这在传统实金市场是难以想象的。

3. 黄金期货上市又推动了黄金衍生物的创新，现在已经有数十种黄金衍生物在市场上交易，极大地增强了黄金投资功能，使黄金投资变得十分便利。可以期现套利、跨期套利、跨市套利和互换套利。黄金投资营利的途径日益拓宽，手段日益多样，这在传统的实金市场是难以做到的。

4. 黄金现货市场是用即期价格交易，价格发现只是现货价格，并没有未来预期价格的指示功能，而黄金期货市场是用预期价格进行数月和数日后的交易，从而大大增强了黄金市场发现价格和锁定价格的功能，并为场外远期和衍生物合约定价提供指示。

正是由于黄金市场发生了深刻而根本性的变化，以致于今天我们再使用“黄金市场是买卖黄金的场所”这样传统的定义已经很难涵盖黄金市场的全部功能了。从表面看，黄金期货市场把稳定的实金交易和有约定的远期销售变成了快速的电子网络上的信号和账号上的数字增减；烦琐的黄金物流交割过程变成了频繁的资金流动过程，而更深层的影响是使黄金市场在形态上和功能上都发生了一次革命，这就是黄金期货市场异化的革命意义。

三、黄金期货市场交易的参与者

了解黄金期货市场在黄金市场体系中的特殊定位，有利于我们对黄金期货市场参与群体进行正确界定，也就是解决黄金期货市场服务对象界定问题，这是一个黄金期货市场能否成功的重要课题。

（一）黄金生产者

黄金生产者是黄金市场的主要供应商，每年占总供应量的近七成。他们进入市场的主要目的是卖出自己生产的黄金，所以实金交易主要是使用即期市场，而锁定价格、规避价格风险又主要使用场外远期交易合约。只有少量黄金生产者使用黄金期货合约，他们是黄金期货市场交易参与者中的少数成员。

从我国实际情况看，黄金产量2006年为240.87吨，今年（2013年）保持了两位数的增长，因而预期可超过澳大利亚而居世界第三位。由于黄金市场供求基本矛盾处于相对缓和的状况，黄金生产者主要是使用即期交易市场，是即期实金交易市场中的主要交易者。但也会有规避风险而使用远期合约的需求。与国际黄金市场比较，我国场外远期合约市场发展迟缓，基本上未成气候，而黄金期货合约的推出在即，在这种情况下，如出现市场熊市，为了锁定价格持续下跌风险，只有选择期货合约，进入期货市场。另外，2002年黄金市场开放以后，一些大黄金企业从延长产业链和提高黄金附加值的需要出发，兴办了一批黄金投资公司。这些公司已开展了居民黄金投资业务。黄金期货上市后，这些黄金投资公司出于自身发展的要求，也会逐步开始黄金期货业务，成为我国黄金期货市场交易的参与者。

预期未来黄金生产企业参与黄金期货交易的形式可能会有以下几种：

1. 少数大型黄金企业建立自己的期货公司，成为上海期交所的会员。

2. 一些黄金生产企业可能会根据自己的需要，选择期货公司结成合作伙伴关系，成为期货公司的委托客户。

3. 黄金生产企业兴办的黄金投资公司，除少数不仅是上海金交所的会员，还会成为上海期交所会员，除把业务由金条投资延伸到黄金期货投资业务外，其他黄金投资公司可能会与期货公司联合。

黄金生产企业是我国黄金期货市场可能的交易参与者，但只是少数企业直接进入市场，部分企业使用期货合约，不会成为期货市场中的主导力量。

（二）黄金制品生产商

国际黄金市场上近十年八成左右的黄金是做工业原料，在我国这一比例更高，因而黄金制品生产商是黄金的最主要的需求者和购买方。他们主要参与的是实金即期市场和黄金借贷市场，极少参与黄金期货市场交易，因为他们的利益所在是产品的附加值，而不追求黄金的价差投机，因而一般是贷金而不是到市场上买金。

我国是仅次于印度的世界第二大黄金制品生产国，第三大黄金首饰消费国，已形成了一个居世界前列的黄金制品生产加工产业，是目前我国实金即期交易市场上的重要参与者。由于我国还没有形成完善的黄金借贷市场，实金即期交易市场是他们获得黄金的主渠道，但即使如此，黄金制品生产商仍有许多规避价格风险的手段，而一般不会使用期货合约。

和黄金生产商有些相似的是，我国一些金制品生产商在黄金市场开放以后，也开展了黄金投资业务，建立了黄金投资机构。黄金期货推出以后，这类黄金投资公司有一部分会开展黄金期货投资业务，而成为黄金期货交易的参与者；还有的企业向市场推出了自己的品牌产品，成为做市商。这些企业就需要使用期货合约对冲自己实金头寸的价格风险，而成为未来黄金期货市场的参与者。

预期我国大部分黄金制品加工商不会参与黄金期货交易，只会有少数企业因业务的需要而进入黄金期货市场，其数量还可能会低于黄金生产企业。

（三）市场投机者

投机者是黄金期货市场中表现最活跃的交易者，是市场交易者的主体。投机者是以金价浮动而产生的价差盈利，是市场风险的主要承担者。投机者群体组成复杂，有散户也有机构，有短期个人投资者也有对冲基金。黄金期货市场在多空博弈中金价上下波动，往往会和黄金供求基本面背离。金价的大幅波动为投机者带来了盈利的机遇，也产生了巨大风险，因而需要投机者有较大承受市场风险的能力。于是衍生出了两个问题：一是市场风险管理问题，二是投机者教育问题。这两个问题成为黄金期货市场发展的关键。

黄金作为一种“准货币”是国际公认的国际贸易的最后支付手段，其价格的变化更多地是与国际货币体系的变化和主要国际货币的变化相关联，而不是与黄金的供求基本面相关联。近期持续的黄金牛市就是在“美元弱势”这个大背景中发生的。2006 年比 2005 年全球黄金需求下降了 5%，而金价却大幅上扬了 35.85%。所以每当国际货币坚挺、信用产品市场走强时，黄金市场往往平淡，而国际货币贬值、信用产品市场动荡，则会有相反的情况出现，黄金期货市场同样如此。投机者受利益驱动，他们可以因利而迅速入市，也可因利迅速撤离，所以虽然投机者是黄金期货市场中最积极的交易者，紧盯价格变动曲线而废寝忘食，但也是最不稳定的因素。

做市场投机者需要有一定的资金实力和心理承受力，后者需要教育和磨炼的过程，而前者是财富积累的过程。从我国社会经济的现状看，初步的资金积累过程已经完成，具体的表现是居民个人货币存款已超过17万亿元，国家外汇储备已高达1.4万亿美元，两者都居世界前列；社会资金由短缺变为流动性过剩，大量社会资金寻找投资出路；目前投资市场人气高涨固定资产投资居高不下，股票市场屡创新高，对于黄金期货市场也充满期待。这对于投机者来说显然是极大的利好因素。我国已经形成了一个黄金期货投资者群体。据悉，近年来我国已形成了一个颇具规模的地下境外"保证金交易"及"黄金期货"交易市场，已有了一个庞大的投机者群体，仅上海破获的一家地下"黄金期货市场"近两年来的交易额就高达200多亿元。但这仅是冰山一角，由此可知，现在地下黄金期货市场已有何等发展，可见黄金期货在民众中的需求之旺。黄金期货品种的正式推出，一定会使大量地下交易者走到地上把非法交易变为合法交易。可以说地下"炒金"市场已经为黄金期货的推出准备了交易者队伍，所以"招安"应成为上海期交所黄金期货品种上市工作的一个策略。

（四）市场投资者

市场投资者与市场投机者都是通过金价浮动变化的盈利者，但两者有所区别，市场投资者是为了转移自己的经营风险而进入黄金期货市场的，期货交易是手段，避险是目的，而投机者进行期货交易的目的就是盈利。由于目的不同，两者在市场中的行为取向选择不同，行为原则也不同。如果说投机者是风险的购买者，而投资者则是风险的卖出者。

黄金期货市场投资者的主体是不同形态黄金市场上的做市商。做市商是黄金市场中即报卖价，同时也报买价的特殊市场交易参与者，同时承受买卖双方的市场风险。但这是两种不同方向的市场风险，因而如两个方向的风险相等，正负相抵风险为零，如果不等，做市商就会面临价格风险，而需要使用期货合约把所面临的风险转移出去。

场外黄金交易市场是黄金市场体系中交易量最大的市场，占总交易量60%以上的份额。这个市场既交易实金，也交易现货远期和结构衍生品，是一个做市商市场，因而存在大量的做市商。他们可能是某个国家的央行，或某个国际性商业银行，或是一个黄金投资机构。他们都向市场卖出各自的或他人的黄金投资产品，并承担回购这些产品的义务和责任。

在这些形形色色的做市商中，商业银行是主导性的做市商，而且其他做市商的市场风险往往会通过商业银行做市商转移而不是直接转移处理，因而，商业银行是黄金期货市场交易的重要参与者。由于其进入黄金期货市场的目的是规避风险，与投机者的行为取向会有所不同，投资者与投机者反向行为选择会对投机者的过分投机活动起到抑制作用，成为稳定市场的力量，因而黄金投资者入市意义不仅仅是可以增加交易量，扩大市场规模。有关专家研究结果表明，商业银行在国际黄金期货市场参与者中占有最大比例为36%，超过了短期投机者（31%），可见商业银行在黄金期货市场中占有重要的地位。

我国银行业进入期货业还存在政策性障碍，过去是明令禁止，现在《期货交易管理条例》的有关规定已对商业银行解禁，但银监会尚未明确，开展黄金期货业务还需审批，因而，商业银行进入黄金期货市场还需在政策层面推进必要的改革。

同时，从商业银行自身而论，因我国以商业银行为主导性做市商的黄金场外交易市场尚未有足够大的规模、所承受的风险压力相对不大，对于进入市场使用黄金期货合约避险的迫切性还没有显现。而且据悉，各家银行也有各自的应对之策，因而，这影响了商业银行行动的积极性，所以应积极推动与商业银行业务层面的沟通。毕竟目前在实金即期市场交易中，商业银行已占据三甲，并已有数家商业银行开始积极开展黄金业务，而且已有不俗的业绩。这些都为黄金期货市场交易者银行业板块的形成奠定了基础，迈出了第一步。但是，商业银行交易者板块的形成大大滞后于黄金期货市场建设推进的要求，是市场建设者必须面对的现实。

（五）跨市套利者

跨市套利者也是一个以营利为目的的投机交易者，但他不是在一个市场上投机营利，而是在多个市场上投机营利，利用不同市场间和不同品种间的利率波动、汇率波动形成的价差获利。特别是一些大基金，本着“不能把鸡蛋放在一个篮子里”的原则，他们的资金投向不是一个市场而是多个市场，一旦发现可乘之机就会主动出击，调动大量资金，以小博大使用杠杆手段拉动价格，一旦得手便迅速撤离。目前已有 1 200 亿美元进入了商品市场（包括黄金市场）。另外，一些投资基金为了避免单一产品价格波动带来的风险，而利用黄金价格走势与股票、外汇、债券市场相反的特性，在投资组合中也增加了黄金成分，进行跨市套利。

这些跨市套利者并非黄金期货市场上长期持续的交易者，往往具有隐蔽性和突发性，但对市场影响巨大。如 2006 年 5 月前后国际金价不到一个月的时间由 530 美元上涨到 730 多美元，涨幅近 40%，而这之后一个多月又下跌到 541 美元，跌幅 26%，这种大涨大落就是对冲基金跨市套利的“杰作”。

如前所述，当代黄金期货是一种标准化合约，在一定范围内具有一般等价物的功能，极易与证券、股票、外汇等金融产品互换，这就为金融市场投资者的跨市套利提供了套利操作的便利，因而活跃于金融市场上的各种基金也可以成为黄金期货交易的参与者。黄金期货市场与外汇、股票、证券市场的关联性与互通性是黄金市场金融属性的重要标志。

在金融混业管理的政策环境中，黄金期货市场与其他金融市场的互通及不同金融产品的互换，是在市场机制的作用下自然而然形成的。但我国是金融分业管理的政策环境，因而实现黄金期货与其他金融产品的互换与市场的互通，存在政策壁垒，为此必须推进金融体制的改革。可以预期金融体制改革不是朝夕可以完成，将是一个长期推进的过程，而且即使政策壁垒消除后，在业务层面上的发育也需一个过程，因而，跨市套利者进入我国黄金期货市场还是要努力争取实现的愿景。但是由于我国金价已与国际接轨，黄金市场日益融于国际市场，成为国际黄金市场的组成部分，因而直面跨市套利者已是即成事实。对于跨市套利者的关注和研究应是黄金期货市场的参与者和市场运营商们的必修课。

黄金期货市场交易参与者如图 8–1 所示。

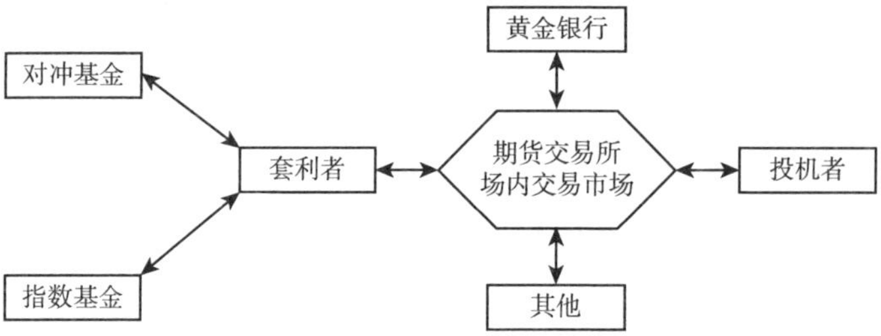


**图 8–1　黄金期货市场交易参与者**

四、黄金期货市场“渐进论”

黄金期货的推出使黄金市场发生了一次革命，带来了一系列深刻的变化，同样具有金融属性的黄金期货在商品期货市场上市，对传统的商品期货市场也会产生极其深刻的影响。我认为这种影响可能会表现在两个方面：

（一）市场制度创新

黄金是一种“准货币”，黄金期货是一种金融投资品，因而黄金期货市场与外汇、证券、货币具有良好的互动、互通机制，其产品之间有很方便的互换关系，只有具备了这样的条件，黄金期货的金融属性才能得到充分体现，黄金市场才能成为金融市场体系的一部分。我们将黄金市场定位于金融属性主导的市场，不仅是因为97%以上的交易量是黄金投资行为产生的，占有市场交易绝对主导地位，而且更重要的是黄金市场已经与其他金融市场形成了紧密的关联性，而成为金融市场体系的一部分。

我国商品期货市场与金融市场的互动正在不断加强，但产品的跨市互换推进相对滞后。黄金期货的上市将对期货市场与金融市场的互动和产品的互换提出更为紧迫的现实推动要求，因而金融分业管理体制的改革也会日益显现，要建立规范的渠道，实现黄金期货市场与证券市场、外汇市场、货币市场资金流动的畅通安全。管理体制的改革，首先是市场制度改革，而市场制度的改革需要制度创新。今后随着黄金期货市场的上市、发展，我国必将加快期货市场制度创新，从而带动管理体制的改革。也就是说，因为黄金期货的上市，我国黄金期货市场的管理制度也要相应地从商品性管理向金融性管理延伸。

（二）会员结构再造

商品期货市场的交易者是以商品买卖双方和商品投机者为主体的结构，而黄金期货市场交易者是金融产品经营者和金融投机者为主体的结构，两者之间存在差异。因而，黄金期货上市需要期货市场会员结构再造，要增加新的交易者，特别是金融投资机构和商业银行会员。黄金是种具有金融属性的特殊商品，作为一般性商品的黄金交易是在现货市场中进行，其风险规避使用现货远期合约和贷金，是在做市商主导的场外交易市场进行，而黄金期货市场主要是完成黄金金融产品的市场风险交易过程，因而市场的金融属性是黄金期货市场发展的灵魂，而会员结构再造是体现市场金融属性的关键。

期货市场会员结构再造需要一个逐步推进的过程，已开始黄金业务的商业银行应是首要的工作对象。具体的名单是中国银行、中国工商银行、中国农业银行、中国建行银行四大国有银行和兴业、深发展、民生等民营股份制银行。这些银行已开展了实金投资业务，并且其中一些银行已成为市场的做市商。因而，无论是扩大银行自身业务的需要，还是规避黄金市场风险需要，这些商业银行有了开展黄金期货交易的客观需求。而且他们中的多数已经与上海黄金交易所网络联通，建立起了面向民众的交易窗口，已经具备了一定的进入黄金期货市场的基本条件，因而工作的难度相对较小，在此基础上进一步推动各种基金和投资机构入市。

以上分析表明，上海期货交易所上市黄金期货，与过去增加一个商品期货品种有所不同，它需要市场转轨变型，同时伴以制度创新和会员结构再造，然而完成以上任务需要一个长期过程，不能一蹴而就，因而我国黄金期货市场发展是一个渐进的过程，只能是由小到大、逐步发展，任何过分乐观的预期都是脱离现实的。

### 5．第一个合作的调研项目

我与上海期货交易所合作开展的第一个专题调研项目是“黄金期货社会认知度调查报告”，这个项目是上海期货交易所委托北京黄金经济发展研究中心由我负责组织完成的，从2007年底启动到2008年6月完成数据汇总分析，前后用了大约半年多的时间。总共返回3 501份个人问卷，465份机构问卷。然后对这些返回问卷数进行整理分析，根据对数据分析的结果，对黄金期货市场发展面临的几个关键性的问题提出了以下的建议：

一是专业人才“瓶颈”突破。黄金期货合约是上海期货交易所这个商品交易所上线交易的第一个金融产品，是上海期货交易所交易者还不熟悉的一个新产品，黄金期货交易的推动首先面临的是一个专业人才的“瓶颈”问题。为此建议要建立高、中、低不同层次的培训工作体系。首先要组织期货公司的专题培训，并通过期货公司形成辐射全国的个人投资者的教育网络，同时还要对机构投资主体适时开展投资者培训教育。从长远的角度看应在高校创建黄金人才培训基地，为此应推动黄金期货高校教材的编写，使我国的黄金期货交易专业人才培养列入国家正式人才教育体系。所以建议要加强与高校的合作。为此我曾推动上海期货交易所与首都经济贸易大学合作，他们也签订了合作协议，但实际进展不大，并未成功。

二是金融机构会员“瓶颈”的突破。黄金期货合约是一个金融型产品，因而金融机构会员应是交易主体，但上海黄金交易所是一个商品交易所，金融类会员那时还是空白，所以建议上海期货交易所调整会员结构，特别是要增加商业银行会员，但在存在政策壁垒的情况下，首先是要进行黄金市场与金融市场关系研究，用当代金融理论对现实问题给予回答，形成理论上的突破，再用理论的力量撬动政策的突破。其次应做的工作是加强与商业银行业务的联系，建立互相了解关系，为建立战略合作伙伴关系创造条件。这种战略合作伙伴关系的内容就是上海期货交易所积极配合和支持商业银行研究和推出黄金期货业务或与黄金期货挂钩的理财产品，以提高黄金期货交易在商业银行业务总量中的比重。

三是基金机构入市的“瓶颈”突破。基金投资者的进入会给黄金期货市场带来更大的发展促进力，为此建议上海期货交易所应与各基金协会合作，研究基金进入黄金期货市场的政策障碍及应对方案，并开展第一支黄金期货基金的设计与申报，以点带面地展开。基金进入黄金市场，至今已过去了十余年，但仍是一个热点话题等待突破。

## 二、人才：黄金市场发展的短板

2008年1月9日黄金期货合约鸣锣上线交易，我也受邀参加了黄金期货上市仪式，至今我仍保留着邀请函和代表证，以纪念我国黄金市场化的这一个重要时刻。2019年11月21日我又受邀参加了黄金期权的上线仪式，黄金期权上市虽是一个迟来的行动，但总算补上了上海期货交易所的一个缺憾。因而我也成为上海期货交易所黄金期货和黄金期权两大黄金产品上线的共同见证人。黄金期货合约上市至今已12年，我参加了2020年之前上海期货交易所几乎全部与黄金相关的论坛、研讨班、培训班，或做嘉宾，或讲演，或参与策划，能够如此持久地与黄金期货市场发展为伍，我是幸运的。

在与上海期货交易所合作的第一个社会调研项目“黄金期货社会认知度调查报告”的结论部分把专业人才“瓶颈”突出地列为发展建议之首，这是对黄金期货市场发展的评估，更是黄金市场建设启动7年后的现实存在。将专业人才“瓶颈”置于突出地位，也是因为北京黄金经济发展研究中心在黄金市场化改革酝酿期就介入了黄金市场的理论研究并参与了黄金市场化的推进实践，那时便已遭遇人才困境，对于黄金市场专业人才“瓶颈”问题有着切身的体会，市场专业人才储备问题急需解决。

2002年上海黄金交易所开业，我国黄金市场实现了从无到有，但我们整个社会从上到下对黄金市场的认知是陌生的。半个多世纪的黄金管制使黄金市场远离了我们两代人，曾经在黄金市场摔打过的前人已经逝去，而后人对黄金市场的认识则是一片空白，所以在20世纪90年代初邀请我国著名的金融货币权威们讨论黄金市场问题时都自称是没有研究过的“小学生”。在我国金融专业的教科书中也没有或只有很少有关黄金市场的内容。我们的黄金市场化缺少专业人才，到了21世纪初专业人员缺乏的状况仍无改变。正是那时人才的缺乏才让我这个半路出家的非黄金金融人士成为稀缺人才，退而不休，继续工作。黄金市场专业人才短缺问题是一个全局性和长期性的存在，直接表现是从事市场运行的专业人才缺乏，而深层的表现是我国黄金市场理论的沉淀浅薄，对当代黄金市场发展的演进缺乏深入认识。那时能够在书店上架的黄金市场专著基本上都是国外著作的汉译本，我们自己那时对于黄金市场的认识基本上还停留在前人们的故事传说之中。所以，我们是在缺乏人才准备的情况下开始黄金市场化改革的，当黄金市场横空出世，我们面对的现实是从领导层到实践层真正了解和认识黄金市场的人几乎为零，所以只能是摸着石头过河，在实践中试错前行。一方面，上海黄金交易所开业以后黄金业务迅速地向银行业延伸扩展，银行黄金业务的市场运营和产品研发专业人才成为迫切的现实需求。另一方面，黄金市场化的一个重要进展是黄金进入民众生活之中，成为百姓理财和储备的选择，因缺乏专业的正确引领，一度黄金地下投资平台泛起。总之，人才“瓶颈”的突破成为我国黄金市场发展的首要问题和黄金市场化改革的重要任务。为此我付出了极大的热忱和持续的努力。

### 1．与高校牵手共克人才关

突破黄金市场发展的专业人才“瓶颈”，我国高校应承担主力军的责任，但我国高校并没有对口专业设置，所以高校教育资源也有一个重新配置调整的问题，这对于我国高校来说这是一个机遇，也是一个挑战。出于推动黄金市场化的责任心，本人也成了推动高校黄金专业人才培养的热心人，积极拉动和促进黄金产业机构与高校的合作，意在推动高校资源向黄金经济与市场专业人才培养倾斜，加强能力的建设。在黄金市场化再启动后，国家黄金管理局黄金经济发展研究中心立即把业务培训、专业人才培养作为推动黄金市场化的主要工作，1999年就与首都经济贸易大学合作举办了黄金行业领导干部黄金市场培训班，为黄金走向市场准备骨干力量。这个培训班的学员不少后来都成为黄金行业黄金市场化实践的先行者和领导者，这在当时是一个很具前沿性的行动。从那时起我先后参与了首都经济贸易大学中国黄金市场研究中心和烟台大学文津学院黄金投资研究所的创建，还被浙江大学江万龄投资研究所聘为研究员、副主任。将黄金专业人才培养列入国家教育序列，实现黄金专业人才生产的正规化、持续化是我的一个“梦想”。

首都经济贸易大学是我的母校，我一直想利用母校之便建立形成一个黄金经济人才培训基地，2006年该校创建了MBA培训中心，于是和时任中心副主任的祝合良教授一起策划了黄金工商硕士培训项目，这可能是黄金行业至今唯一一个黄金工商硕士班。因为北京黄金经济发展研究中心负责具体的组织工作，所以我除了参与招生工作外，还承担了黄金MBA班的教学任务，为此编写了《黄金市场》教材一部。学员多是已有黄金企业工作实践的管理者或投资人，学员总计32人，学制1年半，一年教学半年做论文，入学学员主要是为了提高学识，开拓视野。由于外语考试因素，最终大多数只获得了结业证书，有4个学员参加国家考试获得了正式的工商硕士毕业证书，成为黄金工商硕士。这个班的学员毕业后都事业有成，或是黄金上市公司的主管领导，或是小有名气的企业家。但是因种种原因，这个项目未能持续办下去，成为唯一的独子。后由我牵头，首都经济贸易大学还与上海期货交易所达成了黄金专业人才培养战略合作协议，但成效不大。

烟台是我国黄金第一大市，拥有发达的黄金开采业，所以黄金市场开放以后面对黄金市场专业人才短缺的状况尤感压力巨大。所以，当时烟台大学文津学院院长产生了创立黄金学科，培养黄金专业人的想法，而与烟台市黄金局局长商讨办学事宜，征求他的意见，该局长力荐我出山主持该项目的落实。于是就有了邀我赴烟台大学文津学院筹建黄金投资研究所之举，并以该研究所为支撑开始了该院黄金经济学科的创建，半年以后经山东省教育厅考察授予大专班办学资格，设想在进一步提高的基础上再申报本科办学资质。作为一个过渡性安排，在应届毕业班中组建了一个黄金方向班，但文津学院没有相关专业的教师队伍，主要是我外聘讲师完成教学任务。这届黄金方向班40人，由其经济系应届毕业生自愿报名，毕业时有近二分之一就职于黄金行业，成为黄金行业的新兵。但该项目三年后停办，第一届学生毕业后我即离开烟台返京。

### 2．职业技能培训应急而生

学历教育在黄金专业人才培训上基本没有突破，但从职业技能培训切入的行业黄金投资技能人才培养却有了突破。中国黄金协会作为一个行业社会组织为会员服务是应尽的义务，而为突破黄金专业人才“瓶颈”助力就是为会员服务的重要内容，在这方面中国黄金协会做的一件大事就是2005年向劳动和社会保障部提出将黄金投资分析师列入国家的新职业，同年获得批准。黄金投资分析师职业的确立使黄金市场专业人才在国家层面得到认可，从此黄金市场专业人才成为一个独立的群体，这是一次巨大的进步，到2017年初、中、高三级分析师培训逾8 000人，分别对应的职称是经济师、中级经济师、高级经济师，成为黄金市场的一支重要的黄金专业队伍。黄金投资分析师已成为当时各大城市明确认定予以重点引进的稀缺人才，黄金投资分析证书已成为各大金融机构重要的任职凭证。为推进黄金投资分析师的职业培训中国黄金协会编写了一套培训教材，这套分初、中、高三级的培训教材于2006年完成正式出版，弥补了我国黄金培训教材的空白。

说到这套教材的编写还有一个小花絮，教材主编如何确定？主编的水平如何评价？我出了一个主意，到书店里去找。于是我们分头到书店查看已出版的有关黄金市场专著，买回了20多种，从中挑出我们认为内容与文笔皆上的作者为教材的主编与作者候选人，再与选定的人选进行接触，面对面考察。因为确定的主编都有著作为证，保证了基本素质和较高的写作水平，被戏称为“书店捞人”。

黄金专业人才学历教育虽未能进入正式的教育体系序列，但从提高毕业生技能的角度教育部支持将黄金投资分析师培训列入大学生选修课，进入1+X证书项目，这实际是黄金专业人才培养进入了我国高等教育的一种形式，也是一个突破。

### 3．黄金市场交易平台的人才培养

还有一部分商业机构基于自身业务发展需要也开展了黄金市场专业人才的培训，以适应不断拓展的黄金业务的需要，另外黄金市场交易平台因是黄金投资者汇聚之地，为了进行投资者培养教育和巩固投资者群体，各市场交易平台也开展有针对性的培训。而其从规模和持续化评价，上海黄金交易所黄金交易员培训项目具有最大的社会影响力。

黄金市场发展专业人才的短板，主要是通过在黄金市场发展实践的过程中锤打锻炼，走干中学之路而逐渐补齐的，虽然还没有形成完整的教育体系，但基本上满足了黄金市场化改革实践发展的需要。

## 三、由工作升华成持久的友谊

虽然2005年以后我还在工作，但是已退休不再担任领导职务，而合作项目的谈判和推动要求双方身份的对等，所以我这样一个已是民间性质身份的人，接触和联系的人群也发生了变化，不再是上海期货交易所的高层领导，更多接触的是主管黄金业务的总监，在上海期货交易所是属中层干部，但也变化频繁，先后经历了四任黄金业务总监的变动，但令我觉得不可思议的是在人变事变，合作缺少持久的今天，上海期货交易所的每一任新总监上任我们见面都没有陌生和疏远感。我与上海期货交易所的合作有十多年，无论是接触级别的降低，还是接触人员的变化，合作始终没有中断，这是因双方的合作逐步升华为一种信任、真诚、关爱的工作关系。

从2007年开始我们几乎每一年都有合作，而我的工作项目也都能得到他们的支持，我的每一部著作他们总是热心的读者和积极的推荐人。随着我年岁的逐年增加，不知不觉地衰老，我日益感到了我已成为他们的保护对象，无论是公共场合，还是私下聚会，都是如此。在近一二年我开始逐渐从台前退居二线，合作的频率也在减少，但他们给予我的关爱和支持没有任何减少，这似乎已是一种自然而然的状态。我想可能是2007年的公开站队和黄金市场二元结构平行发展理念的提出，为他们黄金期货市场上市提供了道义和理论的支撑的报答之举吧！人世间有一种不建立在个人私利基础上的友谊，这种友谊不以牟取私利为目的，没有利益的对等交换，所以很让人感动，而难以忘怀。

大约是2014年夏天，上海期货交易所的鞠成鑫到北京出差，在中国黄金协会办完公事后，提出让我陪他出去遛个弯，于是我们步行到附近的地坛公园，那天很热，他又是一个一米八多的大个子，走了不远便满头大汗，到了地坛公园我忙要找一个阴凉之地，但他却拉住了我，原来他并不是要出来遛弯，而是问我有什么想法，有什么困难，如有困难他们可提供力所能及的帮助。这是一个出于常规之举，一般没有资助人会主动表示要提供帮助而征求被资助人的意见。我想这因为是新人频出，黄金行业与上海期货交易所的联系已经多元化，他可能怕因此在资源分配上不能顾及我而特别征求我的意见。有了他的这个表态我开始策划组织黄金产融结合论坛。产融结合是一个重要的问题需要广泛讨论。论坛从2015年开始连续组织了五届，虽然资金不多，但没有他的承诺我也是不敢贸然行动的。

崔瞳和鞠成鑫是后期我接触到的上海期货交易所最多的人，他们的共同点是真诚和认真，崔瞳更沉稳老成，而鞠成鑫更热情外露。鞠成鑫是上海期货交易所的团委书记，据说交易所每年春节联欢会他总是压轴出场的“活宝”。有一件事让我印象特别深刻，2019年初春，中国黄金协会组织了一次我的《中国黄金：从跟随到超越》一书初稿的小型讨论会，鞠成鑫参会，按一般惯例，组织会者会给每人发一点咨询费，但他遵守期货交易所规定工作不收额外报酬，坚持退了回来，这让我很是感慨。鞠成鑫开始是崔瞳的助手，后接班主管黄金业务，而崔瞳现在是上海期货交易所期权产品团队的负责人，2019年12月20日上线的黄金期权就是他的团队的作品。他们都是平凡的人，都是交易所的基层员工，但因与他们相遇而使我的学术生命得到延长，这是我的幸运，我也祝他们一生平安。

## 四、一元市场结构的终结

2008年1月9日上海期货交易所黄金期货合约上线，不仅仅是我国黄金市场增加了一个新产品，更大的意义是标志着我国黄金市场一元结构的终结，一个多元市场体系形成，这是我国黄金市场发展的新阶段。这个发展新阶段的一个突出的特征是从一个市场变为多个市场形成的市场体系：即期黄金交易市场——上海黄金交易所、远期黄金交易市场——上海期货交易所、商业银行柜台OTC黄金市场三足鼎立的市场格局。国际黄金市场也是多个专业化市场组成的市场体系，即瑞士实金交易市场、伦敦即期黄金交易市场、纽约远期黄金交易市场组成的一个国际黄金市场体系。与我们不同的是国际黄金市场是通过国际专业化分工实现黄金市场功能多元化、结构体系化，由多个国家的专业化黄金市场组成了国际黄金市场体系，而各个国家的黄金市场则多是专业化的一个市场，其功能的不足通过与国际黄金市场的对接来解决。而我国是在一个国家内自己就形成了多市场的黄金市场体系，这是中国黄金市场的基本特征，也是我国黄金市场能够实现从跟随到超越的一个重要原因。

我国黄金市场形成这样的市场体系，有中国金融分业管理体制的原因，正是这个被一些人吐槽的体制的限制，加速了我国黄金市场在发展新纪元之际发生了市场分层，即上海黄金交易所与上海期货交易所的分设，因而形成了一个多市场各自沿着自己的方向平行发展的“蓝海”格局，从而实现了低消耗、高产出，使我国黄金市场的发展获得了超常的动力。

2008年我国多市场组成的市场体系形成，成了我国黄金市场发展的体制性优势，具体的表现是规模开始快速扩张。2008年以前，我国黄金市场交易规模一直处于千吨级水平，而2008年开始我国黄金市场规模扩张步伐明显加快，当年我国黄金市场就扩大了4倍多，双向交易量突破万吨，达到了1.417万吨。2013~2016年出现了更大的超常发展：2013年双向交易达到3.621万吨，2014年达到4.429万吨，2015年达到9.132万吨，2016年交易量突破了10万吨，创造了一个高峰，达到了12.586万吨，每一年增加即达万吨之巨。之后虽有所回落，但仍保持在10万吨以上的水平，2016年和2017年分别为10.137万吨和11.2万吨。2019年再次发力，双向交易量达到18万多吨。我国黄金市场规模已达亚洲第一、全球第三，在国际黄金市场的格局中取代日本，与纽约和伦敦黄金市场形成三足鼎立之势。这是三大市场共同发力的结果。目前上海黄金交易所双向交易规模已近8万吨，上海期货交易所已近10万吨，商业银行的柜台OTC市场达万吨以上，三个市场分别比2008年大约增长了16倍、12.5倍、7.1倍。这是我国多个市场的市场体系所具有的体制性发展优势的重要表现。

多个市场组成的市场体系最大的体制性优势是为黄金市场创造了一个竞争的“蓝海”，在竞争中实现了共进互赢，从而极大地激发了我国黄金市场的创新能力。在国际黄金市场体系中我们是一个后来者，但是在短短18年里我们发展成为一个领军者，得到了世界黄金协会的赞许和认可，不仅是因为我国黄金市场跑出了全球最快的增长速度，更为重要的是有全球最为旺盛的创新力表现，现在我国黄金市场拥有全球最多样化的交易平台：竞价、寻价、定价、借贷、ETF、场内、场外；还有全球最为丰富的交易产品品种：实金、纸黄金、金币、金制品、递延交割、提前销售、期货、期权。

我国黄金市场走出了一条中国特色之路，而这条道路的一个重要的时间节点就是2008年黄金期货合约上市，这是我国黄金市场发展的分水岭——从一元市场到多元市场，这也就是上海期货交易所在我国黄金市场化进程中的历史定位。

## 第九篇　行业篇

# 在数据“荒原”上的跋涉

## 篇前提要

物流、资金流、信息流是社会经济的三大构成要素，经济发展的本质就是实现三大要素的协调增长。在人类生产力发展的历史长河中，我们对于物流和资金流已有较大的认知度，因而建立了以物流为研究对象的经济学，以资金流为研究对象的金融学，而对信息流的认识则长期很不以为然。信息流曾被冷遇、被忽视。今天技术的发展使大数据、云计算、互联网纷纷亮相并成为人类生活的一部分，人类进入了数字经济时代，以数据为主体的信息流的价值大幅提升而成为人类生产力发展的优先因素。数据信息流是人类认识物流和资金流的工具和衡量标尺，所以信息对物流和资金流的运动方向、运动效率都有巨大的影响力，因而对生产力发展现状或未来的认识都要建立在数据的基础上。人类将要进入一个崭新的数字经济时代，但是黄金产业的数字经济还需要从一片“荒原”上开始跋涉。

行业篇聚焦黄金行业的这一发展短板，以行业发展的历程做背景，对黄金经济信息流认识的演进做一次梳理。这是一个认识黄金行业发展的新视角，在这个新视角中我们可以看到一些曾被忽视了的事件和人物，他们都是我国黄金生产力发展进程的一部分。

黄金经济信息流的工作主体是数据统计、分析、发布工作体系，这一体系的建设、发展、成型是我国黄金市场化必不可少的一部分，是发展黄金生产力的重要方面，这一点在过去被忽视，现在正逐渐被认识。

## 一、数字经济是黄金产业的短板

信息流的主体是数据，人类作为地球上的一种动物，生存的一个基本条件就是认识客观世界，数据则是人类认识微观世界的“显微镜”和认识宏观世界的“望远镜”，所以无论人类认识事物的表象，还是认识事物的本质都要依靠数据来描述，因而可以说数据是人类认识世界的眼睛。

### 1．数据：人类认识世界的“眼睛”

天文地理、人生百态都是数据构成的世界。对人类的经济活动的认识、研究、描述更是如此，发展经济离不开数据，数字经济已经是经济社会的组成部分，而且日益重要。在我的黄金经济研究专业生涯中感受尤深：对黄金经济的规模、方向、比较的描述都要数据为证，须臾不能离开，数据是我们经济研究工作岗位的生存之基。但是如果说数据是人类认识世界的眼睛，那么我国黄金产业的“眼睛”虽不能说没有，但并不光亮，并不敏锐，而且在很长的时期里黄金行业基本上还是一片数据荒原。

黄金产业的数字经济是在黄金生产力发展的进程中萌芽、生长、发展的，黄金市场化进程开始了对这片荒原的开垦。黄金数据的采集、分析、发布工作体系的转型和再造成为当今黄金行业的一大工程，这个工程虽然还没有完成，但已成为我国黄金产业大厦的支柱之一。

### 2．黄金管制也管制了黄金数据

我国黄金市场的发展过程是一个黄金从管制到开放的过程，也是一个数据从管制到开放的过程，这一点可能只有高度需要数据的黄金经济研究者有敏锐的认知。

（1）遭遇黄金数据短缺之困境。在黄金管制的体制中黄金的流动性受到管制，描述黄金流动的数据是受限的。20世纪90年代我进入国家黄金管理局黄金经济发展研究中心时因黄金还处于管制的体制之中，当时不仅数据稀少而且与黄金有关的数据也处于保密状态，最基本的黄金产量、储量、基建投资、大型金矿等数据都属国家机密，只有少数特定有一定级别的人才能看到和掌握。看到的黄金产量数不是具体的数字，而是X、XX或是XXX，代表我国年度黄金产量的数量级，是个位数、十位数或百位数。那时更没有公开的黄金数据库，即使我已进入国家黄金管理局黄金经济发展研究中心，但因级别所限也很难接触到这些与黄金有关的历史与现实的数据。而经济研究即使不做适时数据综合，就是做定性分析也需数据支撑，所以那时开展深度的黄金经济研究因没足够的数据支撑，几乎是不可能的。但好在那时国家的要求就是把黄金产量搞上去，所以从国务院到国家黄金管理局，再到黄金生产企业关注的发展目标就是产量。各级领导面对的是一个封闭的环境，相对稳定而且比较简单，因而也没有对黄金经济进行深度研究的迫切需求。所以那时黄金数据存在着一个矛盾现象，一方面是大量数据被封锁闲置，另一方面是深受数据不足困扰。那时不仅国内的黄金数据不足，境外数据来源也很少，我们的研究工作开始也只能是从与保密数据联系不太直接的方面开始。我国黄金经济研究是随着黄金管制的放开、数据的解密，才逐步开展起来的。具体是在1993年黄金市场化改革的目标确定以后，黄金经济信息日益开放，黄金产量数据是1994年经国务院批准才解密的。

（2）黄金数据困境与年鉴引进。因为当时国内黄金数据很难获得，而我们开展经济研究又必须要有大量数据的支撑，因而扩大黄金数据的来源成了当时黄金经济发展研究中心的一项重要工作。在这种情况下我们把目光转向了国际，因为黄金经济研究同样也需要掌握国际黄金业的数据，那时国内的国际黄金业发展数据也是缺乏的，因封闭的黄金行业对外开放的程度很小，故从国际上获得信息资料的渠道很少，数据信息的获得也很困难。最早突破是国家黄金管理局经济研究发展中心与英国黄金矿业服务公司建立联系开始，那是1996年，而且还是他们主动联系的，因而也就有了之后我国黄金行业的第一本黄金年鉴的引进。那时我们看到它的英文版时，首先吸引人眼球的是高档的装帧（现在看来已是一般化），阅读并不困难，但读懂这些数据则用了数年的时间，这反映了我们的黄金经济研究也是一个不断深化的过程。这本黄金年鉴的引进，实际上也是我国黄金经济数据体系建设迈开的第一步的标志，成为国家黄金管理局黄金经济发展研究中心成长进步的一部分。

那时英国黄金矿业服务公司提出要拜访国家黄金管理局，国家黄金管理局黄金经济发展研究中心是对口接待单位。黄镇球主任带着我及另一个可做英文翻译的同事，经过国家黄金管理局外事部门安排与英国黄金矿业服务公司开始了在北京的第一次接触，此后的数年里他们每年都要来北京一次。英国黄金矿业服务公司的背景是国际著名的金田黄金矿业公司，该公司编辑出版了一本《全球黄金年鉴》，这是一本反映全球（包括中国）黄金产业与市场发展资讯的综合出版物，并以多种文字出版，后来这本年鉴的编辑出版部门成为一家独立的公司，这就是英国黄金矿业服务公司。为了编辑出版这本《全球黄金年鉴》他们要到全球各地做调研，中国也是他们的调研对象之一，而这时我们也需要了解世界，这种目的性的契合成为双方合作的基础。

黄金产量当时是他们最想了解的数据，但那时还未解密，不能直接提供，所以他们先提出一个对我国黄金产量的预估数征求我们的意见，我们表示可能高了，他们就下调预估数，而表示可能低了，他们就上调预估数，我们表示差不多，他们就用这个差不多的数据作为他们使用的中国黄金产量数据向世界公布。当然产量数据解密之后他们也不是直接使用我们公布的数据，而是根据他们掌握的情况做微调，总之并不求统一，而是坚持自己的独立性，为此后来他们是两个数据同时公布，并做出特别备注。当时我们十分缺乏国际黄金业数据，所以黄镇球主任提出希望他们出版黄金年鉴中文版并能授权由我们出版发行，但那时我们也没有财力印刷发行中文版（现在这点费用早已不再是问题，从这个细节变化也可体会到我们经济实力的增长），所以希望他们能找一家赞助商在国内合作出版发行黄金年鉴中文版。1997年他们反馈给我们说赞助商已经找到，英国黄金矿业服务公司的《全球黄金年鉴》中文版才得以在中国落地发行。

## 二、与庆丰金公司有关的故事

合作出版英国黄金矿业服务公司黄金年鉴中文版的赞助商是香港庆丰金有限责任公司，这是一家香港的黄金交易公司，公司董事总经理陈发柱时任香港金银贸易场理事长，其公司领导还有其兄弟陈发梁，从这两兄弟的名字就能看出了他们的父辈对他们寄予的希望。

### 1．香港庆丰金公司扫描

庆丰金公司的创立者是陈发柱的父亲，他是打工起家，通过打工拼搏他不仅在香港有了公司，还拥有了地产，传到两兄弟手里时已有三家上市公司，那时他们在上海和北京均有房地产开发项目，并在两地设立了分公司。他们的父亲据说还是李嘉诚的发小，所以李嘉诚对这两兄弟的生意还时尔给予关照。陈发柱之所以赞助英国黄金矿业服务公司黄金年鉴中文版的出版，目的是提前布局，迎接内地黄金市场的开放，同时带动其在内地金首饰零售企业的发展。所以他们不单是赞助出版黄金年鉴中文版，他们还结合中文版的发布，赞助国家黄金管理局黄金经济发展研究中心举办黄金经济研讨会，还先后数次作为接待单位推动了内地黄金行业组团访问香港黄金业，以扩大其在内地的影响和人脉。

庆丰金公司1997~2001年总计赞助了5年年鉴的出版。《全球黄金年鉴》中文版是黄金行业引进的第一本海外黄金年鉴，从而打开了一个观察、了解国际黄金矿业和市场发展动态的窗口，中国黄金行业第一次有了比较全面的国际黄金业的数据，也为我们提供了一个中外黄金业发展的比较工具。这在当时是一件有突破性的稀罕事，所以在北京举办第一届黄金经济研讨会时冶金工业部副部长、国家黄金管理局局长徐大诠与会并致词，还接受赠书。在这5年中，分别在北京、上海、招远举办了五届黄金经济研讨会，北京两届、上海两届、招远一届，而以2000年在招远那一届规模最大，与会国内外代表规模达到400多人。当时主要产金国南非、加拿大、美国、澳大利亚都派代表参加，并携带各国的金矿石作为礼品赠予招远市博物馆。这次会议的召开展示了庆丰金公司国际人脉丰富的一面，而增加了其企业品牌效应，招远市则是将“中国金都”品牌第一次向国际亮相，增加了招远市的国际影响力，所以实现了双赢。但是，会后的事态发展却有些曲折。

### 2．庆丰金“大厦”的轰然倒塌

作为这次研讨会后续的副产品，陈发柱邀请招远市政府去其上海分公司访问考察，因而很快招远市市长带队到上海与陈发柱见面，陈发柱口头承诺在招远市投资1亿美元，但是这一承诺迟迟没有兑现。实际那时庆丰金的败象已显，他已无力兑现承诺了，但是这一层窗纸没有捅破，所以招远市还存希望，不断催促，又拖了一段时间才无疾而终。庆丰金北京分公司和其在北京王府井的金店先后关闭，后是上海分公司撤销，再是上海和北京的房地产项目清空，到2001年基本退回到香港以求固守，这一年也是庆丰金最后一年赞助黄金年鉴中文版的出版。但退守香港后的陈发柱也没有守住底线，最后因上市公司发布虚假信息而获刑入狱，出狱后被列入禁止高消费名单，搬出了豪宅。最后结局是身患癌症告别香港迁居澳大利亚，表示不再返回而客死他乡。

### 3．并不成功的一次服务转型

2001年庆丰金公司停止赞助黄金年鉴的出版之后，中国黄金集团总公司接手黄金年鉴的出版赞助，仍由北京黄金经济发展研究中心负责这一合作项目的运作，一直到2013年，北京黄金经济发展研究中心负责黄金年鉴出版发行又延续了12年。从千方百计寻找境外企业赞助商到中国黄金集团总公司主动接盘，这一变化看似一件小事，但我这个事件亲历者看到的却是我们黄金企业的进步和经济实力的增长，而生颇多感慨。

（1）伦敦黄金年鉴发生变故。中国黄金集团总公司支持伦敦黄金矿业服务公司黄金年鉴出版这一年恰是黄金管制放开之年，10月30日上海黄金交易所开业运营，我国黄金管理体制发生了根本性变化，黄金的流动性的增加使黄金信息的流动加快，信息的需求也大幅增加，开放的环境的出现也使黄金信息来源多元化，与1997年该年鉴进入中国时的情况有了很大不同，为英国黄金矿业服务公司在中国的发展提供了一个更大的发展机遇。但是，2014年英国黄金矿业服公司发生变故，被英国路透社收购。

英国路透社是全球最早创办的通讯社之一，是当今西方四大通讯社之一和世界前三大多媒体新闻通讯社之一，同时为国际金融市场提供路透系统交易平台。该系统客户可在这个系统平台上直接完成交易。我国改革开放之初国门开启，不断与国际接轨的我国企业急需了解国外信息，路透的信息产品占据了当时我国高端信息市场的首位。他们收购英国黄金矿业服务公司可能是为了增加其黄金信息产品的生产与供给能力，但他们的经营思路有了调整，黄金年鉴信息不再走共享之路，而打包成为路透社有偿供给的产品，因而停止了在我国黄金年鉴中文版的出版。

英国路透社对英国黄金矿业服务公司的收购中断了黄金年鉴中文版的出版，但路透社的黄金年鉴转型并不成功。2014年中国黄金市场已开放12年，发展迅速，成为全球瞩目的新兴黄金市场，因而也成为国际信息服务商争相进入之地。英国黄金矿业服务公司的黄金年鉴2014年的退出，并没有使国际黄金资讯对中国的供应中断，而是立即就有美国CPM公司进入中国。CPM公司黄金年鉴立即补上了中国市场出现的这一空缺，这简直是一次无缝衔接。

路透社收购英国黄金矿业服务公司之后也想有所为，他们的业务人员也曾和我联系合作，但不知何故始终不能做事而不了了之。路透社几年后将原英国黄金矿业服务公司黄金年鉴的版权又一次转让重组，但英国黄金矿业服务公司黄金年鉴再也没有回到我国黄金信息供应的主流中来。

（2）美国CPM公司遭遇竞争。乘虚而入的美国CPM集团是成立于1986年的一个从事大宗商品交易的研究机构。黄金年鉴是CPM集团出版的多种年度报告中的一种，还有其他多种月度报告和专业报告。2014年进入中国的CPM公司黄金年鉴的中文版出版开始是与北京经易金业公司合作，一年后的2015年才又有中国黄金协会加入，由此变为三家合作的项目。北京黄金经济发展研究中心从此中断了从1997~2013年连续16年出版黄金年鉴中文版的历史，而转由中国黄金协会接棒黄金年鉴中文版的出版。但是很快情况就又有变化，因又有一匹黑马横空出世，这就是2016年英国金属聚焦公司的出现。

英国金属聚焦公司是以原英国黄金矿业服务公司的骨干人员为班底创建的，

原来路透社收购英国黄金矿业服务公司时对其高管有3年禁入期，所以3年过后他们又卷土重来，之所以能卷土重来是因为路透社有偿信息服务的经营之路失败了，而CPM公司刚刚进入中国脚跟还未稳。从而给他们提供了机会重走信息共享之路。金属聚焦公司也出版了自己的黄金年鉴，而要向中国推出，他们选择的最佳的路径就是与中国黄金协会合作。于是这时中国黄金协会就面对了两个黄金年鉴的合作者，如何取舍也就成了中国黄金协会要处理的一个问题。

两本黄金年鉴的内容各有千秋，在我看来美国CPM集团的黄金年鉴的资信内容更丰富，但因英国金属聚焦公司是世界黄协会的签约信息供应商（CPM集团也曾竞争世界黄金协会信息供应商，但失败了），而中国黄金协会与世界黄金协会是战略合作伙伴，这个因素在中国黄金协会取舍上发挥了关键性作用。因而中国黄金协会选择了英国金属聚焦公司作为自己的战略合作伙伴，其黄金年鉴冠名为《全球黄金年鉴》在北京发布，这个后来者成了“正室”；而美国CPM集团黄金年鉴则冠名为《CPM黄金年鉴》，在广州发布，这个先来者成了“偏房”。即使如此，这两个国际性信息服务公司仍都在积极地深植自己在中国的根基，他们在黄金年鉴的基础上又各自与中国黄金协会合作推出了自己的《白银年鉴》和《铂钯年鉴》。至此中国黄金协会出版的年鉴已涵盖了全部贵金属，所以我国国际信息供给从黄金扩展到贵金属，这是我国贵金属市场繁荣发展的反映，因为我国不仅是全球重要的黄金市场，而且也是贵金属白银、铂、钯、铑的全球的重要市场。

## 三、数据是拥有话语权的根基

从1997年英国黄金业服务公司黄金年鉴在我国落地，到2019年与中国黄金协会合作已有五种国际贵金属年鉴出版，极大地增加和丰富了我们的贵金属数据的供给，这种供给的改善为我们对贵金属市场认识的不断深入提供了数据支撑，但在我国的黄金市场发展已达世界级时，对于市场数据的不仅要求数据的数量的丰富，并逐步发展对数据准确性和可靠性，及可核查有了更高要求，进而又有了对数据的自主性和原创性的要求，这是我国黄金数字经济的一个新高度，数据开始从无足轻重的存在成为生产力的一个要素，并且其价值开始升值。之所以出现这种情况是我国黄金产业此时已日益走出国门与国际黄金产业融合，成为国际黄金业重要的一极，因而我国黄金产业发展开始日益呈现国际化趋势，国际的比较与竞争成为发展的要素，在需要硬实力增长的同时需要软实力的提升，而软实力的核心是话语权。对话语权的竞争与获得的实践中，逐渐使我们认识到了数据是一种重要的战略性资源，所以即要数量也要质量，因为数据是引领人类行为的指令，只有正确的指令才能产生正确的行为，按照错误指令的行为则必然是失败。

### 1．数据是人之类行为的指引

对事物的认识需要数据描述，描述的目的是对人的行为作出指引，数据正确与否，直接会造成人类行为正确与否。描述事物的数据来源可以是直接的，也可以是间接的，而且繁多，所以对数据采用要有选择和鉴别的过程，要选择就要有对数据是否正确的核查判断能力。国外年鉴的引进极大地丰富了我国贵金属市场信息的供给，但是这是输入型的增长。如果说1997年第一本国际黄金年鉴的引进增加了黄金数据供给，扩大了我们的视野，因而感到满足，但黄金数据供给更丰富的今天，我们却日益感到不再满足，反映了我们对黄金信息价值追求的变化。因为这些黄金信息是从国外拿来的，我国黄金产业和市场的一些基本数据甚至市场化以后的一段时间里还需“进口”。其原因是我国黄金市场开放以后，黄金的社会存在的广度和深度都空前地增加了，产生的黄金数据数量和种类也日益增加，而且一些数据产品已不再是单一的数据的统计、分析，而需有多因素的综合分析能力才能获得相应数据。这就要求我们对数据的收集和分析能力的提高。而数据的自主收集、分析能力形成之前只能是用国外提供的数据来讲中国的故事，这样的中国故事可能并非反映了中国的真实，所以贵金属资讯的丰富并不能掩盖我们贵金属资讯产品生产力的滞后。

黄金年鉴是一种年度黄金生产与市场发展现状的总结和对未来发展的指引，是一种典型的综合性的黄金信息产品。如果数据的提供者不是我们自己，而是他人，那么产生资讯数据失真的概率就会大大提升，甚至可能出现数据诈骗，由此产生的结论和指引都可能会是错误的，那么后果将十分严重，即然黄金数据的撰写分析和发表是一种行为的指引，因而数据的分析发布就具有了国际经济博弈的价值，是国际话语权的一部分。所以我国黄金产业与市场的发展需要建立我们自己的独立的、强有力的黄金数据收集、处理、发布的工作体系，并在逐步完善的过程中逐步提高自己能力。这种能力的提高还包括了对黄金数据的真伪辨别和纠错能力，这就是黄金行业数据收集、分析、发布的这个工作体系的发展的战略价值，是构筑我国国际黄金话语权的一部分。然而，我们的黄金信息的生产能力不容乐观。

### 2. 黄金数据工作体系需要再构

进入21世纪我国黄金生产与流通规模逐步进入了全球前列，话语权对于实现从跟随到引领的中国开始变得日益重要，所以对计划经济体系中黄金信息报送体系再构、建立市场化的黄金数据工作体系也变得日益紧迫，数据的荒原一定要变为数据丰沃之地。在黄金管制体制中黄金行业的数据生成报送工作统计体系虽相对完整，但这个体系在黄金市场化的进程中并没有完全平移得到保护，而是在很大程度上已废止，只有一些遗存的存在，也就是在这个遗存的基础上，把在市场经济环境中的黄金数据工作体系的重建任务转交给了中国黄金协会。中国黄金协会在这个遗存的基础上开始进行黄金数据工作体系的再构。在大体上保留了6张统计表的各省统一填报的基础上，实现了黄金产量的逐级统计和发布，并得到了国家统计局的授权认可。这已是不幸中的万幸了，但是这个工作体系在一定程度上仍是在“吃老本”，而“老本”已岌岌可危：过去黄金数据工作都有专业岗位设置，而现在都是兼职并随机构的变迁不断调整，总的情况不是在强化而是在弱化，这项工作开展的经费过去是上级拨付而现在是自行筹集，所以成为一项难度很大的工作。新的基础性统计工作系统不要说重建加强，就维持也并非易事。世界黄金协会也曾试图在中国建立一个黄金首饰市场数据系统但最终夭折，这是因为建立黄金数据的统计、分析、发布工作系统具有公益性，但资信产品也只有实现共享才有价值，产品是共享的而投入则是私利的，所以并不是所有的人都愿意投入，而总想等待信息成果的共享，故公益性项目的资金投入一直是一个很大的问题。这个问题对于黄金信息系统再构来说也没有解决，还没有稳定的资金来源，较大的信息项目建设还无力推进，所以说现在还是在“吃老本”。

没有数据就没有话语权，如果我们停留在使用国外数据讲中国故事的状态，实际可能就是为他人说话，反映他人之意志，就是主动放弃了自己的话语权，而要拥有自己的话语权就要形成自己强大的采集和分析数据的能力，所以我们的这种能力如何从坚持状态进入发展状态是中国黄金协会面临的一个不小的难题。

### 3．黄金市场供求数据成悬疑

黄金供求数据是观察分析黄金市场的最基本的一组数据。按照经济学理论，市场是以供求平衡为基，实现市场供求平衡的过程，就是价格调整的过程，因而黄金市场供求平衡是人类黄金市场发展行为的最重要的指引。在黄金管制的体制中黄金供求量的一本账都由中国人民银行掌握而且作为国家的最高机密，秘而不宣。黄金走向市场以后，中国人民银行没有了供求数据统计的义务，而使市场供求数据成为一个盲点。这盲点一度是依靠国外的数据解盲的，最基础的数据全部来源于国外，也就是长期使用外国人提供的数据讲中国的故事，所以不论故事多么吸引人可能都不是真实的，这就成了一个很大的问题。特别是我国黄金生产力规模日益扩大已成为全球主要的黄金市场和黄金生产需求国，这个问题不解决将可能会成为一个灾难性因素。

黄金的供给在市场中主要来源有三个：一是矿产金，二是进口金，三是回收金。那时我国对这三个供应源的数据统计的情况是：矿产金统计体系大体上稳定，所以产量数据的获得没有多大问题；进口金有海关统计，这方面数据可以获得；最大的问题是回收金数据，因黄金冶炼企业不再由中国人民银行定点，且分散已无可靠统一的数据源，所以黄金走向市场以后回收金入市量统计空缺，因而在一段时间里我国没有年度市场供应量数据生产能力，而国际黄金年鉴也只有矿产金和回收数据，且多是估计数，而无进口金数量，所以也无我国市场黄金完整准确的供应数据；市场年度需求现在已变得多样化，有金条、金币、金首饰、工业用金、资产配置、黄金借贷、黄金ETF等，所以市场化后更增加了黄金需求数据生成难度。那时的情况是，金币因是具有垄断性的中国金币公司一家生产经营，所以获得金币的供给需求量的难度不大，ETF我国当时有三只所以获得它们的年度持仓量也不是难度很大，但其他方面的用金量，或是非常分散，或是数据保密而难以获得，致使我国黄金需求数据自主生成也长期空缺。而国际黄金年鉴也只有我国首饰用金和工业用金数量。也就是说我国黄金供求量在市场化前虽然保密，但中国人民银行还有基本数据，而2002年黄金市场化后到2007年的5年里，每年我国市场的黄金供应和需求数据都是空白，既无自主生成也无国际供给依赖，而成了悬疑问题急需破解。黄金市场基本供求数据都是空白又如何谈发展！

## 4．供求数据逻辑关系的建立

供求平衡是市场发展行为的基本指令，没供求数据就不能确定市场平衡点，那么如何分析市场的发展方向呢？这是黄金市场发展的一个最基本的出发点，决定了人类市场行为的对错，那么如何走出这一困境呢？

（1）寻找市场供求数据的基点。解决市场供求数据悬疑，面对的是没有投入，难以铺开大面积普查，普查这条路走不通，只能从现实中寻找已经存在的、可以使用的数据做基础再做必要的推断，产生我国的黄金供求数据，因而首先要建立我国年度黄金供求数据生成的逻辑关系。

2008年是我接手《中国黄金年鉴》编撰工作的第二年，为生成2007年我国黄金市场供求数据而颇费脑筋，一日突然开窍，感到可利用上海黄金交易所的入库量和出库量作为市场供应量和需求量的基数。因为那一年上海黄金交易所交易量突破千吨，已是全球最大的实金市场，基本涵盖了我国黄金市场的供应和需求量。上海黄金交易所入库量是我国黄金市场的供应量，而出库量则是我国黄金市场的需求量，有了这两个基本数据，依靠它们做基础数再推导全年黄金供求结构，工作量大的困难一下就可以减少许多。沿着这样的思路向前追索，在2008年《中国黄金年鉴》中对我国2007年黄金市场供求数据推断，我做了如下说明：

“在我国上海黄金交易所实金交割量已占到市场总交易量绝大部分，估计已不会低于90%，因而上海黄金交易所实金交易的变化基本上可以代表我国黄金供求变化情况。

2007年，上海黄金交易所黄金入库量394.885吨，即可视为是我国当年黄金实际供应量，比2006年增长了56.84%，供应量和增长率均创上海黄金交易所运行以来历史最高纪录。同年，上海黄金交易所黄金出库量为363.194吨，即可视为当年我国黄金需求量，比2006年增长了48.02%，低于供应量增长率8.82个百分点。由于需求量低于供给量，造成实际供给大于需求，因而2007年出现了31.11吨未交割的库存，库存为总供量的8.02%，而2006年仅为6.384吨和2.54%，黄金库存量的增长是对价格上涨预期的结果。”

以上是首次用我们自己的数据对我国2007年黄金市场供求做出分析，第一次有了我们自己的声音。但是这个分析结果是否符合实际当时并没有考证，因为当时中国黄金协会也还没有建立自己的市场供求数据收集工作体系，但其意义是找到了解决我国市场黄金供求数据难题的一把钥匙，在此基础上就可以建立一个基本的工作框架，生成我国黄金市场的供求数据及构成。

将上海黄金交易所的入库量视为市场供应量，而供应量构成为矿产金、进口金和回收金。当时矿产金和进口金都有我们自己数据来源：矿产金数据来源于行业统计，进口金数量来源于海关统计，回收金数据是以总供应量（出库量）减去矿产金和进口金之后得出，但当时对回收金量并没有统计数据做支撑，所以只是推断出来的一个数据。

将上海黄金交易所黄金出库量视为年度中国黄金需求量，而黄金需求量的构成是首饰用金、工业用金、金币用金、小金条用金、推断性净投资等。在这5项用金量构成中只有金币用金量可从中国金币总公司获得，而首饰用金、工业用金、小金条用金是建立定点抽样企业按比例推断，企业和机构黄金资产配置具有保密性，所以用推断性净投资之名以概括，其数据是总需求量（出库量）减去以上4项需求得出。而在2008年中国黄金协会还没有以上数据收集工作体系，所以2008年那时对我国2007年黄金需求构成数据全部使用的是英国黄金矿业服务公司《全球黄金年鉴》的数据。

所以2008年只是找到了解决黄金供求基本数据困惑的方向，但这显然还是没有完全脱离用外国数据讲中国故事的窘境，所以中国黄金协会黄金数据收集工体系还需进一步完善。

（2）供求数据收集、分析工作体系的形成。在2008年，我们的一个认识上的进步，是建立一个年度市场黄金供求数据的逻辑关系，但当时并没有一个数据统计体系为这个逻辑关系提供支撑，从严格意义上讲还没有脱离用外国数据讲中国故事的尴尬境况，但已找到解决问题的方向和路径。以上海黄金交易所的出库量做年度市场需求量，入库量为供应量，这在上海黄金交易所交易占社会实金流动的绝对主导地位的情况下，虽不是绝对但是它有合理性，但肯定也存在误差，而需校正，这是要继续解决的问题。市场供求量的构成，除矿产金、进口金已有可靠的国内数据，而回收金数是推演出来的，其正确性如何也无验证手段，因此之后中国黄金协会建立了黄金冶炼厂生产量统计系统可对供应量进行校正。对市场黄金需求数据是以上海黄金交易所出库量为基础数据，但除金币用金外其他各项用金数据当年还只能全部使用国外数据，并不是完全真实的情况的反应。之后中国黄金协会通过扩大数据采集企业数量，增加和充实黄金加工企业的数据统计比例，减少了推算比例，而在上海黄金交易所出库量的基础上对黄金市场供应量进行校正。

中国黄金协会之所以能够逐步建立我国年度、季度黄金供求数据定期发布制度，从2008年以后《中国黄金年鉴》有了固定的市场供求这一章节，都是在这个逻辑架构上沿着这个方向推进的产物。这个信息收集和校正体系是逐步完善的：先是黄金矿业，再是黄金加工业，最后是流通金融业，现在中国黄金协会已在黄金产业链的上、中、下游的各环节初步建立了固定的信息源，因为这个信息收集体系是以协会会员为基础，所以具有相对的稳定性和可核查性。这个信息收集和校正体系的逐步完善，使中国黄金协会成为我国黄金市场供求数据发布的权威单位，在中国黄金市场上的话语不仅表现在国内而且也表现在国际上，这是中国黄金协会的一项重要职能。

## 四、我与《中国黄金年鉴》

英国黄金矿业服务公司《全球黄金年鉴》诞生于20世纪80年代，而落地中国是90年代，但到21世纪我们还没有自己的一本黄金年鉴，对于我们来说不仅是一个重要数据缺失的遗憾，而且意味着我们还没有市场的自主话语权，所以在我看来编撰出版一本自己的黄金年鉴是我国黄金行业的一项重要的文化工程。

### 1．一个出自内心的追求目标

编撰出版一本中国自己的黄金年鉴，在20世纪70年代引进英国黄金矿业服务公司黄金年鉴时便萌生的一个念头，当新世纪黄金数字经济短板矛盾日益突出的情况下这个念头也日益强烈，因为黄金年鉴编撰的基础是黄金信息统计系统的数据，所以通过年鉴的编撰出版可推动这一系统的建设，而这一体系建设是增加黄金数据经济生产能力的重要措施，是我国黄金市场化的一部分，这一理念并非是我具有先见之明，而是在工作实践中逐渐累积而形成的感悟认知。因为我曾饱受信息短缺之苦，对于黄金信息平台的建设有着格外的热情，但是当时还有不少人不以为然，所以现任中国黄金协会秘书长张永涛的坚持就格外重要，可能是在国家黄金管理局计划处时他就负责黄金统计年鉴的编撰有关吧，因为有了这个工作经历而使他对年鉴的编撰工作比较熟习了解，也格外坚持，也正是因此才使我与《中国黄金年鉴》编撰发生了联系，担任了8年主编，奠定了《中国黄金年鉴》成长前行的基石，也为我的学术生涯经历增加了额外的一笔。

《中国黄金年鉴》是中国黄金协会编辑出版的一本内部发行的年度黄金资讯刊物，是中国黄金协会作为一个行业协会对全行业情况把握的试金石，所以年鉴的编撰也是对中国黄金协会资信工作的集成与检验，是中国黄金协会对行业掌控力的标志，但我不知道它算是哪一年创刊的，因为在前期它的出版有很大的随意性，大约是2003年前任秘书长说要编一本《中国黄金年鉴》，没有助手、没有资料，只有我一个光杆司令。于是仅凭我手头握有的信息编写了一个资料，后来2002~2003年《中国黄金年鉴》问世，不知这算不算创刊号，但之后就没有后续行动了。前任秘书长退休，当时张永涛虽任副秘书长但分工负责年鉴的工作，于是由他任主编把具体任务落到中国黄金协会的一个部门再次启动了《中国黄金年鉴》的编撰工作。2004年和2005年两年的年鉴编撰时也遇到信息资料短缺的难点，解决的办法是广泛找专家，由他们分专题负责撰写文稿，然后由主编总撰，我也曾是被邀请的对象之一。问题是符合条件中意的老专家并不是很容易找到，即使找到的老专家也受知识老化、自身信息宽度的限制，组织起来很费劲，效果并不令人满意。后主持编撰的人退休便顺势偃旗息鼓。可见在当时《中国黄金年鉴》的编撰是一件不太受欢迎的事，但因张永涛坚持还要做下去，于是需要找一个新的主撰稿人，于是就有了我接手编撰《中国黄金年鉴》的事情。

### 2．友情接盘，有喜有忧

2007年我已退休两年，但退而不休，还在北京黄金经济发展研究中心，主要是搞投资者教育，但那时我已逐渐将主要精力转到中国黄金协会做研究工作，当时课题研究按中国黄金协会领导分工也主要是张永涛职责内的事，而在之前的2006年他就委托我承接了一个工业用金的研究课题。那时我也正应烟台大学文津学院的邀请组建黄金投资研究所，我并不在北京，所以课题组也是我以文津学院的老师为主组成的，研究工作也主要是在烟台大学文津学院进行的，这次合作顺利，因此我离开烟台回到北京之后就主要是在张永涛的领导下继续进行课题研究工作。张永涛让我接手《中国黄金年鉴》的编撰工作我没有推脱，原因一是张永涛提出的；二是我还有点信心，有意愿做。就这样我就从2007~2014年做了8年《中国黄金年鉴》的主编，《中国黄金年鉴》也逐步定型，8年后2015年张永涛再接手时已实现了年鉴编撰的稳定。在这期间我主要做了三件事:

一是设计构筑起《中国黄金年鉴》的基本写作框架，虽然在我介入之前该年鉴已编撰出版了3期，但基本框架并未形成固定的模式，是我接手后才固定下来，形成了统一风格。从2008年开始至2019年已过去了12年，虽还在不断发展完善，但风格保持了基本稳定，使《中国黄金年鉴》有了稳定的撰写出版流程，现在《中国黄金年鉴》已成为中国黄金协会一张对外的名片。

二是建立了《中国黄金年鉴》数据支撑体系，改变了眼睛向外，大海捞针式的信息征集思维，转为向内求稳定供给源。主要是对黄金行业7张报表数据的充分使用（这7张报表数据收集由黄金协会王衍平承担了主要工作），以及对《中国黄金市场报告》、中国黄金协会信息网的第一手数据的采用，这些相对稳定信息源不仅基本保证了《中国黄金年鉴》的信息数据的需求，并使《中国黄金年鉴》具有了信息的原创性，从而使《中国黄金年鉴》成为社会基本黄金数据的第一供给源，这是别人难以模仿的核心竞争力，所以《中国黄金年鉴》的排版、印制、内容虽然还显粗糙，但在数据的权威性上已具有了不可替代性，而拥有了日益增多的用户和读者。

三是建立了市场供求数据的逻辑关系架构，沿着这个逻辑架构指示的方向，中国黄金协会进行了黄金产业链上、中、下游信息征集工作体制的建设，解决了黄金市场供求数据严重空缺问题。这一次从认识上的突破带来的是一次工作上的突破，突破了黄金供求数据采集的难点，使我们对市场变化方向的把握从不确定性向确定性转变，市场供求数据是认识和分析市场变化的基础性数据，因而这组数据的突破具有极大的多方面的意义。

### 3．百尺竿头还需努力前行

《中国黄金年鉴》从不稳定状态到稳定的状态，从一种随意性行为变为规范性行为，应该说我担任8年主编是发挥了作用的，奠定了其稳定的基石，这一点在与张永涛聊天时他也对此有正面评价。这虽不是一件什么惊天动地的大事，在此记之还是要说人的品格一旦形成它会成为一种习惯，会在方方面面发挥作用。我的《中国黄金年鉴》主编的经历也有遗憾，这就是想要把《中国黄金年鉴》做成一个有思想的、具有前导性的资讯刊物，显然这一目标并未实现，仍是一个梦想而矣。从我个人的角度看，当时《中国黄金年鉴》的结稿时间与基本数据征集时间不匹配，而没有时间对这些数据进行消化，所以形成的文字也就流于表面。从工作环境看，还没有找到、形成一种重思考的工作机制。当然年鉴外在质量还不是一流，这也是一种遗憾，但只要增加投入这个问题的解决相对不难，可能主要是我的责任。众多不足需百尺竿头再努力，是我留给后生们的寄语。

本书中涉及的数据主要来自《中国黄金年鉴》（中国黄金协会编）、《全球黄金年鉴》（中国黄金协会、英国金属聚焦公司编）、《CPM 黄金年鉴》（中国黄金协会、美国 CPM 集团编）、《中国黄金市场报告》（中国黄金市场编委会编）。

## 五、张永涛的其人其事

说到我与《中国黄金年鉴》就要说说我与张永涛，因为有了张永涛的坚持才有了我与《中国黄金年鉴》的8年之缘。我与中国黄金协会工作结缘的“始作俑者”虽然是现任副秘书长王胜斌，但在中国黄金协会的工作多与张永涛有关，在中国黄金协会的这个工作的平台上与他的交集最多，转眼间已过去了15年，中国黄金协会是我工作生命的最后一站，所以写到我古稀之年的工作状态一定会涉及张永涛，那就从我认识的张永涛说起。

### 1．平凡也不会影响光鲜的一面

我认识的张永涛，可能不能算是一个完美无缺的人，但是一个阳光的人；他有自己的盘算但不是城府很深的人，他的好恶是表现在脸上的，因而与他相处工作不用费心力，可以做到坦诚相待，而且他爱干事，只要说到做有意义的事，基本上都能得到他的正面回应，也正是这一点我们高度契合，共事超过了15年而没有分道扬镳。

张永涛上学时是学校系学生会主席，是青年人中的佼佼者：能从东北分配到北京已是一个幸运儿；在国家黄金管理局计划处任处长更是锦上添花。应该说张永涛的青年时代是顺利的。人到中年，爱干事的天性使他找到一个发展的空间，这就是中国黄金协会。中国黄金协会是一个社团组织有更多自我发挥的空间，在任副秘书长时就是一个爱干活的人，张炳南调出后由他接任，由副秘书长提升为秘书长主持协会工作，于是已风风火火地干了5年，现在又要风风火火地再干5年，他已是超龄服役。爱干活的天性可能与他成长的年代有关，他比我小15岁，正赶上了改革开放的20世纪80年代，那时中国刚刚走出封闭，为青年人展示出广阔的发展空间，“干”字当头，从上到下一股劲奔小康。那个时期成长起来的年轻人也必然会打上那个时代的烙印。当然我写了张永涛的光鲜也并不否认张永涛就是一个平常的普通人，与大家一样有苦有乐，有顺利，有挫折。

### 2．爱干活是我们俩的契合点

说来也巧，我与张永涛同住一楼，而且是同层相邻而居，多年是抬头不见低头见，也仅是打个招呼而已没有深交，但人到古稀之年后反而和他成为可以说说心里话的人。在年龄上我大他小，在工作中他是领导，他大我小，这种组合的结果是没大没小，成为一种特殊的工作关系——彼此信任可以托付的关系。中国黄金协会为我的工作生命得以延续提供了一个重要平台，退休15年中大部分时间是在中国黄金协会工作，几乎没有中断过，但长期是一个临时的帮忙者，一帮就是15年而没有离开是因为中国黄金协会给了我一种吸引力，使我虽在门外也感到如同是在门内而没有疏远感，能感到尊重和温暖。我也曾有过在表面上对我十分尊重，但是无论我如何无保留地努力也不能扎下根来被接受成为门内人的经历，这可能是不同的企业文化使然吧！文化无形，但前者文化使我能做更多的事，而后者只能是逐渐萎缩，甚至离开。中国黄金协会的这种企业文化与张永涛的作风影响有很大关系。

我60岁退而不休，70岁再就业，接受北京黄金经济发展研究中心副主任一职，74岁又被中国黄金协会聘为顾问，此时的心态与我踏出校门刚进入社会时已有了很大不同，对于我这个退而不休的特殊劳动者来说，名已有，钱够用，名和利已不是最为看重的，真诚待人并能获得到真诚相待是我最看重的，吹捧是虚伪，对我已无意义。

作为一个特殊的劳动者，实际我在中国黄金协会的工作状态也是特殊的。先是接手课题研究工作，这与中国黄金协会那时这方面人才没有成长起来有关，开始是我组织课题班子，担当课题组长，后变为了一般的参与者，再后是幕后的顾问角色；组织论坛、研讨会活动，开始我是策划者、织识者，后成为一个参与者，再后是参会的代表。第一届中国国际黄金大会我是总策划、领导小组副组长，第二届是顾问，第三届是帮忙者；教育项目开始我是主要支撑力量，后为一般参与者，再后是旁观者。从这些变化中可以看到我在中国黄金协会没有具体分工负责某方面的业务，对我的角色定位是一个启蒙者和开拓者，当某一个项目打开局面后，我便完成这个角色的任务，会有接班者出现，逐步让我退出，在一般情况下是会使人产生挫折感。我知道张永涛是有意识地只让我做一段工作而不是全过程，但对此我很坦然，但我闲不住，于在这里退下来了，在那里又干起来了，反而让他感到弄巧成拙，他对此也是很无奈，索性便把我当小伙子用。不用我负责全过程是出于对我的保护而不是对我的排斥，我因此反而没有压力而乐得只计耕耘不问收获了。我毕竟是老了，而且还在变得更老，早晚都要考虑退隐山林，世界是轻年人的，我懂得，但只要这一时刻未到，那么就要认真执着地工作，品格使然吧。

说到爱干活，张永涛也是一个闲不住的人，正是这个共同点把我们联系在一起，在他当副秘长时因为他爱干活，手头的活也最多，所以总是人手不够，我自然就成了他的帮手；他当了协会一把手后可调动资源变得多了，我还可以帮他做事，但已没有过去那么重要了，于是我就知趣地退了下来。于是他又给我了一个《中国黄金志》史志系列丛书编撰秘书处秘书长的位置，配了助手，相对独立自成一统，初定完工期为3~5年，看来这是要拖我下水到80岁才能上岸了，但疫情改变了原定运动的轨迹，75岁我主动彻底退隐山林了。

### 3．他的“忽悠”成为一种精神

“办法总比困难多”是他的一句口头语，我笑他真会“忽悠”人给他干活，但我知道他的这种“忽悠”能发挥作用首先他要做到不玩虚的，所以他被戏称为中国黄金协会的精神领袖，即是说张永涛善于以精神感染带动大家的积极性。真别说，中国黄金协会这三十几号人真的被他“忽悠”得团团转，不仅干事还能干大事。作为一个旁观者我认为协会这届领导班子抓住了5件事，予以契而不舍地推进，这些事不一定是立竿见影立即能有收获，但对于中国黄金协会是有长远成长战略性的需要，从而使中国黄金协会在行业内立住了脚跟，在社会上赢得声誉。在我看来中国黄金协会坚持做的5件有影响的大事是：

一是坚持黄金政策研究，做上下沟通的桥梁。中国黄金协会近年来以事关黄金行业发展的增值税、消费费税、权益金、含氢物料处理、保护区金矿退出等政策问题为重点，进行调研并持续性与政府有关部门沟通，提出问题和建议，共同协商找出解决之道。在含氢物料处理上已有结果；而对增值税、权益金与有关部门多次协调反映黄金企业的意见，有了有利的发展迹象；对于保护区金矿退出、消费税存在问题做了专题调研和向主管部门做出反馈。政策研究和沟通是中国黄金协会的重要职能，这个职能并不是来自上级授权和生而俱有，而是主动争取、锲而不舍地自我加压逐步培育起来的，在保护黄金生产者利益和国家环境利益上发挥了积极作用，从而体现出了中国黄金协会存在的承上启下社会桥梁的价值与意义。

二是黄金经济与技术信息采集和发布工作体系的建立。数据是数字经济的基础，因而也是一种重要的产品，在计划经济体制中计划是指令是经济发展行为方向的指示器，而在市场经济体制中数据是经济发展行为方向的指示器，因而数据是市场经济的重要资源，因而数字资源的占有和生产能力是中国黄金协会发展能力的重要构成部分，是黄金行业在市场经济环境发展所必需的一项基础工程，对此张永涛作为中国黄金协会发展的掌舵人是有比较清醒的认识，因而对这项工作一直坚持一手抓，把中国黄金协会建成黄金信息交流中心和发布中心是他心中的目标，所以中国黄金协会出版发行的国外贵金属年鉴中文版从一种发展到了五种；在他的极力推动下将《中国黄金年鉴》编撰发行实现了规范化，并结合《中国黄金年鉴》编撰的数据需要，健全完善了我国市场黄金供求数据的采集工作体系；建立了黄金市场资讯定期发布制度。这也是黄金行业前所未有的创新。我国黄金市场化的推进打破了原有计划经济体制中的黄金信息采集与发布工作体系，而开始了市场化环境中的黄金信息采集、发布工作体系的重建，中国黄金协会即使不是承担了全部，但也是承担了大部分重建任务，在十多年时间里黄金信息收集、分析、发布体系的重建任务虽还远没有完成，但已有了很大进步，已成为黄金产业的重要信息中心。

三是持之以恒地推进行业的科技进步。科技是第一生产力，对于一个行业组织而言，为行业科技进步添砖加瓦是应尽的职责与义务，中国黄金协会持之以恒推进黄金行业科技进步的“抓手”是“中国黄金协会科学技术奖”评选。该奖项的评选范围涵盖我国黄金生产、加工领域中的工艺技术、材料设计及管理等层面出现的科研新成果。每年评选一次，对做出贡献的组织和个人进行奖励和表彰，从2002年开始至今已持续了18年，建立了一套完整的管理评选制度。中国黄金协会科学技术奖评选已成为我国黄金行业每年一度的科技盛会。18年以来，该奖项评选941个项目，12 721人获奖，并分别于2009年、2010

年、2012年有3个科技项目获得国家科技进步二等奖，2019年1项获得国家发明二等奖。这是我国黄金科技的最高水平的标志。

四是构建多个国内外黄金产业交流平台。基于中国黄金产业对开放和“走出去”的需要，推动黄金产业国际交流也是中国黄金协会的职责之一，国内交流工作虽早已开展，但国际化和固定化的进步标志着中国黄金协会这项工作的新阶段、新水平，现在中国黄金协会已建立的国际性固定的国内外交流平台有3个，分别是在北京、上海、山东招远举办。

北京国际黄金大会，两年举办一届，已举办三届，2020年将举办第四届但因疫情推迟，规模1 000人左右，会期3天，在会议期间举办20多场专题研讨会。这是当前全球唯一的一个涵盖黄金上、中、下游全产业链的国际黄金专业论坛，由中国黄金协会和世界黄金协会联合主办。

上海贵金属投资论坛，每年举办一届，虽曾举办多届，但2018年中国黄金协会才从上海黄金珠宝协会接手主办，虽然只举办了两届，但发展势头强劲，2019年论坛的专家档次、赞助商的层次、参会人数规模均创了历史最高纪录，已是国内举办的同类论坛的一流水平。该论坛主要是面向商业银行和投资机构，已在投资界产生了广泛的社会影响。

中国（招远）国际黄金技术大会，是国际性黄金技术专业人士的交流平台，举办这个论坛的目的是促进我国黄金选冶技术及探矿技术的进步，随着我国黄金技术的进步发展还可以发展成为一个中外黄金技术项目转让洽谈会。该大会由中国黄金协会主办，山东招金集团协办，举办地点山东招远市，每年举办，已举办五届。

五是努力突破黄金市场化专业人才短板。黄金市场改革遭遇专业人才“瓶颈”，在攻克这个“瓶颈”的过程中中国黄金协会发挥了主力军的作用，创立了黄金投资分析师这个国家新职业，并为黄金投资分析师的培养建立了初、中、高三级人才的培训与考核的工作体系，编写出版了一套各级专业人才培训的教材，这也是黄金市场化的一项重要的理论工程建设。该项目培训已超过8 000人，2019年项目又被教育部批准为大学毕业生选修课程，列入1+X证书范围。对于中国黄金协会而言，黄金投资分析师培训项目正一步步发展成中国黄金协会的培训产业，不仅增加了协会的服务功能，也增加了协会在市场中的生存能力。

做事要有做事的文化，因为文化是行为指令，所以有什么样的文化就会有什么样的行为。现在有两种类型的领导文化，一种以管理为责任的领导，认为做事是下级的事，领导的责任是检查，所以遇事他的思维是先找下级的问题，再承担自己的责任，他的工作思维是督战“给我上”。还有一种是以做事为责任的领导，他的责任不仅是检查下级的工作，还要带头做，遇到问题是先从自身再往下找，所以他的工作思维是“跟我来”。这两种作风都有合理性，但在实际的结果却有差异。张永涛基本上是属于后一种领导，受张永涛的工作作风的影响，中国黄金协会每次月度工作调度会，各部门汇报都讲的是我们做了什么，还要做什么，而从来不说我们不能做什么，因为什么困难。这是形成了一种做事的文化：定了的事就要完成，不是没有困难而是因为他们认为克服困难是自己的本分。有了这样一种工作文化，一个集体就能做更多的事，就能把看似不能做成的事做成。这就是我接触中国黄金协会和张永涛而产生的一个突出感受。如果从协会的每一个个体来讲他们并不是特别优秀，但作为一个集体而言可称之为优秀。作为一个5A级社团一定要有5A级的文化支撑力，而5A级优秀文化支撑力的形成与发扬与一把手和领导班子的作风和表率行为无疑是一个重要的关键的因素。但如果领导者没有高屋建瓴的站位，这种“忽悠”的引导力就会大打折扣了——这是我的忧虑。

# 第十篇　法制篇

# 毕其一役的努力

# 篇前提要

2000年中国人民银行向国务院上报的黄金市场化改革报告，提出了要完成的3个工作目标：一是破除黄金管制；二是建立黄金市场；三是要形成与黄金市场化相适应的法规体系。现在已过去了20年，对工作目标完成的情况进行盘点，可以说第一个和第二个目标已经完成，而且这两个目标完成得还不错。黄金管理体制实现了从统收统配向市场自由交易的平稳过渡；黄金市场建设走出了一条中国之路，交易规模已仅次于纽约、伦敦居全球第三。唯独第三个工作目标虽然有成果，但严格讲仍是一个现在进行时。

对于形成一个完整的黄金市场管理条例并非被决策者忽视，反而有毕其一役的努力，但黄金市场管理改革的实践表明法规的形成有其自身的规律性。法制的目的是规范人类的实践行为，但又是源自对人类改革实践行为的总结，所以只要人类改革实践行为持续，那么人类行为的法制化就不会终止，而会呈现现在进行时的状态，这是法制建设的常态。

黄金市场法制化的集大成者——《黄金市场管理条例》的立法过程还在进行时的状态中，我们正在一步步接近这个目标，下面是我对黄金市场法制建设做的梳理。

从黄金管制体制到黄金市场化体制，我们的行为发生了变化，被禁止的行为变成了合法的行为，而变化也需要规范，也就是法制化。黄金市场化改革行为法制化的过程，仍是一个现在进行时，但对这个过程我们可以从已成过去时的黄金管制法规的形成过程中得到一些启示。

## 一、黄金管制法规的历史背影

从1949~2020年中华人民共和国成立71年，而黄金管制则存在了53年，也就是在新中国的历史中的大部的时间里（74%）黄金都是处于管制的状态，这是什么原因呢？

### 1．施行黄金管制的起因

中华人民共和国诞生时正值美元金本位时期，黄金即是国际中心货币美元发行的基础，也是国际贸易可以被接受的支付手段。人民币国内发行虽然不和黄金挂钩，但黄金是国际贸易的结算手段，而成为我们开展国际交往的重要工具，不仅用于经济的交往，也用于政治与军事方面的交往，具有国家战略价值，所以国家一定要拥有一定数量的黄金掌控权，以用于特殊需要时的支付，这就是要建立国家黄金储备的原因。

中华人民共和国成立前国民党政权将当时国家拥有的黄金储备几乎全部掠往了台湾，新中国手中握有遗存的黄金储备只有数千两，近乎于无，如何尽快形成国家黄金储备就成了一个问题。解决这个问题的办法就是实行黄金管制，即将矿山生产的黄金和社会民间的黄金全部收入国库，禁止民间黄金自由交易。只用了3年的时间即到1952年国家拥有的黄金储备就达500万两（小两），折合为156.25吨。但黄金管制并没有因国家黄金储备的建立而取消，黄金管制的延续还有另外一个重要的原因。

对黄金施行管制除应对国际支付以外，另外一个原因就是随着全国政权的逐步建立，我们党的工作重心开始从武装斗争转移到经济建设上来，而发行国家统一货币是经济建设和维护统一必须面对的第一要务，所以建立人民币全国统一发行体制，使人民币成为全国经济运行支付的中心，这对于一个新生政权在经济上获得主导权具有关键性意义。但由于国民党政权崩溃的前夕其发行的法币惊人地贬值，使人们信任黄金而不信任信用法币，黄金在国内成了当时人民币的对立物，而成了潜在的第二种支付手段。所以为了确立人民币的绝对权威，使之成为国内经济运行的唯一支付手段，就必须禁止黄金自由交易，这是中华人民共和国建立之初即对黄金施行管制的首要原因。因那时黄金并不与人民币发行挂钩，因而国家黄金储备并不用于支持人民币的发行，黄金管制主要是基于消灭人民币的竞争对手的目的。所以那时黄金管制是抑制黄金的流动性，而不是扩大使用黄金，受此影响新中国成立初期对黄金实施管制的同时也将黄金生产置于了“冷宫”。直到1957年以后才有所改变，那时人民币的支付权威已在全国形成，而黄金的国际支付功能才上升成为国家要面对的要务。

新中国是当时以苏联为首的社会主义阵营的一员，受到了西方阵营的全面经济封锁，外汇创收十分困难，造成了我国外汇极度短缺，成为发展对外贸易和交往的极大障碍，作为外汇的可替代物，黄金的外汇价值突出出来。在这种情况下国家就需要增加黄金产量，因而开始重视黄金生产，这是1957年国家黄金政策调整的原因。此时，黄金管制的目的变为国家对外汇的控制权的需要。

### 2．黄金管制法规的建立进程

黄金管制早于中华人民共和国的建立。1948年刚刚入驻上海的解放军军管会就于当年6月10日查封了当时我国最大的上海外汇黄金市场。为黄金管制而实行的法规是华东解放区政府发布了禁止黄金自由交易的公告，随后华南、东北解放区相继发布了相同的禁止黄金自由交易的公告。这是我国黄金管制法规初始形态。

1950年政务院在解放区发布的公告的基础上颁布了《金银管理暂行办法》，这也是我国最早发布的法规文件之一，这个暂行办法一直试行了34年，而到20世纪80年代，因要与国务院进一步收紧对黄金的管控，将黄金生产上升为国务院直管事业相适应，黄金立法才再次启动。1984年将暂行办法升格为管理条例。《金银管理条例》的颁布标志着黄金管制的国家层面的立法过程的完成。这个过程经历了从1948~1984年的36年时间。

黄金管制的法规建设是一个过程，这个过程是在黄金管制实践过程中深化发展而最终完成的，这也从一个侧面告诉我们，现在黄金市场法规建设同样要经历时间的磨砺。

### 3．黄金管制法规的终结

黄金管制法制化过程中法规文件虽多次修改，但只是名称上变化，其内涵始终如一，基本内容可规纳如下：

一是对矿产金、附产金、回收金全部都必须交售给中国人民银行，用金向中国人民银行申请计划分配，也就是黄金由中国人民银实行统收统配管理。

二是禁止黄金民间自由交易。

三是国家直接干预黄金市场，黄金价格由国务院确定，金价调整由国务院批准。

四是对黄金生产、加工、销售实行计划审批管理，封闭运行。这是在黄金管制工作体制中以法规的形式对人的行为的规范。

2002年上海黄金交易所正式营业，我国黄金交易方式实现了从统收统配到自由交易的转变，国家不再干预市场价格变化，中国人民银行退出了黄金商业性经营。有关方的行为发生了根本性的变化，所以《金银管理条例》作为规范人的行为的法规文件虽未公开宣布废止而实际已经终结，给我们留下的只是一个历史背影。在变化了的黄金市场化环境中人的行为也需要规范，这是建立黄金市场化法规的原因。

## 二、黄金市场法规创建第一次试水

1993年国务院63号函的下发拉开了黄金市场化改革的序幕，黄金从管制到开放的改革方向确定，所以国务院63号函要求国务院法制办要根据国务院下发的《全民所有制企业转换经营机制条例》的原则对《金银管理条例》提出修改意见上报国务院。这是国务院第一次试水黄金市场化改革法制化建设，这意味着在黄金市场化启动的同时，黄金管理法规的修改也启动了，表明国务院对黄金法规建设的重视。但是，既然63号函已确定了放开黄金管制的改革方向，作为黄金管制的基础性法规文件《金银管理条例》的未来前途是废止而不是修改完善。最终国务院法制办如何作出回应我们不得而知，我们并没有看到实际修改文本的问世，这一指令可能是不了了之了，表明国务院将黄金管理法制化改革前置的预设在实践中受阻。

## 三、黄金市场法规创建第二次试水

2002年，上海黄金交易所开业，我国完成了黄金市场从无到有的发展过程，但在黄金市场化的初始期就出现了实践行为上的乱象，即民间炒金平台的泛起，在我们没有做好准备的情况下，黄金市场法制化就成为一个必须面对的紧迫工作。

民营黄金市场是一种场外黄金市场，以做市商报价方式交易，在国际上是已经成熟的交易方式。在我国之所以成为一种乱象，是因为发生了以做市商之名诈骗的行为，急需法律治理。但当时又存在法律空白，所以对黄金市场立法提上了工作日程。2009年，我国黄金市场运行8年后，我国《黄金市场管理条例》草案进入了征求意见的阶段。

### 1．“地下炒金”泛起的冲击

2009年《黄金市场管理条例》草案的推出是基于抑制“地下炒金”的需要。所谓“地下炒金”是一个不确切的称谓，甚至是一个伪命题。因为我国黄金交易管制已对内全面放开，民众黄金投资潮逐渐兴起。这个黄金投资潮是公开的，也是民众可以合法参与的，不能再称之为“地下炒金”。问题是在2006年之后出现了一批所谓“民间黄金交易平台”，这种民间黄金交易平台交易的是一种有杠杆的做市商报价的网上纸黄金交易，虽然这种黄金投资方式在国际黄金市场是一个成熟产品，但在我国这些民营黄金市场很多并不是公平透明的交易的平台，一些平台的主办者即是交易规则的制定者，因而是交易的“裁判员”，但同时又是进入市场交易的“运动员”。因而陆续出现了多个在后台操纵的诈骗事件，投资者反应强烈，而出现了许多上访、上告事件。但对这种行为的非法性进行法律判定时却发现存在法律空白而难以定罪。一度把这种杠杆交易定义为“准期货”，而以《期货管理条例》定性其非法，这就需证监会出具认定书。然而“准期货”并不是严格意义上的期货合约，甚至可以说不是期货合约，因而用《期货管理条例》判其非法并不是严格的法律判定标准，所以一度证监会把这种产品定义为“未获得批准上市的产品”。这是一个中性的定义，是否非法就要由法院认定，而证监会不再承担定性责任。2010年我应邀参加了一次这样的案件听证会，被告就是以这是国际市场已公开上市的产品为由否定自己的诈骗行为。

那时，面对的是一个个具体的因黄金投资、参与民间黄金市场交易的经济纠纷，但并没有判定的法规。在这种情况下只能更多地使用行政的力量抑制这类不断死而复生的民营黄金市场的发展。为此之后在2012年成立了证监会与人民银行联合整顿办公室，但整顿工作十分棘手，最终把市场合规性审定交给了各省市金融管理办公室，结果民营黄金市场不仅没有减少反而增加，不少省市地方政府将发展民营黄金市场作为发展地区金融业的一种选择，一些地区的领导还为之站台撑腰，甚至有的地方政府还投资入股，结果出现了更大的诈骗风险，竟有上百亿元的大案发生。最终2017年对民营黄金市场采取了“一刀切”的政策，对其进行了封杀，但善后工作至今仍未清理完毕。

### 2.《黄金市场管理条例》草案问世

形势迫切需要一部黄金市场管理法规以规范黄金投资行为，制定判定这种行为对错标准，因而就有了2009年《黄金市场管理条例》草案的问世，并在这一年进入了征求社会意见的阶段。承蒙国务院法制局的信任，我成为2009年《黄金市场管理条例》草案征求意见的专业人士之一。征求意见的范围并不大，除我之外我知道的还有首都经济贸易大学的祝合良教授。接到草案后我们并没有交换意见，而是各自发表了各自的意见。我对草案征求意稿的回复中首先指出："认真拜读了征求意见稿，我认为征求意见稿最大的问题是存在着若干对黄金市场理论认识的误区，首先是应理清这些基本理论认识问题，这个问题不解决，所有对具体条文的补充修正和文字的推敲修改都是没有意义的。"

我之所以选择从黄金市场理论的角度对《黄金市场管理条例》提出我的修改意见，是基于我对我国黄金市场发展的全过程的观察，发现在这个过程中管理部门忙于对具体问题的处理，而疏于对整体市场发展的把握研究，因而造成理论指导力的乏力，结果往往是事倍功半，甚至定性有误，做无效劳动。黄金市场越发展越需要理论指导，即对大局的把握。

征求意见稿在其立法背景介绍中就明确指出，抑制地下炒金的泛起是推进《黄金市场管理条例》立法进程的主要动因之一。在2004年已经开放了民众黄金投资的情况下，再无"地下炒金"之说了，只有在过去禁止民间黄金投资活动的情况下才有"地下炒金"。因而所谓"地下炒金"泛起确切讲，应是指在黄金投资市场中的不规范行为和诈骗行为的泛起。"地下炒金"是一个伪命题，在一个伪命题的基础上起草《黄金市场管理条例》，要提出解决乱局根本之道就有些强人所难了。因而规范黄金投资市场虽然紧迫，但把黄金市场乱象归结为"地下炒金"的管理办法自身并不成熟，征求意见后就没有后续推动了。

### 3．我的回复的主要内容

对于《黄金市场管理条例》征求意见稿我的回复分了7个部分，总计万余字，但有4个理论性的意见我认为是更重要的内容：

一是提出"地下炒金"是个管理问题更是发展问题。对于治理黄金市场开放后出现的乱象，征求意见稿是着眼于管制、管理，而我认为"地下炒金"的泛起与其说是一个管理问题，更是一个发展问题，是我国黄金市场发展的现实供给与现实需求矛盾的结果。为此我提出两个解决建议：一方面，在现有的工作框架内，提高和改进市场的服务功能，推进市场创新，使社会新需求得到全面满足，从而将隐形市场排挤出去，使其失去存在的市场空间。上海黄金交易所取胜于以感王民间市场为代表的实金民营市场，就是通过改革解决存在长达十年的隐患的一个成功案例。另一方面，构建新的工作框架，使隐形市场由地下转为公开，由“脱轨”变为“入轨”，而使其被置于统一的社会监管体制之中。在我国经济改革的过程中这样的案例并非罕见，一些非计划经济的事物改革都有一个从非法到合法、从隐形到公开的过程。

二是提出黄金市场管理难点是其二元结构、双重属性。我认为黄金市场不同于一般商品市场和一般金融市场，其基本特征是跨越两个市场呈现二元结构、双重属性，这也是黄金市场管理的真正难点。“地下炒金”是当前出现的一个难点，但以发展的观点看，只要把正规市场的功能丰富起来，使供给能满足需求就可以使不规范的市场退出，但黄金市场的双重属性要求对商品黄金市场与金融黄金市场不仅需要实行有差别的税制，而且入市门槛的设立和监管上也应是差异化的。商品实金市场监管的重点是物流，而金融黄金市场监管的重点是资金流。因而对这两种市场的界定是黄金市场管理的基石，同样也是黄金市场管理法规的基石，然而这个基石并未奠定。而且在我国金融分业管理的体制中，二元结构的黄金市场将会出现日益增多的跨市交易，如何跨越体制障碍也是难点之一，但征求意见稿中对此很少或没有涉及。

三是提出黄金市场具有独特功能，是一个国家战略性市场。当今黄金是唯一具有与一般金融产品价格逆向运动的金融标的，因而黄金市场成为规避金融风险的“避风港”，而对金融市场的稳定性具有重要的作用。所以虽然黄金市场在金融市场中的交易规模并不是最大的，但是与货币、外汇、保险、基金并列的五大金融市场。金融风险避风港这一特殊市场功能对于国家的稳定具有战略意义。面对金融危机，黄金是最方便有效的对冲工具，在人类的历史上就不断地重复着这样的黄金故事。因而发展黄金市场的意义是建立在国家战略需要的基础之上的，但是征求意见稿并没有这样的高度，这也是遗憾之一。

四是提出黄金市场不是一个市场而是多个市场组成的市场体系。2009年我国黄金市场发展已完成了从无到有的发展进程，进入了由有到多的发展阶段。这个阶段的显著特征是黄金市场由一个市场发展成为一个由多个专业化市场组成的市场体系，多形态、多功能、多市场平行发展。而征求意见稿则是将我国黄金市场视为一个以上海黄金交易所为中心的发展市场。显然征求意见稿在这个问题上已落后于我国黄金市场化的改革实践。

2009年推出《黄金市场管理条例》的努力最终夭折，这个法规文件只是问世而未出台，但这也是我国黄金市场法制化进程的一部分，不应被遗忘。

## 四、我国黄金市场法制化再推进

《黄金市场管理条例》的夭折并不是我国黄金市场法制化的终结，相反更增强了黄金市场法制化的紧迫性，于是就有了以中国人民银行为首的六部委联合推出《关于促进黄金市场发展的若干意见》（以下简称《意见》）。两个文件的出台虽然只有一年之隔，但文件的语境发生了截然不同的变化，对我指出的《黄金市场管理条例》征求意见稿最大的问题是对黄金市场理论认识上存在的误区，作出了实质性的回应。

法规对于人类实践行为具有规范与引导作用，所以每一次法规的进步都会对人们的实践行为产生影响，从而可以促进社会生产力的发展。《意见》的出台标志着我国黄金市场发展迈上新高度。

### 1．何为黄金市场发展新高度？

我在2013年出版的《破茧》一书中，对联合出台《意见》的评述如下：

“2010 年六部委《关于促进黄金市场发展的若干意见》确立了多元市场组

成的市场体系格局，黄金市场的发展环境由垄断变为竞争。这种竞争表现为不同形态黄金市场服务功能优劣的比拼，赢得投资者的认可成为市场平台发展的关键。同质化的竞争是‘红海战略’，是你死我活；差异化竞争是‘蓝海战略’，是互涨共赢。而实现两种发展战略转换的关键是理论创新带动的实践行为的创新。因为发展必然会面临挑战、遭遇挫折，能够协助走出困境的方法唯有创新，所以创新是发展之源。”

该《意见》确立了黄金市场是一个由多元市场组织成的市场体系的律法定义。其对黄金市场基本理论的定性产生的正面影响，今天不仅没有过时，反而使我又有了新的感知和顿悟。该《意见》的出台不仅是我们对黄金市场认识的新高度，而且开启了在这个新理性高度上实践前进的历史阶段。

2010年发布的《关于促进黄金市场发展的若干意见》与2009年的《黄金市场管理条例》比较，发生的最大变化是关注的主题的变化。《意见》的着眼点是发展而不是管制，所谓“地下炒金”也没有在文件中出现，表明2009年《黄金市场管理条例》征求意见稿出台的受挫也极大地推动了我国黄金市场决策者们理性认识的深化。而理论的深化使我们对黄金市场问题本质有了更准确的把握，从而也提高了法规的质量，这可能正是《黄金市场管理条例》征求意见稿推进受挫而得到的一个收获吧！

### 2.《意见》形成过程中的参与

2010年在《意见》出台前，中国人民银行金融市场司黄金管理处曾做预研，但并没说明是要写《关于促进黄金市场发展的若干意见》这个文件，只是说要总结我国黄金市场化改革的经验，因而希望中国黄金协会、中国金币总公司、金融时报社提供协助支持。为此当时在金币总公司还开过一次碰头会，我受协会的委托参加了这次会议。听到中国人民银行要总结我国黄金市场化改革经验我有些兴奋，所以后来给他们提供了两篇各一万多字泛泛而论的相关文字材料。如果知道他在为写这个《意见》而准备的话，可能提供的支持会更有针对性。后来又接待过他们到中国黄金协会的来访，这些可能都是为起草该《意见》的调研工作吧！而真正看到文件是公开向社会发布以后。该《意见》公布后我在《中国黄金报》上发了一组评述性分析文章，对该《意见》评价正面，说来也没有什么大道理，只是与我自己的感悟吻合，谈了自己对这一政策文件的感悟。

### 3．创新发展是文件的主基调

有比较才能有鉴别。对比《黄金市场管理条例》征求意见稿，《意见》在语境上发生了根本性的变化，其主题是发展，以发展解决改革遇到的问题是主基调。那么，如何发展？《意见》给出的回答是创新。所以这里所说的发展是具有创新性的发展。基于创新而提出众多改革任务，如提出建立现货与期货市场的互动机制，开发黄金衍生品，促进形成多层次市场体系；将场外做市商交易引入场内交易市场；研究人民币报价交易涉及的外汇敞口头寸在国内对冲的可能性；增加外资类会员，推动市场国际化等。这表明该《意见》的起草者对我国黄金市场发展的思考已不再是单一思维，而是多元思维。

该《意见》也表明决策者对黄金市场结构也实现了认识突破，实现了从一个市场到多个市场组成的市场体系的认识转变，这是中国人民银行对黄金市场属性从商品市场向金融市场转变以后的又一个大认知转变。黄金市场体系理论终于在国家级的文件中得到认可，从而使我感受到了一个理论工作者的工作价值。

## 五、各专业化市场差异化功能定位

《意见》对我国黄金市场认识深化的另一个成果是对我国黄金市体系中的

各专业黄金市场的功能做了差异性的定位。

对上海期货交易所的市场功能定位是市场风险管理。《意见》指出：“上海期货交易所要充分利用期货市场价格发现和管理风险的功能，不断加强市场基础制度建设，稳步推进我国黄金风险管理市场健康发展。”对黄金期货市场这个风险管理市场发展的要求是“支持黄金企业积极参与和利用期货市场进行套期保值，积极引导金融机构运用黄金期货管理风险”。

对商业银行黄金业务的市场定位是为黄金产业发展提供金融服务。《意见》指出：“商业银行要围绕黄金开采、生产加工和销售等整个产业链条，切实创新金融产品，着力改善金融服务，努力提高服务成效，向黄金产业提供多方位的金融服务。”严格讲这个定位是商业银行金融市场服务的定位，而不是商业银行黄金市场的功能定位。商业银行黄金市场是一个场外OTC市场，由于商业银行网点的广泛性，这个市场是可以与分散的个体投资者对接的黄金零售市场，而且商业银行依托其金融业务而具有推出与黄金挂钩的理财产品的天然优势。总之，商业银行黄金市场是一个面向个人投资者的场外交易市场。

对上海黄金交易所的市场定位却成悬疑，在《意见》中成为一个需要今后明确的问题。而今天看来上海黄金交易所的显明特征是一个即期交易市场，但是一个创新的即期交易市场，在这个市场中有具有延期功能的即期交易品种。它是一个实金交易所，但其虚拟交易量已达总交易量95%以上的份额，所以上海黄金交易所已不同于传统即期市场，是一个多功能、多平台、多种交易方式并存的黄金即期交易市场。它是在中国出现的一个新型黄金市场，一个另类市场。

## 六、多元市场结构与中国道路

多元市场结构是我国黄金市场发展的“中国道路”的基础，因而《意见》

的出台是我国黄金市场化的中国道路的一个重要标志，其意义随着我国黄金市场的发展而日益显现。我国多市场平行发展的黄金市场体系，是一条不同于百年国际黄金市场专业化发展之路。这一发展道路的选择的结果是使我国黄金市场发展实现了从跟随到超越，对黄金市场中国道路的发展过程的观察有四个时间节点特别应予关注，分别是2008年、2010年、2013年、2018年。

2008年：黄金期货合约在上海期交所上线，黄金即期市场与远期市场分设，多元市场体系格局形成，奠定了我国黄金市场超常发展的基础。

2010年：中国人民银行等六部委联合出台了《关于促进黄金市场发展的若干意见》，对多元市场体系予以了认定，标志我国黄金市场中国道路的法制化的完成。

2013年，我国黄金市场进入了快车道起始之年，表现在2008年以前市场规模增长是百吨级；2009年以后增长进入了千吨级；而从2013年开始增长进入了万吨级，2019年总交易量增18万吨（双向）。18年间我国黄金市场的交易规模已仅次于美国、英国而居世界第三。中国黄金市场发展表现强劲。

2018年：我国黄金市场的超常发展得到国际关注，世界黄金协会前首席执行官施安霖公开宣称中国黄金市场已实现了从跟随到超越的转变。这是一个对中外黄金市场发展长期专业权威观察者慎重的判断，标志中国黄金市场发展的中国道路的国际认可。

今天，因为我国黄金市场的发展走上了一条中国特色之路，所以在不足20年的时间实现了从跟随到超越的进步。这个评价首先来自世界黄金协会前首席执行官施安霖，是2018年而又为后任首席执行官泰达维所强调，泰达维在我的著作《中国黄金：从跟随到超越》一书写的序言中指出：“中国黄金市场在过去的十几年更以惊人的速度发展，完成了从跟随者到超越者的转变，现在中国是世界上最大的黄金消费国和生产国，占全球总需23%和13%。”在我国一个国家内可以形成多市场平行发展的黄金市场新格局，在国际黄金市场体系中是具有开创性的，这一开创性的黄金市场体系之所以可以在中国扎根成长，原因一是我们市场有足够的空间可以容纳多个市场的生存发展；二是我国分业管理的金融体制，使每个市场都有体制性的边界，缺点是阻碍了跨界自由交易，优点是防止了无序竞争，而有利于形成平行发展格局。这一体系并不是一天形成的，它的发展过程就是黄金市场“中国道路”深化实践的过程。可以预期随着我国黄金市场的超常发展“中国道路”将具有日益扩大的国际影响力。

## 七、黄金法制建设未来进行时

《意见》出台转眼间又过去了10年，这期间世界发生了惊天动地的变化。2020年新冠肺炎疫情全球爆发，抗疫压力未解与中美关系恶化相重叠。在这双重压力的作用下，中华民族崛起进程遭遇重大挑战，我们必须要做好准备应对更大挑战和更大困难的极端情况的出现。

中华民族的振兴是百余年来无数仁人志士的宿愿，但为此经历了曲折的道路探索，到20世记70年代末开始走上了改革开放之路我们才真正走上了复兴之路，改革开放40年，我国经济迅速地成为全球第二大经济体。这个进步是在两个一体化的支撑下实现的：一是全球经济一体化，我国经济国际大循环体系逐步建立，为我国生产力的发展提供了巨大市场空间，而生产力的发展极大地增加了我们的财富生产能力，使我国人民的生活水平逐步向富裕国家靠拢；二是全球金融一体化，人民币与美元挂钩，使人民币从世界弱势货币成为储备货币，人民币的稳定走强，使我国获得了更大的金融主动权，从而使我国在全球财富分配的话语权中有了实质性的增加。

美国视中华民族的崛起为最大的危胁，为了阻止中华民族的崛起，一个重要策略就是阻断给中华民族振兴带来了支撑力的全球经济一体化和金融一体化的进程。现在美国的这一战略正在全面推进，而且还在深化之中，所以负面效应虽已经显现，但还未最终显现，所以我们必须有应对最极端情况的准备。什么是最极端的情况？在当今全球军事与经济的格局中的最极端的情况就是发生局部战争，这种局部战争或是在与美国代理人之间发生，或是美国直接参与的战争，这是我们要极力避免的，但必须要对极端情况的发生有应对的准备。

黄金在当今是公认的应对美元贬值的对冲物和可以用做国际的潜在支付手段。美国扬言要将中国排除美元体系之外，黄金这种潜在支付手段的形成就成为了极端情况下的一个应对选项。为此黄金市场应有以下行动：

1.应充分利用当前极端情况尚未发生的和平期间，大力支持和鼓励增加黄金财富储备，以形成增加极端情况下的国际黄金支付能力，也就是增加了国家生存能力。黄金国储与民储都应增加，但是以民储为主，而且要有储备的数量级的目标，为此，尤其在国内资源供给不足的情况下应增加黄金进口。

2.黄金管理思维要从和平思维转向战争思维，为此要有法制政策调整的预案，这就是黄金法制的未来进行时。要处理好黄金流而不失的问题是关键，即在保持黄金国内流动性与适度出口管制间的平衡，流而不失是未来黄金流动的状态，也是未来黄金法制的核心战略目标。

3.第二次世界大战期间美国曾施行黄金管制是以没收民众黄金财富，扼制黄金国内流功，只对外贸易仍保持黄金的支付结算，这是黄金外循环的管理体制，这是因为美国是当时主要的战争物资的供应国有巨大的贸易顺差，是黄金的流入国。而今天我们未来黄金法制建设首先是为建立国内经济大循环服务的，黄金内循环市场管理要求是要流而不失，之所建立黄金流而不失管理体制是为形成人民币的黄金支撑力，为应对人民币可能出现的支付危机，从而增加国家金融的稳定性。现在已有的黄金市场形态是不能满足流而不失的要求，为此需要对黄金市场的未来形态进行研究，这也是黄金应对预案的一部分。

中美博弈的最坏情况不在现在，而可能是5年以后、10年以后才出现，也有可能永远不会出现，但作为一种战略思考从今天就要开始以免被动。这是未来黄金管理法制建设的新课题。

## 资讯延伸：

# 黄金流动性研究20人沙龙发起宣言

我们是黄金金融理论的研究者、黄金文化的传播者、黄金价值的信奉者，我们愿为推动当今黄金金融理论与实践的发展奉献自己的微薄之力，为此发起成立黄金流动性研究 20 人沙龙，作为践行我们承诺的工作平台。

黄金的金融属性是数千年文化塑造的结果，具有永恒性。这种永恒性即表现为黄金货币作为纸币价值对冲物的存在。近三百年来，黄金金融先后经历了金本位制、金块本位制、金汇兑本位制、黄金非货币化四个发展阶段，这是黄金金融属性具体表现形态变化的过程，而不是黄金金融属性消亡的过程。即使在当今黄金非货币化半个世纪之后，黄金也是国际金融市场的重要存在，黄金作为纸币价值的对冲物的存在没有变，而且目前出现了被强化和激化的发展趋势。

战后货币体系正面临挑战、衰退、转型而引起全球政治、经济百年之变的时刻，黄金金融的形态也正在或已经发生变化。在未来必然与偶然双重因素的作用下，人民币国际化作为黄金金融的中国形态，可能会成为黄金金融的世界形态。但这是一个风险与机遇并存的过程，而对于这样一个重大的发展势态我们还缺乏更深的理性认识和主动自觉的实践，发起成立黄金流动性研究 20 人沙龙就是我们力图改变这一状态的一次努力。

黄金流动性研究 20 人沙龙是一个自愿参加、自筹资金、自主研究的民间非正式研究平台，每月举办一次黄金流动性座谈会，或发布成员研究成果，或进行专题讨论，或组织专题调研等多种形式推动人民币国际化黄金支撑力的理论的形成和宣传，我们欢迎志同道合的同志加入到我们的队伍中来。

（注：黄金流动性研究20人沙龙于2020年在北京成立，是为人民币国际化支撑力研究提供的一个研究成果讨论、交流及发布的工作平台，以人民币黄金支撑力的形成、模式、路径选择及维护为研究方向。成员大多是来自企业和机构的普通工作者，自愿为这一课题做出自己的贡献。沙龙定期举办内部主题讨论和成果交流，在条件成熟时撰写专题报告予以公开发布或结集出版。）